美国对朝鲜半岛的危机管理

李锐 · 著

时事出版社

序

Preface

初识李锐，是在一次研讨会上。她一身戎装，英姿飒爽。她的发言思路清晰，用词颇为考究，给我留下深刻印象。

后来才知道，李锐在国防大学读了硕士，在军事科学院获得博士学位，长期从事东北亚安全方向研究，牵头完成多项大型课题的研究工作。

李锐是个地道的北方姑娘，朴实开朗，为人热情。出乎我意料的是，她心思相当缜密，钻研非常刻苦，做事十分细致。这本书充分反映了她的性格特点和治学理念。

研究朝鲜半岛问题的著作很多，但专门以美国对朝鲜半岛危机管理为研究对象的专著极少。李锐在对危机管理理论进行阐述的基础上，全面梳理了美国迄今对朝鲜半岛的危机管理行为，系统探讨了美国对朝鲜半岛实施危机管理过程中发挥影响作用的主要因素，深入分析了制约美国对朝鲜半岛政策行为的深层次原因。

朝鲜半岛问题错综复杂，各种矛盾相互交织。解决半岛问题应该标本兼治，综合施策。朝鲜半岛仍处于停战状态，来自不同方向的冷战思维仍然在支配着半岛局势的演变。这不仅影响了半岛的安全与稳定，也严重困扰着东北亚地区的和平与发展。各方应摒弃冷战思维，坚持实现半岛无核化，坚持维护半岛和平稳定，坚持通过对话协商解决问题。

我相信，无论是研究朝鲜半岛问题的学者，还是对朝鲜半岛感兴趣的学生，都会从李锐的分析研究中受益很大。

徐步

（前中国外交部朝鲜半岛事务副代表、现中国驻东盟大使）

目 录

Contents

第一章 导论 / 1

第一节 朝鲜半岛危机的根源与动因 / 1

一、地缘位置决定了朝鲜半岛的战略地位 / 1

二、大国利益碰撞决定了朝鲜半岛成为地区矛盾的焦点 / 9

三、不同的意识形态与社会制度决定了地区局势的对抗性 / 22

第二节 美国对朝鲜半岛危机管理问题的提出 / 32

第三节 研究现状 / 33

一、国内研究现状 / 34

二、美国研究现状 / 35

三、韩国研究现状 / 46

第四节 理论体系、研究方法和主要内容 / 46

一、危机和危机管理的一般性理论 / 47

二、研究的主要内容 / 55

第二章 美国的危机管理概述 / 57

第一节 美国实施危机管理的理论依据 / 57

一、威慑理论 / 57

二、讨价还价理论 / 58

三、逐步升级理论 / 59

四、博弈理论 / 60

第二节 美国的危机管理机制 / 62

一、美国国家安全委员会的构成 / 62
二、国家安全委员会的运作程序 / 64
三、国家安全委员会与总统私人班子的互动 / 65
第三节 美国实施危机管理的指导原则 / 66
一、有限管理原则 / 67
二、灵活反应原则 / 67
三、沟通畅通原则 / 68
四、理性决策原则 / 69
五、重视细节原则 / 69
六、操纵舆论原则 / 70
第四节 美国实施危机管理的阶段性工作与流程 / 71
一、危机前的预防 / 71
二、危机前的准备 / 74
三、危机爆发期的反应 / 75
四、危机结束期的恢复 / 77

第三章 近代朝鲜半岛危机的历史考察 / 78
第一节 沦为殖民地的危机——“云扬号”事件与《江华条约》 / 78
第二节 内战的危机——近代朝鲜政权争夺与农民起义 / 80
一、壬午兵变危机 / 80
二、甲申政变危机 / 81
三、甲午农民战争 / 82
第三节 全面丧失自主权的危机——甲午战争与日俄战争 / 83
第四节 亡国的危机——日本吞并朝鲜以及日本的殖民统治 / 86

第四章 二战后美国对朝鲜半岛实施危机管理的实例分析 / 89
第一节 信号模糊的悲剧——朝鲜战争中的危机管理 / 89
一、美国在朝鲜战争中危机管理的失误之处 / 94

二、美国在朝鲜战争中危机管理的可取之处 /102
第二节 留有余地的成果——冷战期间的危机管理 /104
一、冷战期间朝鲜半岛发生的主要危机事件 /104
二、美国冷战时期朝鲜半岛危机管理的特点 /107
第三节 走向成熟的管理——冷战后的危机管理 /109
一、冷战结束后朝鲜半岛发生的主要危机事件 /109
二、美国冷战结束后朝鲜半岛危机管理的特点 /117

第五章 美国对朝鲜半岛危机管理的主要影响因素 /121
第一节 关键性因素 /121
一、国家利益因素 /121
二、全球战略因素 /123
三、实力对比因素 /125
四、危机性质因素 /127
第二节 关联性因素 /128
一、盟国关系因素 /129
二、国际舆论因素 /132
三、价值观因素 /133
四、国内政治因素 /135
第三节 非理性因素 /136
一、决策偏差因素 /136
二、领导决策风格因素 /137
三、心理影响因素 /140

第六章 美国对朝鲜半岛危机的预想 /142
第一节 朝鲜半岛的现实危机 /142
一、朝鲜核导危机 /143
二、其他激烈的举动可能导致的小规模冲突危机 /145
第二节 潜在的危机 /145

一、朝鲜可能实施以统一为目的的大规模进攻 / 146
二、朝鲜可能崩溃 / 150
三、可能出现大批难民潮 / 153
四、小规模边境冲突可能升级为大规模战争 / 153
五、战争边缘政策可能失控 / 156

第七章 美国对朝鲜半岛的危机管理目标、手段与模式 / 159
第一节 危机管理的目标 / 159
一、防核、防扩散 / 159
二、稳定战略格局 / 161
三、维系同盟关系 / 163
四、预防地区冲突 / 166
第二节 危机管理的手段 / 167
一、外交手段 / 167
二、经济手段 / 170
三、军事手段 / 173
第三节 危机管理的模式与特点 / 180
一、"谨慎施压"加"廉价妥协"的讨价还价模式 / 180
二、审时度势和手段灵活的策略运用 / 182
三、动用武力解决危机的可能性 / 184

附 录 / 188

参考文献 / 235

后 记 / 249

第一章／导论

第一节　朝鲜半岛危机的根源与动因

朝鲜半岛之所以成为各国关注的焦点、冷战时期的桥头堡、美苏两大阵营对抗最凸显的牺牲品，与其特殊的地缘战略地位、社会特征与历史机缘是分不开的。

一、地缘位置决定了朝鲜半岛的战略地位

朝鲜半岛位于亚欧大陆东北部，介于中国、俄罗斯、日本之间，地处东北亚核心。北面靠大陆，以鸭绿江和图们江与中国接壤，东北的图们江下游与俄罗斯有 16.5 千米的边界，其余三面环水，西濒黄海与中国山东半岛和辽东半岛相望，东临日本海与日本相邻。朝鲜半岛及其附属 3300 多个岛屿的总面积大约为 22.2 万平方千米，南北直线距离长约 840 千米，东西最大宽度约 360 千米，海岸线全长 1.8 万余千米，形状狭长，地势东高西低、北高南低，全境多山，山地和高原占朝鲜半岛总面积的约 4/5。在国际关系理论中，国家地缘战略的重要性由该国的地理位置、周边国家和地区的状况等综合因素决定。就朝鲜半岛而言，它不但地理位置独特，而且周边都是举足轻重的大国，其地缘战略位置的特殊性和重要性主要表现在以下方面。

（一）朝鲜半岛扼守东北亚海上交通要道

自近代以来，海洋在人类生活中占据了越来越重要的地位。进入21世纪，海洋的作用越发突出。21世纪是公认的“蓝色世纪”，是人类走向海洋的世纪。随着陆地资源的日趋减少和枯竭，各国都把开发的目光投向了占地球总面积4/5的海洋。海洋蕴藏着远比陆地丰富的油气、生物资源，以及太阳能、风能、波能、温差能等可再生能源，具有巨大的开发潜力。海洋还是有着广阔空间资源的疆域。目前，世界上1/2以上的人口、3/4以上超过100万人口的大城市集中在狭长的沿海地带，70%的工业和80%的人口分布在距海岸200千米以内的濒海地区。这些“黄金海岸”的安全和稳定，直接关系到各沿海国家的根本利益。此外，海洋通道的战略重要性也日益凸显。目前，海洋是世界物流运输业的主要通途，全球国际贸易运输80%以上是由海运承担的，尤其是石油运输通道的战略地位显得尤为重要，三大石油主要进口国美国、日本和中国的石油基本上都是依靠海上航线运送的。

朝鲜半岛三面环海，与中、日、俄三大国为邻。朝鲜半岛西部的黄海和东海在美国第一岛链范围之内，是美国竭力想遏制中国海洋力量发展的重要海域；东部的日本海海域则素来是美国太平洋舰队、俄罗斯太平洋舰队和日本海上自卫队活动频繁的战略性海域，紧张程度高，发生战争的危险性大。朝鲜半岛及其附近岛屿就像一个突出的拇指，扼守东北亚的重要战略通道，对这一带海域具有显著的控制作用。

朝鲜半岛与日本列岛之间是宽度不大的朝鲜海峡，其间分布有对马岛等重要岛屿，海峡形势险要。朝鲜海峡是朝鲜半岛东西海岸海上联系的必经之路，是日本海的重要出口，也是联系日本海与黄海、东海的唯一通道，有“东北亚门户”之称。冷战期间，朝鲜海峡是美国及其盟国日本和韩国准备封锁苏联舰队的一道“鬼门关”。1986年2月，美国海军部将朝鲜海峡列为在全球必须控制的16个海上航道咽喉之一。美国宣布要控制的16个要道是：阿拉斯加湾、朝鲜海峡、望加锡海峡、巽他海峡、马六甲海峡、曼德海峡、苏伊士运河、直布罗陀海峡、斯卡格拉克海峡、卡特加特海峡、格陵兰—冰岛—联合王国海峡、莫桑比克海峡和好望角航道、佛罗里达海峡和巴拿马运河等。美军宣称，一旦发生敌对行动，他们就截断和关闭这些咽喉点。世界上有上千个大小海峡，有航运价值的海峡有130余个。美国海军部宣布要控制的这16个海峡是其中最具有战略意义的海上通道，不但是环球贸易航线，也是军事补给通道，控制了它们，就控制了世界上连接几个大洋的海上交通线。美国海军认为，只要使用少量的兵力在盟国海军的配合下控制几个重要海峡，就可以有效地达到控制海洋的目的。① 此外，美国海军1992年开始实施“由海向陆”战略，把全球海上重要航道由北至南划分为相互连接、相互支援的八个区域性海峡群，其中朝鲜海峡在其东北亚地区海峡群中占据重要位置，是支援津轻海峡、对马海峡与台湾海峡的重要通道。

（二）朝鲜半岛是亚欧大陆与太平洋之间的边缘地带

边缘地带理论是由美国现实主义地缘政治学家尼古拉斯·斯拜克曼所提出的理论。他的理论，又是根据英国地缘政治学家麦金德的“大陆心脏说”理论延伸而来。麦金德的理论是地缘政治学中最重要的理论之一。他在20世纪初提出，陆权和海权之间的较量是贯穿历史的一条主线。他还提出了世界“心脏地带”的概念，认为世界可以划分为欧亚非、南北美、澳洲几个大岛，其中欧亚非为世界岛，在世界岛上居于顶端部分的欧亚大陆“占据了战略中心位置，并拥有非常丰富的资源”，是决定世界的心脏地带。这个心脏地带的区域大概东起俄罗斯的叶尼塞河，西至东欧平原，向南包括蒙古高原、伊朗高原、克什米尔等地。麦金德提出了这样的著名论断：“谁统治了东欧，谁就能控制大陆心脏；谁统治了大陆心脏，谁就能控制世界岛欧亚大陆；谁控制了世界岛，谁就能统治世界。”②

斯拜克曼部分继承了麦金德的理论，也将陆上力量与海上力量的对

---

① 参考美国海军战略与作战思想，http：//aikanshu. com/books/7466/206336. htm。

② ［美］詹姆斯·多尔蒂、小罗伯特·普法尔茨格拉夫，阎学通等译：《争论中的国际关系理论》（第五版），世界知识出版社2003年版，第171页。

抗视为世界历史的主题。同时，面对世界的心脏地带为苏联所控制的实际情形，他又发展出了新的地缘政治理论。他与斯蒂芬·琼斯等理论家提出，欧亚大陆的边缘地区处在大陆心脏地带和边缘海之间，必须视之为重要的中间区域，在海上势力和陆上势力冲突中起着一个广大缓冲地带的作用。① 如果在欧亚大陆的周围建立起新的工业力量和交通中心，那么欧亚大陆的边缘地区在战略上会比大陆心脏更为重要。在讨论“大陆心脏说”理论中有关外围或边缘地区“内部分界线”的价值时，斯拜克曼认为，如果海上强国试图从远处向地区力量的边缘部分施加影响，中心和周围地区是一种关系，而在边缘地区的力量中心或交通发展后，这种关系会改变。② 这意味着，仅仅控制心脏地带还不足以称霸全球，如能控制环绕心脏地带的欧亚沿海边缘地区，将足以遏制心脏地带国家的扩张。斯拜克曼的边缘地带理论为冷战时期美国与苏联展开全球争霸提供了地缘政治理论基础。美国设定的岛链位置正是边缘地带理论中需要控制的亚洲沿海地区。

朝鲜半岛就地理位置而言，正处于欧亚大陆的边缘地带，是陆权和海权两大地缘政治势力相互竞争的关键部位，因此在历史上备受瞩目，各强国都想占有和控制这一地区。朝鲜半岛后方是纵深广阔的欧亚大陆，是“大陆心脏”所在地；前方面对着浩瀚的太平洋，是海权中心所在地。朝鲜半岛既是大陆国家东向防御的最后一道防线，也是海洋国家向陆地扩张的第一道障碍。根据乔治·利斯卡等理论家的研究，在国际关系中，大陆国家与海洋国家的冲突是一种反复出现的现象。某一大陆强国走上舞台，就要争取出海口，以扩大均势的范围，使其功能适于以大陆为核心的体系向海外扩展。而主导海洋的强国则要抵制和否决大陆强国的扩张。此时，大陆国家与海洋国家之间的冲突就会明显地表现出来。而与非岛国相比，岛国（以日本为例）与其他国家的交往更加积极，都

---

① Stephen B. Jones, “Global Strategic Views”, Geographic Review, XLV (October 1955) pp. 492 - 508.

② Nicholas J. Spykman, The Geography of the Peace (New York: Harcourt Brace, 1944) .

试图占据欧亚大陆的一部分。[1] 按照这些地缘政治学理论的解释，朝鲜半岛历经战火，中日甲午战争、日俄战争以及朝鲜战争等，实质上都是海洋势力与大陆势力争夺这块边缘地带的结果。日本作为海洋帝国，通过相继战胜作为大陆帝国的清政府与沙俄，一度控制了包括整个朝鲜半岛和中国东北南部在内的边缘地带，加强了在东北亚的霸权。而第二次世界大战末期，以美国为首的海洋势力与以苏联为首的大陆势力又对这一重要边缘地带展开争夺，分别占领了半岛南北部分，最终导致了朝鲜的分裂与朝鲜战争。

（三）朝鲜半岛是东北亚地缘政治格局的支轴

朝鲜半岛介于俄罗斯、日本和中国三大国之间，同时受美国势力影响与控制，周围都是强国、大国，处于世界政治旋涡之中，是东北亚国际政治斗争的焦点。朝鲜半岛有一句广为流传的古老谚语："鲸鱼打架，殃及小虾。"朝鲜人将自己的国家比喻为"鲸鱼群中的一只小虾"，这虽是民族心态的表现，但也反映了朝鲜的地缘政治属性。韩国学者姜万吉在《韩国现代史》中指出，"朝鲜半岛在地理政治学上处于比较特别的地位——大国的夹缝之中"。[2] 古老的谚语与学者的言论都反映出朝鲜人对自己国家的定位，即在大国中求生存，在夹缝中求生存。

这一定位与汉斯·摩根索的均势理论不谋而合。摩根索认为，小国的独立总是依靠权力均衡，或者依靠某一保护国的优势。朝鲜半岛就是典型的例子。"由于它的地理位置毗邻中国，在历史上大部分时间里，它依靠强邻的控制和介入，作为一个自治国家而生存。每当中国的权力不足以维护朝鲜的自治地位时，另一个国家（主要是日本）就会试图在朝鲜半岛取得立足点。自公元 1 世纪以来，朝鲜的国际地位大体上一直由中国至高无上的地位或者中日之间的竞争所决定。公元 7 世纪朝鲜的统一就是中国介入的结果。从 13 世纪到 19 世纪中国权力的衰落为止，

---

① ［美］詹姆斯·多尔蒂、小罗伯特·普法尔茨格拉夫，阎学通等译：《争论中的国际关系理论》（第五版），世界知识出版社 2003 年版，第 183 页。

② ［韩］姜万吉，陈文寿等译：《韩国现代史》，社会科学文献出版社 1997 年版，第 3 页。

朝鲜听命于中国，与中国的关系是与宗主国的关系，在政治和文化上接受中国的领导。日本在入侵朝鲜未能取得持续的成功之后，便自16世纪末开始反对中国的要求，企图由它自己来控制朝鲜。由于在1894—1895年的中日战争中获胜，日本的要求得以实现。此后在控制朝鲜问题上，日本受到俄国的挑战，并且从1896年起俄国的影响占主导地位。日本与俄国就控制朝鲜的争夺由于1904—1905年的日俄战争中俄国的战败而结束。日本于是确定了对朝鲜的控制，这种控制由于日本在第二次世界大战中的战败而告终。此后，美国取代日本来抗衡俄国对朝鲜的野心。中国通过参加朝鲜战争恢复了在朝鲜问题上的传统影响。因此，两千多年来，朝鲜的命运一直取决于一个国家控制朝鲜的优势，或者取决于两个竞相控制朝鲜的国家之间的权力均衡。”①

朝鲜半岛不能独立决定自己国家的命运，并不代表其政治选择无足轻重。恰恰相反，在大国的较量中，朝鲜半岛的国家倒向可以起到打破均势或重建均势的作用。因此，美国前国务卿、著名国际政治学者布热津斯基认为，韩国是东北亚政治格局中的“支轴国家”。他在其地缘政治学著作《大棋局》中指出，地缘政治支轴国家的重要性不是来自它们的力量和动机，而是来自它们所处的敏感地理位置以及它们潜在的脆弱状态对地缘战略棋手（布热津斯基将法国、德国、俄罗斯、中国和印度界定为欧亚大陆政治地图上的五个关键的地缘战略棋手，称这些国家具有在国境之外运用其力量实现自身地缘战略利益的能力）行为造成的影响。最常用来界定地缘政治支轴国家的是它们的地理位置。由于这种位置，它们有时在决定某个重要棋手能否进入重要地区，或阻止它得到某种资源方面能起到特殊作用。一个地缘政治支轴国家有时能成为一个重要国家甚至一个地区的防卫屏障；有时其存在本身就可能对一个更活跃和相邻的地缘战略棋手产生十分重要的政治和文化影响。②

---

① ［美］汉斯·摩根索，徐昕等译：《国家间政治：权力斗争与和平》第七版，北京大学出版社2006年版，第214—215页。

② ［美］兹比格纽·布热津斯基，中国国际问题研究所译：《大棋局：美国的首要地位及其地缘战略》，上海人民出版社1998年版，第55页。

布热津斯基还指出，韩国地位的任何重大变化，不管是统一，还是“转而落入扩大中的中国势力范围”，都会极大地改变美国在远东的作用，并因此改变日本的作用。此外，韩国越来越强的经济力量也使它本身成为一个更加重要的“空间”，控制这一地缘政治支轴国家变得越来越有价值。

（四）朝鲜半岛是东方的“巴尔干”

历史上，朝鲜半岛发生过不少重要战争，是名副其实的兵家必争之地。这使该地区享有东方的“巴尔干”之称，也有学者将其比喻成“东亚的巴勒斯坦”。[①] 就像在欧洲第一、第二次世界大战都是从巴尔干半岛开始爆发一样，在亚洲，朝鲜半岛也成为几次重大战争与冲突的起源地与争夺地。百年来，朝鲜半岛这一弹丸之地经历了数次重大战争的洗礼，如中日甲午战争、日俄战争、第二次世界大战的抗日战争、朝鲜战争等。

朝鲜半岛之所以战争频发，一方面与其位于边缘地带、周边大国林立的重要地缘政治地位有关，另一方面也与其国小势微，不得不依附于大国有关。因此，如果它所依赖的大国势力衰落，就会有其他上升的势力蠢蠢欲动，试图染指。美国学者埃弗拉在《战争的原因》一书中提出五个假设：当国家对战争结果持有错误的乐观主义时；当首先进行动员或攻击的一方能获利时；当国家相对力量对比发生剧烈变化时，也就是说，当机会与弱点的窗口都比较大时；当资源是可以积累的时候，也就是说，当控制资源能使一个国家去保护或获得资源时；当征服变得容易时，战争更有可能爆发。从历史上看，尤其是在近代历史上，朝鲜半岛发生的历次战争几乎都符合上述五个假设，因此近代史上大国对朝鲜半岛的征服从来就没有停止过。首先是清政府与日本在朝鲜半岛的争夺。朝鲜从历史上一直臣服于中国，有“事大”的传统，然而清政府后期国力渐弱，几乎只剩下“泱泱大国”一个空壳，日本则通过维新国力增

---

① Robert R. Simmons, The Strained Alliance Peking, Pyongyang, Moscow and the Politices of the Korean Civil War (New York: The Free Press, 1975), p. 3.

强，对朝鲜虎视眈眈，最终通过发动中日战争将清政府势力逐出朝鲜。其次是沙俄与日本在朝鲜半岛的争夺。清政府退出朝鲜后，沙俄的势力又染指朝鲜，日本与沙俄最终通过日俄战争确定了朝鲜半岛的归属。日本赢得了战争，接下来合并了朝鲜，完全占据了朝鲜半岛，将其纳为专属殖民地。最后是苏联与美国在朝鲜半岛的争夺。朝鲜半岛在这次争夺中一分为二，被迫分裂。在历次大国的争夺中，朝鲜半岛伤痕累累，为人鱼肉。

朝鲜半岛之所以战争频发，与其战乱的历史本身也有关。西方有句谚语“History repeats itself”，翻译过来就是“历史总是在重复自己”。战争的历史也是如此。回顾历史，战争总是好发于几个地域。这是因为历次战争总有遗留下来的问题难以解决，同时解决战争而进行的谈判本身又会引起下一次的纠纷。加拿大学者霍尔斯蒂指出，在整个民族国家的历史发展中，在世界大战或者大规模的地区战争结束之后，都存在着一个很大的机会来做一些防止战争的事情。“但是，有时候用以解决问题的行为也可能使问题变得更糟。在国际关系中，一种安排和平的方式也许事实上埋下了另一次冲突的种子。”① 他还引用了卢梭的名言：“所有战争的恐怖都来自人们用来防范它的所作所为。”下面是他列出的和平与战争的循环图。②

图1—1从某些方面解释了为什么战争总是集中在某些区域、某些国家爆发。朝鲜近代以来的战乱，用他的理论解释，就是甲午战争后创建的和平秩序不够稳定，因此出现了新问题，爆发了新战争，也就是日俄战争。而第二次世界大战的结束，更是在朝鲜半岛遗留下分裂等诸多问题，随后的朝鲜战争加重了这些问题，使半岛长期处于分裂与敌视的“交战—停战”状态之中。如此密集的战争接二连三地在朝鲜半岛爆发，如同地震过后的余震一样，后遗症足够朝鲜半岛消化很长时间。

---

① ［加］卡列维·霍尔斯蒂，王浦劬等译：《和平与战争：1648—1989年的武装冲突与国际秩序》，北京大学出版社2005年版，序言，第5页。

② 同上书，第21页。

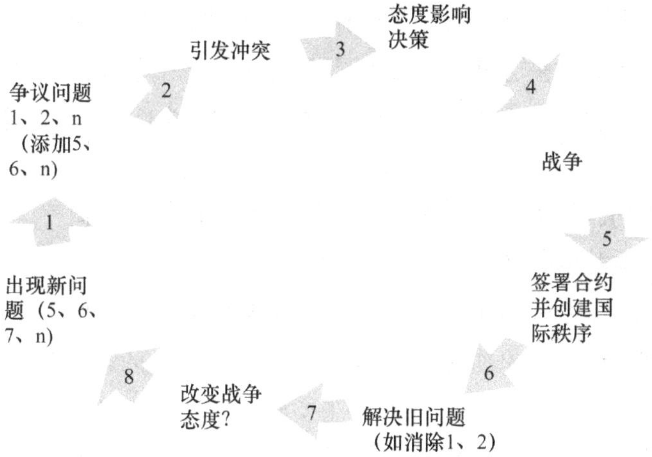

图1—1　和平与战争的循环图

二、大国利益碰撞决定了朝鲜半岛成为地区矛盾的焦点

朝鲜半岛地处大国包围之中，美国、俄罗斯、日本和中国的利益在此交织碰撞，使朝鲜半岛的政治环境异常复杂，地区矛盾异常难解。

（一）朝鲜半岛是美国用以制约俄、中、日三国的战略据点

在朝鲜半岛周边的大国之中，美国是唯一一个在地理上不与朝鲜半岛接壤的国家，然而又是实际上对朝鲜半岛控制最深、在东北亚地区实力最强、对半岛影响最大的国家。美国在韩国驻扎了陆、海、空三个军种的部队，军队人员数量最多时曾达32万人，现为2.85万人。有军事基地41个，其中陆军基地38个，包括龙山卫戍区、凯西兵营、希亚莱兵营、亨利兵营、沃克兵营、乔治兵营、卡洛尔兵营等；空军基地2个，分别为群山空军基地和乌山空军基地；海军基地1个，为镇海海军基地。根据驻韩美军调整的整体规划，驻韩美军基地数量将由现在的41个减少到26个，汉江以北的驻韩美军在2011年以前全部迁至汉江以南，以“把美军从对手的大炮射程内拉出来”。调整以后的驻韩美军，其行动范围将不仅限制在朝鲜半岛，而要放眼至整个东北亚。目前，美国在朝鲜

半岛不但有大量驻军，还有卫星、侦察机、侦察船等多种情报搜集手段，韩军所能掌握的朝鲜方面的战略情报基本上都是由美军提供的。美国还在韩国部署有多种型号的防空导弹，包括“爱国者3”型防空导弹等，韩国的防空能力基本上是由美军保障的。可以说，韩国虽然一直在叫嚷着“自主国防”，实际上却时时处处依赖着驻韩美军，离开了美军，其就谈不上有完整的国防。

美国之所以在半岛布重兵，是因为其极其重视朝鲜半岛的军事和战略价值，把朝鲜半岛看作遏制中国的“岛屿锁链”的重要环节，是其向亚洲大陆进攻的“战略据点”和“主要前哨阵地”，[①] 以及在东北亚与俄罗斯、中国等“地缘战略棋手”下棋时的“地缘战略支轴”。[②]

从历史上看，美国是西方国家中最早对朝鲜产生兴趣的国家之一。早在1845年，美国众议院就提出了关于开放朝鲜的议案，宣称朝鲜这个一向隐遁的国家的港口和市场将会对美国的商人和海员的事业形成刺激。[③] 1866年，美朝之间发生了“舍门将军”号事件，位于天津的一艘美国商人所属的商船“舍门将军”号装备以重型武器，却要求以通商为名到达朝鲜沿海海域，并派遣船员登陆朝鲜进行深入侦察，还绑架朝鲜军人作为人质。朝鲜军民奋起反击，火烧“舍门将军”号。以此事件为借口，1871年美国派遣5艘军舰、1200名士兵远征朝鲜。朝鲜守军英勇战斗，迫使美军舰队回撤，这就是著名的朝鲜“辛未洋扰”历史事件。1882年，受日本强迫朝鲜签订《江华条约》的刺激，美国强迫朝鲜与其签署了《朝美修好通商条约》，终于开启了朝鲜的大门，成为英俄等国竞相效尤的榜样。第二次世界大战末期，美国在考虑战后如何处理日本在亚洲和太平洋的殖民地问题时，也考虑到了朝鲜的命运，担心朝鲜自由后会被苏联或中国独占。基于战略考虑，苏联或中国一个大国单独控

---

① ［美］兹比格纽·布热津斯基：《竞赛方案：进行美苏竞争的地缘战略纲领》，中国对外翻译出版公司1998年版，第53页。

② ［美］兹比格纽·布热津斯基，中国国际问题研究所译：《大棋局：美国的首要地位及其地缘战略》，上海人民出版社1998年版，第55页。

③ Nelson，Frederick，Korea and the Old Order，in Eastern Asia，Louisiana State University Press，1946，p. 111. 转引自曹中屏著：《朝鲜近代史：1863—1919》，东方出版社1993年版。

制朝鲜会削弱美国在东亚和西太平洋的地位，因此美国政府提出由几个大国共同托管朝鲜的建议。在苏联出兵朝鲜抗日后，美国又迅速提出了与苏联分占朝鲜南北两侧接受日本受降的建议，这直接导致了朝鲜半岛后来的分裂局面。

二战结束后，遏制苏联集团上升成为美国的首要战略目标，朝鲜半岛因此分量变重，在美国全球战略中所占据的地位大大提升。在冷战大格局的影响下，美国越来越多地从遏制苏联的角度出发来考虑朝鲜问题，视朝鲜半岛为东西方争夺的要害之地，认为这一苏联集团的前沿战场与美国的“亚太地区前沿防御战略的基石”日本有着同等重要的地位，同样是“岛屿锁链”的最关键环节，还可以作为防御日本的重要屏障。占据朝鲜半岛，标志着美国的力量部署到了距离敌人最近的“家门口”。

冷战后的今天，虽然苏联的威胁消失了，但是这一地域仍处于冷战状态，是美国认为的世界上最可能发生战争和大规模杀伤性武器扩散的地域之一。同时，遏制中国成为美国在该地域的重要战略目标。美国对中国的日益强大十分警觉，认为中国有可能走向敌对，而不是在国际体系中以合作的精神发挥作用。美国前国防部长佩里和前国防部高官卡特指出，“今天中国正在崛起为一个太平洋地区的经济、政治和军事大国，从而与其他太平洋大国，尤其是美国和日本发生了利害冲突。如果中国的崛起脱离了美国的轨道，中国将成为21世纪危及美国生存和国际安全的A类威胁”。① 为了防止这种威胁到美国的“A类威胁”再度出现，美国认为对中国仅仅接触并保持警觉是远远不够的，必须在实际上对崛起中的中国形成一种遏制和包围态势才能防患于未然。而朝鲜半岛在美国对中国的包围圈中起到了最接近、威胁最大、最积极的作用，是遏制中国最理想的战略基地。因此，美国一方面继续增强韩国的军事能力，另一方面在经济上竭力扶持韩国，使其战略力量不断上升，借以平衡中国的影响，压缩中国的战略空间，防范与遏制中国的崛起。由于以上几种

---

① Ashton B. Carter and William J. Perry，Preventive Defense：A New Security Strategy for America，p. 16.

因素作祟，朝鲜半岛在美国全球战略中的地位不但依旧稳固，而且更加重要。迄今为止，美国在东北亚地区建立了呈三线配置的军事基地体系：第一线基地由驻韩美军基地构成；第二线基地由日本的三泽和横日空军基地构成；第三线基地由美国关岛和夏威夷军事基地构成。在这一基地体系中，驻韩美军基地作为美国在东北亚军事力量的指挥中枢和保障中心，是美国东北亚一线军事基地的轴心。

同时，美国在朝鲜半岛的驻军，也隐藏有遏制日本再度成为军事大国的深层战略考虑。布热津斯基在《大棋局》中反复指出，正是韩国同美国的密切联系，使美国能够不在日本本土过多驻军而保护日本，从而使日本不会成为一个独立和重要的军事大国。美国必须继续留驻在朝鲜半岛。如果美国撤离韩国，美日联合防务的形式也会改变，日本将不得不在军事上更加自立。美国单方面撤军不但可能引发新的战争，而且很可能标志着美国在日本的军事存在的结束。最可能的后果是，日本将迅速地重新武装，并因此导致整个地区的广泛动荡。①

（二）朝鲜半岛是日本与亚洲大陆之间连接的桥梁

朝鲜半岛是日本的近邻，历来被日本视为影响其本土安全的战略要地。美国原陆军上将李奇微在《朝鲜战争》一书中称，“朝鲜半岛犹如从亚洲大陆伸出的一个肥胖的拇指。它直指日本四大岛屿中最南端的九州岛，很容易引起对方越过狭窄的对马海峡的入侵。从朝鲜的主要港口釜山岛日本内海入口处下关，全部航程仅一百英里稍多一点”。② 如他所形象地描述的那样，朝鲜半岛是亚洲大陆最为靠近日本的地区，被称为亚洲大陆与日本之间的天然桥梁，是指向日本侧后方“软肋部”的一个楔子。日本战略家指出，“从地理位置看，朝鲜半岛宛如从亚洲大陆伸出的一把匕首，直对日本列岛的侧腹。因此，在朝鲜半岛上有一个对日

---

① ［美］兹比格纽·布热津斯基，中国国际问题研究所译：《大棋局：美国的首要地位及其地缘战略》，上海人民出版社 1998 年版，第 63、72、247 页。

② ［美］李奇微，军事科学院外国军事研究部译：《朝鲜战争》，军事科学出版社 1983 年版，第 8 页。

本保持政治军事紧密关系的稳定势力，是日本国防所必需的重要条件”。①朝鲜半岛在地缘政治上对日本的意义不言而喻。

作为军事与征服的桥梁，朝鲜半岛的作用是双向的：一方面，日本帝国主义利用地理上与朝鲜半岛接近的便利条件，视朝鲜半岛为向亚洲大陆扩张的跳板，把半岛作为向中国及整个亚洲进攻的“军事跳板”和“兵站基地”，这早已为人们所熟知；另一方面，朝鲜半岛也是各国经由亚洲大陆向日本军事征进的通道，历史上，元代开国皇帝忽必烈曾以朝鲜半岛为桥梁和基地两度侵日。

作为和平与文化的通道，朝鲜半岛所起的桥梁作用同样显著。朝鲜半岛对于日本，起到了与大陆文化交往和经济往来的通道作用。据考古发现，日本民族就是亚洲大陆居民经朝鲜半岛渡海，向东迁徙至日本，与当地居民混血繁衍而成的。而包括文字、宗教等在内的日本文化，最初也是由大陆通过朝鲜半岛传至日本的。可见，朝鲜半岛对日本的战略影响是极其重要的。朝鲜半岛本身与日本也有着悠久的邦交关系。日本德川幕府（1603—1867 年）建立以来，200 多年间两国一直有生意往来。1609 年（光海君元年），李朝政府与日本缔结了《乙酉约条》，允许日本按照严格的规定与朝鲜进行使臣往来和派遣“岁遣船”。在东莱府的草梁，有朝鲜政府修建的倭馆（又称和馆），供日本常驻事务官、商人居住和堆集货物，中央政府派驻釜山的倭馆训导具体管理与日本的交往通商事务。地方政府对倭馆免费供应薪炭，并开市供应菜蔬。倭馆每月廾市六次与朝鲜人交易。日本商人主要以铜等贵金属交换朝鲜的米、棉和各种皮货。

从历史上看，日本很早就认识到了朝鲜半岛的重要性，并开始了对朝鲜的侵略战争。16 世纪后半期，丰臣秀吉曾试图以武力在亚洲建立起以日本为中心的大帝国，并为此制订了征服朝鲜、占领中国进而夺取印度的侵略蓝图，还发动了两次侵朝战争（1592—1599 年），但均未得逞。然而，他所制定的政策却成为日本近代战略文化的根源。明治维新之后，

① ［日］服部卓四郎：《大东亚战争全史》第一册，商务印书馆 1994 年版，第 2 页。

日本推行“富国强兵”的政策，走上对外扩张的道路，视朝鲜为势力范围，并把朝鲜半岛作为向中国及整个亚洲进攻的跳板。早在1868年，日本明治政府中以木户孝允、岩仓具视、大村益次郎等为代表的大臣就已在策划“征韩”。1868年12月，木户向岩仓强调，实行“断然征韩”是治国的一大课题。1869年1月，木户又向大村致信称：“所谓征韩者，并非滥征，欲推宇内之条理也。欲推其条理者，乃我国策之所在也。”① 1870年1月，日本外务省派遣外务权大录佐田白茅赴朝鲜“视察国情”，回国后写成了著名的《征韩论》，其中写道：“全皇国为一大城，则若虾夷、吕宋、台湾、满州、朝鲜，皆皇国之属藩也”，“不推一举屠朝鲜，大练我兵备，又大振皇威于海外”。1870年6月26日，木户向太政大臣三条实美所递交意见书，重点强调日本必须有“征韩”的“断然决心”，“预先进行兵赋、船舰、军资、器械的准备”。② 是年7月28日，日本外务大丞柳原前光呈交右大臣岩仓的《朝鲜论稿》则着重于朝鲜的战略地位，阐述“征韩”与日本大陆政策的关系，指出：“然朝鲜之事，仍北连满洲，西接鞑清之地。若绥服之，实乃皇国保全之基础，将来万国经略进取之基本”，主张对朝鲜“宽猛恩威并施，避大战而使其屈服”。③ 1890年，日本首相山县有朋又进一步提出“主权线”和“利益线”理论，把本国疆域称作“主权线”，把朝鲜和中国称作“利益线”，以此为理论依据推行首先征服朝鲜，然后以此为踏板征服大陆的政策。“征韩论”是日本“军国主义早熟”的表现，是明治政府实行天皇睦仁《御笔信》宣布的“开拓万里波涛，布国威于四方”④ 之战略目标的基本手段。从明治维新到第二次世界大战的70余年间，日本帝国主义就是以所谓的“征韩论”为理论依据不断地向亚洲大陆扩张。在日本控制朝鲜的几十

---

① 《木户孝允文书》3，转引自曹中屏先生所著：《朝鲜近代史》，东方出版社1993年版，第30页。

② 日本外务省编：《日本外交文书》第3卷，东京世界文库昭和44年版，第144—145页，转引自曹中屏先生所著：《朝鲜近代史》，东方出版社1993年版。

③ 田保桥洁：《近代朝鲜关系研究》上卷，第303—304、305—306页，转引自曹中屏先生所著：《朝鲜近代史》，东方出版社1993年版。

④ 日本外务省编：《日本外交文书》第1卷第1册，东京世界文库昭和44年版，第557页。

年中，朝鲜半岛一直是日本帝国主义进攻、侵略中国的桥梁和基地。

二战后，以美国和苏联为首的两大集团进入冷战状态，朝鲜半岛和日本更是被冷战的阴云笼罩。日本作为美国重要的驻军基地和棋子，在美国的全球战略中起到了“亚太地区前沿防御战略的基石”的作用。苏联在其亚太战略中也把进攻和防御美国的盟国日本作为一个战略目标，而朝鲜半岛则是进攻日本的重要跳板。此时的日本更多地开始从自身安全的角度考虑朝鲜半岛的作用，认为朝鲜半岛是能够威胁日本安全的重要方向。如果美苏在朝鲜半岛发生战争，日本就可能被拖入战争，苏联就会对日本诉诸武力，日本本土必然成为袭击的目标，因而半岛局势直接牵涉到日本本土的安危。而如果半岛特别是半岛南部被苏联等敌对势力控制，日本本土尤其是经济、人口高度集中的战略核心地带就直接处于敌对势力的威胁之下。因此，在美苏对抗的格局中，维护好以美国为轴心的美日韩三国安全关系，帮助美国构建东北亚战略态势，也就等于保护了日本自身的安全。

冷战结束后，朝鲜半岛爆发大战的危险性降低，苏联的军事威胁不复存在，但半岛南北双方仍处于对立状况，蕴育着不稳定因素。日本认为，朝鲜半岛仍是一个直接影响其安全的地区，朝鲜不稳定的政治、经济形势和加强军备的动向加强了“朝鲜半岛有事”的可能性。日本近几年发表的《防卫白皮书》中，均将朝鲜作为最主要的现实威胁和重要防御对象。朝鲜与日本尚未建交，存在历史仇恨，又存在“绑架日本人”等尚未解决的悬案问题，相互有仇视心理。并且，朝鲜导弹的射程覆盖了整个日本。为应付朝鲜在将来的危机中可能使用远程导弹，日本加强了美日军事同盟，并大力提高情报搜集能力和弹道导弹防御能力。1998年，日本还制订了对朝鲜导弹设施发动袭击的方案。朝鲜试射“大浦洞”I型导弹后，日本正式启动与美联合开发战区导弹防御系统计划。同时，日本也在外交上发力，力图在朝鲜半岛拥有发言权，尽量控制朝鲜半岛统一的节奏，以符合日本的利益需要。

（三）朝鲜半岛对俄罗斯具有十分重要的战略价值

俄罗斯与朝鲜半岛山水相连，是除中国之外唯一一个与朝鲜半岛陆上接壤的国家。按照地缘政治学的理论，朝鲜半岛是欧亚大陆的边缘地带，俄罗斯作为陆地大国，如果想向外扩展，必须要控制边缘地带。俄罗斯远东地区战略力量在向太平洋扩展时，深受海岸条件等地理因素的制约，出海通道受到日本列岛等的阻挡，战略通达性非常有限。而扼守东北亚海上交通要道的朝鲜半岛，则可为俄罗斯战略力量向太平洋方向发展提供战略基地和重要通道。因此，朝鲜半岛对俄具有十分重要的战略意义，在俄远东战略乃至整个国家安全战略中都占据重要的战略地位。

朝鲜半岛是俄罗斯牵制其他大国的重要战略地域。美苏冷战时期，布热津斯基认为，如果苏联控制了整个朝鲜半岛，那将改变远东的战略形势。它将打开苏联海军进入中国东海的通道，把美国赶出大陆，使日本的所有主要岛屿处于军事威胁之下，并从侧翼包抄中国东北的工业地区。这一论断在苏联解体、冷战结束后的今天也依然有其合理之处。俄罗斯保持在朝鲜半岛的传统影响力，一方面能对美国和美国的盟国日本保持压力，挽回一些北约不断东扩、俄失去大国地位的面子；另一方面，客观上对中国也有所遏制。

朝鲜半岛也是关系到俄罗斯国家安全利益的重要地区。朝鲜半岛的和平与稳定直接关系到俄罗斯远东地区的安全。朝鲜如果成为有核国家，势必对俄罗斯的东部安全造成压力。出于战略平衡等因素的考虑，日本和韩国，甚至台湾地区都有可能研制核武器以增强防卫力量，从而导致亚洲的军备竞赛。而核武器冲突一旦爆发，更会对俄罗斯的国家安全造成极大损害。此外，朝鲜半岛也关系到俄罗斯的大国地位。在亚太地区，俄罗斯独立之初曾一度进行战略收缩，影响力被削弱，成为亚太事务的“局外人”。这既有悖于俄罗斯的东西方平衡外交传统，同时也对其自身造成了难以估量的损失。俄罗斯要重新恢复其在亚太尤其是东北亚地区的影响力，就需要借助恢复朝鲜半岛的传统影响力来展现自身大国风范。

从历史上看，早在 19 世纪后期，沙皇俄国就认识到了朝鲜的重要性，加入了争夺朝鲜半岛的行列。为了假借日本之手打开朝鲜的大门，在 1873 年日本国内“征韩论”甚嚣尘上之际，俄驻日公使就曾向日本表示过，万一日本对朝鲜进行征伐，俄国决不打算对此进行干涉。1884 年，在日本强迫朝鲜签订《江华条约》以及美国强迫朝鲜签署《朝美修好通商条约》等不平等条约后，俄国也强迫朝鲜签署了《朝俄修好通商条约》，敲开了朝鲜的大门。随后，俄国在朝鲜半岛的影响力日益增强。1885 年，俄国开始与朝鲜签署秘密协定，要求与中日享有均等的出兵朝鲜的权利。中日甲午战争中国战败退出朝鲜后，俄国乘机添补空缺，加强其在朝鲜的势力。俄国在朝鲜半岛和中国东北的扩张加剧了它同日本的矛盾，最终引发了日俄战争。

第二次世界大战末期，苏联以出兵朝鲜抗日的方式确立了其在朝鲜半岛的主角地位。苏军进驻朝鲜半岛北半部，获得了使用北部港口和基地的权利，其后又不断加强对北部的影响，支持朝鲜半岛北部建立社会主义国家。冷战年代，朝鲜一直是苏联在东北亚地区的战略同盟国，是苏联集团抗击美国集团的远东战略前沿。1961 年签订的《苏朝友好合作互助条约》具有政治、军事同盟性质。该条约规定，其中一方如果受到武装进攻，另一方要提供军事援助。为了同美国争夺亚太霸权，苏联不断加强在朝鲜半岛附近的战略力量，频繁地在半岛周围的日本海海域和朝鲜海峡举行针对美、日的作战演习。

冷战结束后，俄罗斯对朝鲜半岛的政策经历了一个曲折变化的过程。冷战结束之初，俄罗斯推行亲西方政策，在积极促进和发展与韩国关系的同时，与朝鲜的关系却渐趋冷淡乃至恶化，这使它在朝鲜半岛的地位发生了根本性转变，对半岛的影响力也一度下降。俄罗斯是除中国之外唯一一个与朝鲜半岛陆上接壤的国家，在朝鲜半岛的历史上也扮演了重要的角色。然而，时至今日，俄罗斯却是在朝鲜半岛周边的大国之中介入半岛事务最浅、发言权最少的国家。这固然与俄罗斯一向重视欧洲、以亚太为辅的战略有关，但也与其冷战后采取“亲韩疏朝”、“亲南疏北”的政策有关。

普京执政后修正了这一政策，在朝鲜和韩国之间采取等距离外交，使俄罗斯与朝鲜半岛的关系有了明显的改善，在朝鲜半岛的发言权也有所加强。俄罗斯对朝鲜半岛政策分为最低和最高两个目标，即“最低目标是防止朝鲜半岛落入敌对国家之手，最高目标是尽力把朝鲜半岛控制在自己的影响范围之内”。因此，为了在朝鲜半岛最大限度地实现本国的利益，俄罗斯必然会更加积极地参与朝鲜半岛的一切事务，争取在解决有关朝鲜半岛和平与安全问题上谋得一席之地。

（四）朝鲜半岛是中国维护国家安全的重要缓冲地带

朝鲜半岛与中国唇齿相依，有1300多公里的共同边界，是中国重要的战略侧翼，对中国具有极其重要的地缘战略价值。地缘政治的因素使得朝鲜半岛的安危直接关系到中国的国家安全。

从地缘角度分析，朝鲜半岛从陆上与中国东北战略要地领土相接，从海洋遥对中国东北、华北、华东等多个战略要地，对中国的安危至关重要。中国的重工业半数都集中在这些地域，首都圈也位于这一战略要地之内。朝鲜半岛一旦被任何敌对大国势力控制，敌人便可从不同方向对中国进行威胁与进攻：既可通过控制朝鲜，取得对黄海的制海权，从辽东半岛、秦皇岛等沿海地区实施登陆作战；也可从陆上越过鸭绿江，直接入侵东北，南下进攻北京；还可一面从半岛方向对中国东北发动陆上进攻牵制中国，另一面由海上对山东半岛登陆作战夹击华北。届时，中国不但东北无险可守，华北门户洞开，首都也告岌岌可危。中国的国防安全将面临直接威胁，中国的安全利益将面临极大的损害，中国将处于极其不利的战略态势之中。

从国家安全角度分析，朝鲜半岛的和平与稳定不仅关系到中国的边境安全，也直接关系到国家安全利益。事实上，朝鲜半岛的安全问题本身就是中国国家安全不可分割的部分。朝鲜半岛北部与中国东北山水相连，朝鲜是中国的友好邻邦，两国结成了鲜血凝成的友谊。朝鲜半岛维持稳定的局势与现状，有助于中国争取一个和平稳定的外部环境，可为中国的经济建设提供安定的周边国际环境。如果朝鲜半岛局势失控，从长远看中国将失去重要的战略缓冲地带，从近期看中国的边境也将面临难民潮等压力的冲击。一旦朝鲜半岛局势失控导致美国势力深入到朝鲜半岛北部，美国就会真正成为中国身畔的威胁。因此，在东北战略方向上，中国首先要保障的就是朝鲜半岛尤其是朝鲜的稳定态势。只有朝鲜稳定，中国的东北战略方向才能获得足够的安全保障。

从战略角度分析，朝鲜半岛更是中国生存与发展所必需的战略缓冲空间，是制衡美日等国的战略要冲。自苏联解体以来，美国一直视中国为头号竞争对手，无论是政府文件还是学术著作中，均对中国的崛起异常警觉，不止一次公开喧嚷要通过接触与遏制控制中国的发展进程，使中国按照美国方式发展，直至演变或分裂中国。与此同时，美国的军事战略重心逐步东移，军事部署以遏制中国为目标，与盟军进行的联合演习等也多有控制和应对中国军事行动的内容。而朝鲜半岛南部的韩国是美国遏制中国的一大基地。美国在韩国有强大的驻军和足够的影响力。面对美国咄咄逼人的姿态，朝鲜则是中国制衡美国的重要砝码。在朝鲜半岛维持与美国匹敌的影响力，有利于阻止美国势力的再度深入，维持朝鲜半岛制衡美国的战略要冲地位，有利于延伸中国的战略前沿，增大与美抗衡的回旋余地。

第二次世界大战结束后，朝鲜半岛被一分为二，朝鲜战争不久后爆发。当美军介入朝鲜内战，命令第 7 舰队进驻台湾海峡防备中国军队，特别是美军在仁川登陆并越过三八线后，中国是否出兵朝鲜成为中国政府当时最艰难的选择。最终，唇亡齿寒的地缘战略关系和中国与朝鲜的历史和现实渊源，使中国下定决心进行抗美援朝。中国人民志愿军经过浴血奋战，完成了抗美援朝的既定战略目标，通过出兵朝鲜，帮助朝鲜人民抗击了美韩联军的侵略，与朝鲜人民结下了鲜血凝就的友谊，将已逼近中朝边境鸭绿江的美韩联军打退至三八线附近，中朝友好关系得到巩固发展和强化。

冷战结束后，中国政府审时度势，开始对朝鲜半岛政策进行调整，在保持与朝鲜传统友好关系的同时积极发展与韩国的关系。中韩两国于 1992 年建交后，在政治、经济、文化等方面的合作和交流迅猛发展，这对双方的安全和半岛的稳定乃至东北亚地区的和平都有一定的积极意义。

朝鲜核问题出现以来，中国又积极斡旋，发挥在朝鲜半岛的特殊影响力，促成朝核问题六方会谈，为朝鲜核问题的解决提供平台和方式，力求稳定朝鲜半岛局势。

有人说，中国出兵朝鲜是历史的宿命，是基于地缘战略的必然选择。这一说法虽有失偏激，但也从侧面阐明了中国对于朝鲜半岛的重视程度。朝中荣辱与共，朝鲜半岛局势任何的动荡，势必都将直接影响到中国的安全利益，制约中国各项事业的建设与发展。中国已经深刻地认识到了这一点，并在尽力维护朝鲜半岛的稳定局势。目前，中国在朝鲜半岛采取的政策是：一方面加大对朝鲜的支持，继续从经济上援助朝鲜，帮助朝鲜维持政局稳定，维持原有的均势；另一方面，明确表示不支持朝鲜发展大规模杀伤性武器特别是核武器，同时积极与美韩等国合作，增加发言权，在国际上树立起一个负责任的大国形象。

（五）各大国利益在朝鲜半岛交织碰撞

朝鲜半岛是东北亚的地缘政治中心，其形势的发展变化关系到东北亚甚至亚太地区和平与发展的大局。朝鲜半岛周边呈现中国、俄罗斯和日本三强鼎立的格局。二战后美国势力的介入，使该地区成为中国、美国、日本和俄罗斯四个大国力量与战略利益的交汇点。由于大国利益不尽一致，朝鲜半岛自身分裂成的两个国家——朝鲜和韩国也有不同的政治诉求。长期以来，朝鲜半岛一直矛盾重重，各种矛盾与利益相互交织，纷乱复杂，是世界上矛盾最尖锐、最集中、最难以消除的地域之一，各大势力都在此进行利益的博弈，朝鲜半岛早就成为各国战略交易的棋子。

目前为解决朝鲜核问题而进行的六方会谈，反映出朝鲜半岛地区的现存格局。总的来说，在朝鲜半岛，既有美、韩、日与中、朝、俄的传统小三角关系，也有因某方面利益契合而形成的美国和日本两角对抗中国、朝鲜、韩国和俄罗斯的四角关系，还有美俄、美中两国博弈以及美朝对话数个两角关系。由于地区关系复杂、利益相互交织，尽管美国享有无可挑战的主导地位，但也无法任由自己的意志主宰全局，而只能采取多方合作的方式，从而在客观上促使政治多极化趋势更加明显。朝鲜核危机由美朝双边接触到中美朝韩四方会谈，到中美朝韩日俄六方会谈，再到美朝秘密接触后又回到六方会谈框架内解决问题，便说明了大国在朝鲜半岛利益的复杂性、多元性与重要性。朝鲜半岛这六个相关国家中，如果没有任何一个国家突然崩溃，那么这一多边格局主导下的均势在今后相当长的一段时期内将不会有根本的变化。

美国是朝鲜半岛现存格局的策划者和既得利益者，因此也不可能有主动和无条件改变现存格局的意图。布热津斯基指出，“一个统一的、没有美军驻扎在领土之上的朝鲜很可能首先在中日之间搞某种形式的中立，然后部分地受虽是残存却仍强烈的反日情绪的驱动而逐渐地倾向中国，或者被置于中国的政治影响范围之下，或者进入某种更加微妙的敬服中国的范围。到那时将出现这样的问题：日本是否依然愿意充当美国力量在亚洲的唯一基地。因此而造成的美国远东军事活动范围的任何收缩，都将使维持稳定的欧亚大陆力量均势更加困难……若（朝鲜半岛的）现状就是得改变，也得非常缓慢地分阶段前进”。[①] 由此可见，朝鲜半岛目前的形势是美国当初一手策划的，也是美国如今乐于保持的。美国是以既得利益来衡量国际关系的。不论是何种形式的统一，在美国看来都是不受欢迎的。美国最关心的是，无论局势如何变化都要在这一地域维持驻军，以保证其全球军事部署的平衡，为其全球战略服务。

日本是最忌讳朝鲜半岛统一的国家，无论是朝鲜还是韩国主导统一半岛。从历史上分析，日本惧怕半岛统一后建立的政权民族情绪高涨，一致对外，清算历史，反对日本。从实力上分析，日本与整个朝鲜半岛无论是在人口、领土还是综合国力上都属同一级别，日本要想压制朝鲜民族，就必须阻止朝鲜的统一。从外交目标上分析，日本谋求的是摆脱受制于人的地位，谋求确立军事政治大国地位，维持对韩国的传统优势以及应对中国的崛起，所以绝不会在自身地位可能削弱的情况下赞同朝鲜半岛的统一。

---

① ［美］兹比格纽·布热津斯基，中国国际问题研究所译：《大棋局：美国的首要地位及其地缘战略》，上海人民出版社 1998 年版，第 248 页。

俄罗斯也倾向于朝鲜半岛维持现状。一旦半岛取得了统一，那么朝鲜的政策走向必然会彻底改变东北亚地区的政治格局，这对于俄罗斯而言十分危险。从历史的角度看，一旦朝鲜半岛统一，则必有事端。这是俄罗斯不愿意看到的。

总体来说，在朝鲜半岛，美国、朝鲜和俄罗斯是棋手，韩国和日本基本上是跟着美国走，布热津斯基对韩国是战略支轴国的定位是比较准确的。而俄罗斯虽然是棋手，但由于其大国地位的沦丧以及曾离弃朝鲜的历史因素，所起的作用也不尽明显。其中，任何一个国家都不会将其在半岛的地缘战略利益拱手相让，也不可能在这一地区享有独占性、排他性的战略利益及拥有压倒性的战略优势。朝鲜半岛今后何去何从，在于半岛自身的发展，更在于大国在该地区的博弈。

三、不同的意识形态与社会制度决定了地区局势的对抗性

朝鲜半岛两个国家与参与的其他四大势力中，存在着两种不同的意识形态、两种不同的社会制度、六种不同的价值观以及四种“不同的文明”。在某种程度上，意识形态、社会制度、价值观与文明的交织碰撞也决定了地区局势的对抗性。

（一）朝鲜半岛南北双方意识形态与社会制度迥异

朝鲜半岛从分裂之初，南北两个国家就建立了各自截然不同、完全对抗的意识形态与社会制度。经过50多年的发展，朝鲜和韩国背道而驰，渐行渐远，经济发展水平存在巨大差距，政治对立根深蒂固。如今，全球范围内的意识形态冷战对抗结束后，朝鲜半岛的意识形态冷战依然在继续。

1. 意识形态对立

意识形态（ideology）一词是18世纪末由法国哲学家德特拉西创造的，从字面上讲，就是思想的科学。经过中性词向贬义词过渡，贬义词再向中性词回归的过程之后，大英简明百科知识库将“意识形态”这一词条定义为：“试图解释世界并改变世界的思想体系。”辞海将其定义

为："系统地、自觉地反映社会经济形态和政治制度的思想体系，是社会意识诸形式中构成思想上层建筑的部分，表现在政治、法律、道德、哲学、艺术、宗教等形式中。"1999 年版的《美国外交政策百科全书》将其定义为："一个人们所共有的信仰系统，既可以是行为的动因，也可以被用来为行为辩护，解释事情如何发生，意味着什么，提供安排世界的方式，定义敌人和盟友、危险和机会、自己人和其他人。它是正式的、结构性的，同时是哲学、科学、宗教和想象，本身有特殊逻辑，常常表现为对科学或客观知识的指导，作为批评、驱动力、解释或允诺暗含在集体行动中，并被公开表达出来。"

在国际政治中，意识形态是狭义的意识形态，即某一社会集团进行国际斗争的完整的思想体系。它代表这一社会集团的利益，又反过来指导这一集团的行动。在朝鲜半岛，朝鲜的意识形态是金日成的主体思想。这在朝鲜宪法的序言中即有阐述："朝鲜民主主义人民共和国是体现了伟大领袖金日成同志思想和领导的主体的社会主义国家。伟大领袖金日成同志是朝鲜民主主义人民共和国的创建者，是社会主义朝鲜的始祖。"① 金日成主体思想认为，人是一切事物的主体，是一切事物的决定力量。人民应当接受领袖的指导。领袖是头，党是躯体，人民是手足，躯体和手足应当听从头脑的指挥。人民应当无条件地忠诚团结在领袖周围，应当以忠、孝来爱戴领袖，领袖是赐予人民生命的恩人和慈父。此外，主体思想还要求朝鲜人民肃清事大主义，彻底由朝鲜民族自己解决自己的问题，达成政治、经济以及国防的自主。半岛南部的韩国的意识形态则是以西方资产阶级人本主义为指导的自由民主主义思想。韩国宪法第一章总纲中规定，"大韩民国是民主共和国，大韩民国的主权在于国民，一切权力来自国民"。② 宪法规定了自由民主的政治秩序。它在序言中阐明大韩民国要"更加牢固自由民主的基本秩序，使得政治、经

① 朝鲜民主主义人民共和国社会主义宪法（1972 年 12 月 27 日朝鲜民主主义人民共和国第五届最高人民会议第一次会议通过，1992 年 4 月 9 日第九届三次会议修改，1998 年 9 月 5 日第十届一次会议修改补充）。

② 大韩民国宪法（1948 年 7 月 12 日制定，1987 年 10 月 29 日修订版）。

济、社会、文化的所有领域内各人的机会均等化”。[①] 其保证民主自由的基本原则包括：国民主权、三权分立、寻求和平民主统一、寻求国际和平与合作、依法治国等。此外，韩国认为本国的安全离不开美国的保护，并将韩美军事结盟作为基本国策。

这一意识形态的对立局面是由第二次世界大战结束时苏联和美国在半岛进行利益争夺而引起的。朝鲜从日本手中解放后，受苏联和美国影响的两派民族政治势力在苏美的帮助下，回国后利用苏美占领的地盘分别建立起自己的权力基础。在北部，以金日成为首的共产主义者与南部各派资产阶级势力之间围绕托管和选举等诸多问题出现了分歧和对立，这实质上也是资本主义意识形态和共产主义意识形态之间的斗争。对立双方在坚持按照自己的意识形态建国理念方面毫不妥协。北方共产主义者主张完全排斥南部亲美的右翼资产阶级势力，金日成明确表示：“要把那些阻挠我们民族统一和团结的亲日分子、民族叛徒等反动分子和反民主分子驱逐出我们民族的队伍，在群众的基础上牢固地结成真正的民主主义民族统一战线。”[②] 而南部的资产阶级势力则视共产主义为“洪水猛兽”，掌握权力的社会阶层“宁愿在暂时分裂的情况下生活，也不愿在共产主义统治之下统一起来”。[③] 意识形态的对立最终导致朝鲜半岛的政治对立和国家分裂，南北的政治统治集团宁愿在外部势力的支持下各自建立一个国家，也不愿团结起来共同建立一个统一的民族国家。可见，朝鲜半岛分裂的原因是内外兼而有之的。外部的因素导致了朝鲜半岛的分裂，内部的意识形态对立使之深化固定。

20 世纪 70 年代以来，朝韩双方关系渐渐有所缓和。尤其是随着冷战的结束，外部环境的变化，以及 90 年代韩国金大中总统执政以来执行“阳光政策”的内部变化，朝韩关系迅速好转。但是，双方对“民主”内涵的不同理解以及截然相反的意识形态所造成的政治文化分裂，仍然是朝鲜半岛无法真正走向和平的深层次原因。

---

① 大韩民国宪法（1948 年 7 月 12 日制定，1987 年 10 月 29 日修订版）。

② 《金日成著作集》第 2 卷，第 7 页。

③ 《韩国手册》，韩国海外公报馆 1992 年版，第 318 页。

2. 社会制度迥异

朝鲜半岛的南北两个国家军事实力上势均力敌，社会制度上各有千秋。朝韩之间半个多世纪的分裂强化了两国不同的社会制度。根据各自的宪法，朝鲜的社会制度是人民民主专政的社会主义国家，而韩国的社会制度是三权鼎立的资本主义国家。韩国宪法规定，韩国实行三权分立的体制。总统是国家元首和全国武装力量司令，是内外政策的制定者和国家最高行政长官，在政府系统和对外关系中代表整个国家，任期 5 年，不得连任。国会是国家立法机构，拥有制定法律，批准国家预算、外交政策、对外宣战等国家事务，以及弹劾总统的权力，任期 4 年，国会议长任期 2 年。法院分为大法院、高等法院和地方法院三级，其中大法院是最高法庭，负责审理对下级法院和军事法庭做出的裁决表示不服的上诉案件。大法官由总统任命，国会批准，任期 6 年，不得连任。

社会制度的不同，也是阻碍朝鲜半岛两个国家关系改善的因素之一。不同的社会制度使两国相互怀疑，存有戒心，均担心统一会带来己方政治体制的解体，损害统治阶层的利益。因此，对于南北双方来说，统一是“口号”，是长期目标，维护国家现行社会制度才是根本。因此，朝韩双方在制定和平统一政策时，都不管对方能不能接受，而是想方设法使自己在统一中占据主导地位，维护自己分治时的社会制度。

3. 国家利益相左

汉斯·摩根索早就指出，意识形态是“真正利益”的外衣。朝鲜与韩国成为两个国家后，就各自拥有了不同的国家利益。统一是两国的长期目标，就近期而言，对朝鲜来说，生存利益是第一位的，美国和韩国是最大的敌人。朝鲜一方面要防止美国和韩国对自己发动军事侵略，保卫国家独立、安全和领土完整；另一面要防止美国和韩国对自己进行思想渗透和精神扼杀，维护国家尊严，保卫朝鲜式的社会主义政体稳定，抵御“和平演变”攻势。因此，朝鲜这些年来对内加强管控和思想教育，对外随时准备应付战争，重视军队的建设，推行金正日的“先军政治”路线，维持了一支强大的军队。对于韩国来说，生存利益和发展利益同样关键，朝鲜是最大的敌人。韩国的利益主要是防止半岛爆发战争，保卫国家的领土完整，保护多年来的建设成就，保障和平的生活和发展环境，维护大韩民国在韩半岛的法统，巩固和发展自由民主主义的政治制度和建立在自由民主主义原则基础上的市场经济制度，确保国家能够顺利实现在政治、经济和社会发展方面建设“世界一流国家”的跨世纪战略目标，继续提高国际地位，防止朝鲜的“颠覆活动”和“共产主义意识形态渗透”。因此，尽管对朝实施了多年的“阳光政策”，韩国依然认为朝鲜的武装进攻是其将要面临的最主要威胁，并将朝鲜作为“主敌”进行军队建设。

汉斯·摩根索指出：“只要世界在政治上还是由国家所构成的，那么国际政治中实际上最后的语言就只能是国家利益。”[①] 朝鲜半岛亦然。朝韩两国相互以对方为主敌，核心国家利益完全对立，这是导致朝鲜半岛始终阴云密布的根本原因。目前，南北双方都在强化对自己辖区的居民和领土的政治主权，并在追求以自己的方式统一朝鲜半岛的终极目标。由于双方提出的统一方案都碰触到了对方的核心利益，因而统一遥遥无期，分裂和敌视仍将继续。

（二）朝鲜半岛周边大国有着不同的价值观

从历史上看，朝鲜半岛的命运从来都是由周边的大国决定的。目前，虽然朝鲜半岛两个当事国都有意于民族自决，但韩国一向在军事和政治上依赖美国，加上目前半岛两个政权又基本上势均力敌，因而朝鲜半岛问题的协商与解决在一定程度上还将取决于外部力量的干预。

朝鲜半岛周边有四个国家与半岛的命运相关，分别是美国、中国、日本和俄罗斯。这四个国家有着各自不同的价值观，总体上可分为亚洲价值观和西方价值观。亚洲价值观根源于儒家学说，以团体利益为重，认为团体利益和社会利益优先于个人利益，原则上可以为了社会最高福利，如实现稳定的高增长率和社会平等，牺牲个人政治权利。新加坡前

---

① ［美］汉斯·摩根索：《政治学的困境》（Dilemmas of Politics），芝加哥大学出版社 1958 年版，第 68 页。

总理李光耀就是亚洲价值观的拥护者，他认为集中统治的模式有利于取得经济成就。亚洲价值观还富有包容性，容忍各种形式的社会制度，尊重选择和尝试，理解为了团体的生存与繁荣放弃各种意识形态和“主义”分歧。与亚洲价值观不同，西方价值观的基础是人权，认为人权神圣而不可剥夺，不会为了团体利益而牺牲个人利益，哪怕是为了实现社会最高福利。西方哲学家约翰·罗尔斯在《正义论》中提出，包括政治权利在内的人权“不可能是政治交易品”。西方价值观还富有侵略性，它们将世界简单划分为“我们的”和“你们的”，并认为民主价值观与人权具有优先重要性。因此，西方价值观常常与亚洲价值观发生冲突。受各自不同价值观的主宰，四个大国虽然口头上都支持朝鲜统一，都希望朝鲜半岛保持稳定，但在实际行动上均有不同的表现。

1. 将己方价值观强加于人的美国

美国的意识形态与价值观是典型的西方式的，对其国家政策的影响很深入。从美国立国之初的“天赋人权”，到指导美国 19 世纪扩张的“天定命运论”，到二战结束后与社会主义阵营长达半个世纪的冷战，再到冷战结束后的今天，美国外交政策中的意识形态色彩不但没有削弱，反而越来越浓厚。美国的价值观以霸权主义、强权政治为基础，片面追求本国或本集团的绝对安全，为实现此目标，不惜损害、威胁他国安全甚至国际社会整体安全；坚持非友即敌的原则，人为地把一些国家看成是对手或敌人，进行防范和遏制；奉行炮舰政策，打着在全球范围内散播“民主与人权”的旗帜，肆意干涉别国内政，践踏别国主权，动辄进行军事打击；不遗余力地强行推行自己的价值观，如果遭遇其他价值观的抵制，甚至不惜兵戎相见。

对于朝鲜，美国也要强行推行自己的价值观。朝鲜半岛最初是美国与苏联意识形态斗争的一个牺牲品。冷战结束后，“铁幕”与苏联的威胁一同消失，但是朝鲜的政权依然稳固，朝鲜依然是社会主义国家。美国和朝鲜在意识形态上尖锐对立，因此在美国的眼中，朝鲜是其在全球范围内推行“民主”的一大障碍。美国在冷战后发布的文件中，不止一次将朝鲜称为“暴政前哨”、“最不民主”的国家之一等等。

美国推行价值观也有双面性。韩国在意识形态上与美国同出一源，是美国眼中的民主国家，因此一直受到美国的支持，可谓是美国的铁杆盟友。但是，即便如此，美国对韩国的支持也一直是居高临下的，这可能是受美国价值观中的“种族优越论”的影响。韩国学者认为，1945 年以后的韩美关系是畸形的。第二次世界大战结束后，韩国人把入驻朝鲜半岛的美军当作“救星”而热烈欢迎，但美军其实是以占领军的身份入驻朝鲜半岛的。美军把进驻三八线以南视作“占领敌区”，迅速以新的殖民地秩序对韩国进行重编，使三八线成为划割资本主义体制与社会主义体制的冷战体制的“政治警戒线”，并在韩国实施了三年的军政统治，1948 年才将政权交给李承晚，对韩国进行间接统治。对此，已经有越来越多的韩国人进行了思考，认为朝鲜战争只不过是美国的战争，韩国人只是在进行一场代理战争。

2. 脱亚入欧、恃强凌弱的日本

日本价值观的第一大特色是“身处亚洲心系欧”。日本人一直有“脱亚入欧”的幻想，努力用西方的思维方式思考问题，在构建自己的国家战略时也明显带着西方烙印。为了声明自己是西方国家的一员，日本大力提倡“亚洲民主之弧”，全力支持美日同盟，在亚洲处处充当美国的急先锋，并以此为荣。然而，因为地理和历史的影响，日本不可能真正地实现“脱亚入欧”，日本的民族和社会各层面的认知都是东方式的，西方也没有真正地接纳日本，因此日本的这一价值观就有不伦不类的感觉。

日本价值观的另一大特色就是“欺软怕硬”、“恃强凌弱”。美国在二战中击败了日本，并使用了原子弹，这本是对日本人民的伤害，但美国认为日本应当被炸，认为这阻止了日本在二战中侵略行为的继续，缩短了战争进程，是正义行为。因为美国是强者，因此日本任何谴责之意也不敢表达。而日本在对待自己曾侵略与凌辱过的中国和韩国的仇恨情绪时，也采取了这样的“强者”逻辑，认为有美国在身后撑腰，中韩对自己没有办法。用“强者”逻辑和模式构建自己的国家战略，这就是目前日本的价值观。

日本的价值观影响了日本的朝鲜半岛政策。对于朝鲜，日本要随美国一起推行"民主"、"人权"，最理想的是推翻朝鲜"邪恶统治"；对于韩国，日本则自视为强者。日本近代史上"征韩论"甚嚣尘上，对朝鲜半岛有长达30多年的殖民统治。虽然二战战败后日本接受了美国的影响，与韩国不存在意识形态和价值观上的对立，但与韩国的关系始终是貌合神离。

3. 追求超级大国地位的俄罗斯

俄罗斯的版图横跨欧亚大陆，其价值观也是二元的。俄罗斯社会有"可怕的矛盾性"，集东、西方两大历史潮流于一身，一方面有西方价值观的一些要素，另一方面更倾向于亚洲价值观。俄罗斯对美国价值观中的许多要素是排斥的，抨击美国"无节制"地在世界上滥用武力，认为美国的外交带有太多的强权和意识形态色彩，且美国的军事部署给全球带来了威胁。

俄罗斯价值观的另一大特色是不懈地追求和保持大国地位。俄罗斯总统普京曾说："我有一个梦想，希望能有这么一天，俄罗斯人能够说：'我为生在俄罗斯而感到自豪。'"这显然是在表达他的一种政治理念：再塑一个强大的俄罗斯。事实上，从历史上看，俄罗斯一直在追求大国地位，自苏联解体后，俄罗斯失去了超级大国地位，沦为二等国家，这是最令俄痛心的。这种追求大国地位的价值观具体体现在朝鲜半岛问题上，就是将朝鲜作为远东地区的落脚点和自己的天然门户，利用朝鲜抵御美国的影响，挑战美国霸权，借此与美国抗衡。

4. 秉承和平共处原则的中国

中国的价值观是典型的亚洲价值观，以和平共处五项原则为基础。中国认为集体的利益高于个人的利益，主张全球化不应破坏国家主权和国家发展模式，认为不同的制度、不同的意识形态并存也是合理的，不应强加干涉，因此从来不将自己的价值观强加于人，不干涉别国内政，不教训他人，对发展中国家的援助从不附加任何条件，也不对其他国家实施制裁和禁运，认为这在原则上是不妥当的。同样，中国也不允许别人向自己兜售价值观。

体现到朝鲜半岛问题上，中国尊重朝鲜和韩国两国的选择，不将自己的意志强加于人，从不搞经济制裁，强调在维护本国安全的同时，必须尊重他国安全，反对片面追求军事安全和军备竞赛，强调以互信求安全，以互利求合作，以和平方式解决半岛争端，这些对于朝鲜半岛来说都是和平的因素。

亚洲价值观和西方价值观的对立还将在朝鲜半岛及其周边长期存在。美国将继续在该地区推行西方价值观，这会引起地区其他国家的不满，从而成为引发冲突的一个可能性因素。

（三）朝鲜半岛及其周边多种文明并存

朝鲜半岛和周边的各大国不但意识形态各异，政治诉求不同，文明也多种多样。《文明的冲突》的作者、哈佛大学学者萨缪尔·亨廷顿认为，这些国家中有七种世界主要文明中的四种：中华文明、日本文明、俄罗斯文明（东正教—斯拉夫文明）和西方文明。按照亨廷顿的理论，未来全球政治的主要冲突将发生在国家和不同的文明体之间，文明之间的碰撞将成为国际政治的主旋律，而文明之间的冲突线将成为未来战争的前线。以这个标准衡量，朝鲜半岛是发生冲突的高危地带。

1. 中华文明的深刻影响力

中华文明覆盖范围最广，包括中国、朝鲜和韩国三方。亨廷顿认为，朝鲜、韩国受到中国儒家文化的影响，与中国同属中华文明范畴。号称历时5000年的中华文明，亦称华夏文明，是世界上最古老的文明之一，也是世界上持续时间最长的文明。中国国家主席胡锦涛在美国耶鲁大学发表演讲时将中华文明的精髓总结为四大“历来”，即：历来注重以民为本，尊重人的尊严和价值；历来注重自强不息，不断革故鼎新；历来注重社会和谐，强调团结互助；历来注重亲仁善邻，讲求和睦相处。中华文明还有一个突出的特性，即兼容性。历史上任何外来文化传入中国，最终均被中华文化所融合，成为颇具特色的中国文化的组成部分。亨廷顿在接受韩国《朝鲜日报》采访时指出，中华文明对朝鲜半岛的影响是深刻的，中华文明将继续影响朝鲜半岛，“中国的影响力将非常大，不知道这样比喻是否恰当，想象中韩关系将变成墨西哥与美国的关系。在政治关系上，韩国和中国可能成为墨西哥与美国的关系”。而与此同时，亨廷顿认为，由于文明相异的缘故，美韩同盟在被逐渐削弱，韩国在对朝政策上与美国并不是用一种声音说话。

2. 日本文明的延续性

部分学者认为，日本没有独立的文明，日本的文明只不过是中华文明的一部分或是中华文明的周边文明。但是，亨廷顿和历史学家汤因比则将日本文明作为世界的一支主要文明列举出来。他们认为，出现于公元100—400年之间的日本文明是中华文明的后代，但与中华文明有着本质的区别。首先，日本文明是海洋文明。大陆文明往往注重抽象的原则论，试图讲大道理，而海洋文明则重视实用性，执行实用主义。日本文明在这方面更像西方文明。其次，日本文明重视与自然共生的重要性。日本国土狭小，资源紧缺，岛国的主要生计渔业在古代更是靠天吃饭，由此发展出了敬畏自然的文明。第三，日本文明具有积累性。日本将外来文明加工，作为文化积淀下来。许多在大陆已经消失的传统和文化在日本仍可找到。因此，日本人容易从过去的历史教训中学习经验。

3. 西方文明的进攻性

西方文明的出现通常被追溯到公元700—800年。亨廷顿把西方文明作为一种"普世文明"，极力吹捧西方特别是美国文明，认为世界文明都在向西方靠拢。他告诫美国领导人："摒弃美国信条和西方文明，就意味着我们所认识的美利坚合众国的终结。实际上，这也意味着西方文明的终结。"他强调，美国必须负起传播西方文明的责任，努力保存、维护和复兴西方文明独一无二的特性，建立以西方文明为基础的新世界秩序。在当今世界，西方文明已经占据了统治地位。在联合国五个常任理事国中，秉承西方文明的国家就有三个，而俄罗斯则是半个西方文明国家。西方文明与东方文明相比，更富有探索和发现的精神。因此，尽管西方文明倡导民主、人权、自由、秩序和礼貌等等，但在实际行动上总是表现出一种进攻（aggressive）的态势。美国为推行西方式的文明不惜动武，这也是西方文明进攻性的一个佐证。

4. 俄罗斯文明的独特性

亨廷顿并没有将俄罗斯文明单列出来，但是很多其他的学者却认为俄罗斯文明是一种单独的文明，并形象地称之为“东西方文明的结合部”。俄罗斯文明一方面带有很强的传统性，如公有性、集体主义、为民族服务精神，这在民族危亡关头表现得尤为突出；另一方面又充满了探索和发现的西方精神，甚至包括对自我认同的探索。俄罗斯文明兼有东西方文明的成分而又不属于其中任何一类，其独特性正在于此。从千余年俄罗斯文明来看，俄罗斯在东西方之间的取向问题上有几个重要的节点：一是公元10世纪末基辅罗斯皈依基督教世界；二是12—15世纪中叶来自东方蒙古鞑靼的占领，切断了基辅罗斯与欧洲的交往；三是从17世纪下半叶开始，以彼得大帝时代和叶卡捷琳娜时期为顶峰的俄罗斯帝国全面接受西方文明；四是19世纪末20世纪初，开始形成独具特色的俄罗斯文化。因此，从文明的角度出发，俄罗斯对朝鲜半岛事务的态度也是独特的，既不太可能完全附和西方的主张，也不可能完全支持东方的主张。

亨廷顿指出，“在正在来临的时代，文明的冲突是对世界和平的最大挑战”。[①] 尽管他夸大了文明的影响作用，但是文明的确是冲突中不可忽视的因素之一。朝鲜半岛及其周边大国的不同文明背景，也成为影响朝鲜半岛局势以及美朝、美中之间相互理解的一个因素。

第二节　美国对朝鲜半岛危机管理问题的提出

美国前国防部长罗伯特·麦克纳马拉在古巴导弹危机后曾说过：“从此军事战略将不复存在，取而代之的是危机管理。”这句话后来被广泛引用，从一个侧面说明了危机管理在当代国际社会的广泛适用性和重要性。美国是最早开展危机管理理论研究的国家之一，其危机管理行为与理论都比较成熟。战后美国的全球战略及“预防性防务”，从某种角度来看就是在全球范围内展开危机管理。其中，美国在朝鲜半岛地区展开

① ［美］塞缪尔·亨廷顿，周琪等译：《文明的冲突与世界秩序的重建》，新华出版社2002年版，第372页。

的危机管理是其全球战略和“预防性防务”的重点内容。经历了朝鲜战争、朝核危机等数次或成功或失败的地区危机管理，美国在危机管理方面积累了许多经验和教训。研究美国的朝鲜半岛危机管理，无疑对中国的危机管理理论与实践具有一定的启示与借鉴意义。

第三节 研究现状

朝鲜半岛问题一直是国际和国内战略理论界、国际政治和国际关系研究界十分关注的热点问题，这与朝鲜半岛特殊的地缘战略地位和战后朝鲜半岛的特殊状况是分不开的。朝鲜半岛地缘战略位置非常重要，位于亚欧大陆的东部，东南与日本隔海相望，北面以鸭绿江和图们江与中国接壤，东北以图们江下游与俄罗斯接壤，处于全球五大战略力量中心中的三大力量——中、日、俄的中间部位，是东北亚地区大国利益的交汇点。自朝鲜战争以来，朝鲜半岛一直处于分裂状态，是冷战的桥头堡、美国“遏制共产主义和保卫日本的战略前哨”。冷战结束后，虽然两大集团的对峙已成历史，但朝鲜半岛的状况没有得到改善，朝鲜和美国、韩国依然重兵对峙。随着世界其他地区热点问题的解决和降温以及朝核问题的数次凸显，朝鲜半岛引起了国际社会的高度关注，成为持续紧张和不断升温的热点地区。朝鲜半岛问题也逐渐成为世界各地学者竞相研究的焦点问题。

美国对朝鲜半岛的危机管理，作为危机管理研究的典型案例，受到各国学者的重视。但是，在大多数有关危机管理的专项研究课题中，朝鲜半岛危机管理都是作为案例出现的，对它的研究尚缺乏理论性与系统性。到目前为止，国内外关于美国对朝鲜半岛危机管理理论与实践的研究专著尚不多见。

一、国内研究现状

由于中国与朝鲜半岛特殊的历史与地缘关系，中国对于朝鲜半岛的研究历史久远，研究范围也极广，从历史、文化、科技到社会，各方各面无不包括。近些年来，鉴于中国与韩国建交、朝鲜核问题的两次凸显等种种因素，朝鲜半岛研究成为中国学者研究的重点，有关朝鲜半岛的专著与论文不断问世。在这些著作之中，重点主要集中于朝鲜半岛的安全形势、朝鲜半岛与大国关系，以及建立东北亚安全机制等几个方面。其中，关于美国和朝鲜半岛关系的研究论文比较多，博士和硕士学位论文包括：北京大学王传剑博士学位论文《双重规制：冷战后美国的朝鲜半岛政策》（2003 年出版）、复旦大学詹德斌博士学位论文《后冷战时代美国对朝政策的演变研究》（2005 年）、中共中央党校汪权博士学位论文《冷战后的美国朝鲜半岛政策析论》（2006 年）、中共中央党校杨绪盟博士学位论文《朝鲜半岛危机与中美关系》（2004 年）、武汉大学李成亚硕士学位论文《冷战后美国对朝鲜半岛安全政策分析》（2004 年）等。相关论文包括：牛军的《战后美国对朝鲜政策的起源》，高连福的《美国对朝鲜半岛的政策》、《美国改变了对朝鲜半岛的政策吗》，韩忠富和韩维娣的《克林顿政府对朝鲜政策浅析》，曹丽琴的《朝美核框架协议的签订及前景展望》，杨刚的《朝美核会谈：进程、内容及展望》，张万里的《美国对朝鲜政策的变化与未来的美朝关系》，唐志昂的《美韩外交和美国在远东的策略——浅析 1945—1969 年美国对朝鲜政策之演变》，韩忠富的《克林顿政府对韩安全政策》，刘国兴的《美国对朝鲜半岛政策之分析》，朱克川的《朝美核会谈何以出现转机》，吴景平的《评美国政府对承认韩国临时政府所持的态度》，章红的《独立，托管：美国对战后朝鲜政治前途的择定》等。

自 20 世纪 90 年代起，中国对危机管理的研究开始逐步进入快速发展期。一些研究机构，如社科院美国研究所、中国国际战略基金会、中央党校国际战略研究中心、国防大学战略研究所等，均对危机管理进行了研究，并发表了部分专著，某些著名大学的公共政策系也开始了“危机管理”的研究和教学。但是，这些危机管理研究多侧重于国内的突发事件、自然灾害和社会危机的后果处理，而不是国家之间的军事与安全危机管理，两者之间还是有着相当差距的。关于美国的朝鲜半岛危机管理研究，国内学者在这方面的研究比较少，尚无专著问世。相关论文包括中山大学政务学院国际关系学系副教授魏志江等在《世界经济与政治》2006 年第 3 期上发表的《试论朝鲜半岛第二次核危机与危机管理》，以及中国现代国际关系研究院战略研究中心林利民在《现代国际关系》2006 年第 8 期上发表的《朝核危机管理与中国的外交抉择》等。李效东、王宜胜、李锐的《朝鲜半岛危机管理研究》是一本研究朝鲜半岛危机管理的专著，该著作阐述了危机管理的基本机制和运作模式，并对朝鲜半岛的危机进行了历史溯源和动因分析。中国社会科学院研究生院的徐辉博士在其 2003 年的博士学位论文《从波斯湾到朝鲜半岛：后冷战时期美国危机管理比较研究》中分析研究了美国在第一次朝核危机中的危机管理问题。他通过比较的方法，分析研究了美国在“海湾危机”（1990—1991 年）和第一次“朝鲜核危机”（1993—1994 年）中的危机管理行为，认为美国在两起危机中使用了两种危机管理模式。此外，一些研究危机管理的著作在个别章节中提到了朝鲜核危机案例，如赵子聿、贤峰礼的《国家安全危机决策》、中国现代国际关系研究所危机管理与对策研究中心的《国际危机管理概论》、张沱生等人的《中美安全危机管理案例分析》等。

二、美国研究现状

美国对朝鲜半岛问题的研究由来已久，近年来发表的著作和论文也比较多。这些研究多集中于批评朝鲜内部局势和朝领导人，研究朝核问题、朝鲜半岛统一问题，以及反思美对朝政策。以 2005 年至 2014 年 10 年为一个阶段，笔者能够搜集到的美国学者和前官员发表的关于朝鲜半岛问题的专著见表 1—1：

表 1—1　2005—2015 年有关朝鲜半岛的学术著作简表

出版年份	题名（Title）	作者（Author）
2005	《21 世纪的朝鲜：一种阐释性指导》 North Korea in the 21st Century：An Interpretative Guide	Hoare，James E.；Pares，Susan；Hoare，J. E.
	《渴求和平：朝鲜的国际安全、人道主义援助和社会变化》 Hungry for Peace：International Security，Humanitarian Assistance，and Social Change in North Korea	Smith，Hazel
	《发明邪恶轴心：朝鲜、伊朗和叙利亚的真相》 Inventing the Axis of Evil：The Truth about North Korea，Iran，and Syria	Cumings，Bruce；Abrahamian，Ervand；Ma'oz，Moshe
	《核朝鲜：接触战略的争论》 Nuclear North Korea：A Debate on Engagement Strategies	Cha，Victor D.；Kang，David C.
	《为达成无大规模杀伤性武器的朝鲜而建立六方会谈能力》 Building Six-party Capacity for a WMD-free Korea	Charles M. Perry，James L. Schoff
	《对朝政策的多种视角：僵局和败局》 Perspectives on Policy Toward North Korea：Stalemate or Checkmate	William E. Berry，Valerie Lynn
	《朝鲜：努力反抗美国势力》 North Korea：The Struggle Against American Power	Beal，Tim
	《分裂的朝鲜半岛：文化和解》 Divided Korea：Toward a Culture of Reconciliation	Bleiker，Roland
	《准备一个和平的朝鲜半岛》 Planning for a Peaceful Korea	Henry D Sokolski
	《韩国对待美国态度的转变》 Korean Attitudes toward the United States：Changing Dynamics	David I. Steinberg. Armonk，N. Y. ed.
2006	《朝鲜：2005 及展望》 North Korea：2005 and Beyond	Yun，Philip W.；Shin，GI-Wook
	《流氓政权：金正日和浮现的朝鲜威胁》 Rogue Regime：Kim Jong Il and the Looming Threat of North Korea	Becker，Jasper

续表

出版年份	题名（Title）	作者（Author）
2006	《在慈父领袖的照料下：朝鲜和金氏王朝》 Under the Loving Care of the Fatherly Leader: North Korea and the Kim Dynasty	Bradley K. Martin
	《南北朝鲜和大国力量》 The Two Koreas and the Great Powers	Samuel S. Kim
	《朝鲜政策》 North Korea Policy	Linus Hagstrom, Marie Soderberg
	《维持政权：朝鲜请求财政援助》 Sustaining the Regime: North Korea's Quest for Financial Support	Wallace, Robert Daniel
	《危机时刻：和平使者卡特与朝鲜的核野心》 A Moment of Crisis: Jimmy Carter, the Power of a Peacemaker, and North Korea's Nuclear Ambitions	Marion Creekmore, JR. With and introduction by Jimmy Carter
	《朝鲜政策：日本和大国力量》 North Korea Policy: Japan and the Great Powers	Hagstrom, Linus; Soderberg, Marie
2007	《红色流氓：朝鲜的持续挑战》 Red Rogue: The Persistent Challenge of North Korea	Bechtol, Bruce E., JR
	《真相部：金正日的朝鲜》 The Ministry of Truth: Kim Jong Il's North Korea	Christian Kracht, Eva Munz
	《核扩散和国际安全》 Nuclear Proliferation and International Security	Sverre Lodgaard, Bremer Maerli
	《对朝经济制裁：对1950年以来美国和联合国法案的对比分析》 Economic Sanctions Against a Nuclear North Korea: An Analysis of United States and United Nations Actions Since 1950	Kim, Suk Hi; Chang, Semoon
	《核最后阶段：与朝接触的必要性》 Nuclear Endgame: The Need for Engagement with North Korea	Fuqua, Jacques L., Jr.

续表

出版年份	题名（Title）	作者（Author）
2007	《弹头上的谍战：美国的核情报——从纳粹德国到伊朗和朝鲜》 Spying on the Bomb: American Nuclear Intelligence from Nazi Germany to Iran and North Korea	Jeffrey Richelson
	《半岛疑问：第二次核危机编年史》 The Peninsula Question: A Chronicle of the Second Korean Nuclear Crisis	Yoichi Funabashi
	《双重麻烦：挑战国际安全的伊朗和朝鲜》 Double Trouble: Iran and North Korea as Challenges to International Security	Cronin, Patrick M.
	《失败的外交：朝鲜获取核弹的悲剧》 Failed Diplomacy: The Tragic Story of How North Korea Got the Bomb	Charles L. Pritchard
	《有序的朝鲜半岛统一》 Orderly Korea Unification	Ryu, Howard Jisoo
	《朝鲜半岛安全，在变化的东亚中》 Korean Security in a Changing East Asia	Terence Roehrig, Jungmin Seo, Uk Heo
	《南北朝鲜》 North & South Korea	Louise I Gerdes
	《与朝和平共存：一种冲突解决理论的应用》 Peace with North Korea: An Application of Modern Conflict Resolution Theory	Cuthbert, Randall
	《和平公园：谈判与冲突解决》 Peace Parks: Conservation and Conflict Resolution	Julia Marton-Lefevre, Saleem H. Ali
2008	《全球安全观察：朝鲜工具书》 Global Security Watch – Korea: A Reference Handbook	Berry, William E., Jr.
	《朝鲜在边缘：为生存而挣扎》 North Korea on the Brink: Struggle for Survival	Ford, Glyn; Kwon, Soyoung; Evans, Gareth

续表

出版年份	题名（Title）	作者（Author）
2008	《使朝鲜体系现代化：目标、方法和应用》 Modernizing the North Korean System：Objectives，Method，and Application	Charles Wolf；Norman D. Levin
	《朝鲜：走向更好的理解》 North Korea：Toward a Better Understanding	Sonia Ryang
	《朝鲜核问题：为未来东北亚稳定建立多边反应机制》 Nuclear Matters in North Korea：Building a Multilateral Response for Future Stability in Northeast Asia	Davis，Jacquelyn K.；Perry，Charles M.；Schoff，James L.
	《2008 年核武装地区对手的挑战》 The Challenge of Nuclear-armed Regional Adversaries 2008	David A. Ochmanek，Lowell H. Schwartz
2009	《朝鲜在后冷战世界的对外关系》 North Korean Foreign Relations in the Post-Cold War World	Lyman R. Rechter
	《朝鲜饥荒：市场、援助和改革》 Famine in North Korea：Markets，Aid，and Reform	Haggard，Stephan；Noland，Marcus；Sen，Amartya
	《当代朝鲜》 Contemporary North Korea	Jeffries，Ian
	《朝鲜的军事—外交活动，1966—2008：一个精心计划的冒险主义案例》 North Korea's Military-diplomatic Campaigns，1966—2008：A Case of Calculated Adventurism	Narushige Michishita
	《总统战争决策：朝鲜半岛、越南、波斯湾和伊拉克》 Presidential Decisions for War：Korea，Vietnam，the Persian Gulf，and Iraq	Hess，Gary R.
	《韩国的接触战略和朝鲜：身份、行为模式和“阳光政策”》 South Korean Engagement Policies and North Korea：Identities，Norms and the Sunshine Policy	Key-Young Son
	《朝鲜：问题与美国政策》 North Korea：Issues and U. S. Policy	Samuel P. Massingame

续表

出版年份	题名（Title）	作者（Author）
2009	《对半岛的第一次勾划：美国媒体和最后一个冷战前沿的观点》 First Drafts of Korea: The U. S. Media and Perceptions of the Last Cold War Frontier	Macintyre, Donald A. L.; Sneider, Daniel C.; Shin, Gi-Wook
	《准备朝鲜的突然改变》 Preparing for Sudden Change in North Korea	Paul B. Stares, Joel S. Wit
2010	《维持集权和狂热崇拜的领导：土库曼斯坦和朝鲜》 Sustaining Totalitarian Cult Leaderships: Turkmenistan and North Korea	Sen, Somdeep
	《虚幻的乌托邦：朝鲜的剧场、影片和日常表演》 Illusive Utopia: Theater, Film, and Everyday Performance in-North Korea	Suk Young Kim
	《朝鲜对外关系》 Foreign Relations of North Korea	Frederic P. Miller, Agnes F Vandome
	《朝鲜外交政策新挑战》 New Challenges of North Korean Foreign Policy	Kyung-Ae Park
	《挑衅的失败国家：朝鲜对国际安全的威胁》 Defiant Failed State: The North Korean Threat to International Security	Bruce E. Bechtol
	《红色盒子内：朝鲜的后集权政治》 Inside the Red Box: North Korea's Post-Totalitarian Politics	Patrick McEachern
	《朝鲜核导武器》 North Korea's Nuclear and Ballistic Weapons	Holden, Simon R.
	《对朝接触：一种可行措施》 Engagement with North Korea: A Viable Alternative	Kim, Sung Chull; Kang, David C.
	《一个盟友，两种视角：新时代的美韩关系》 One Alliance, Two Lenses: U. S. -Korea Relations in a New Era	Shin, Gi-Wook

续表

出版年份	题名（Title）	作者（Author）
2011	《金正日对朝鲜的领导》 Kim Jong-Il's Leadership of North Korea	Lim，Jae-Cheon
	《金正日领导下的朝鲜：力量、政治和改变的远景》 North Korea Under Kim Chong-II：Power，Politics，and Prospects for Change	Gause，Ken
	《朝鲜核危机的战略思维：在朝鲜和美国之间的四方》 Strategic Thinking About the Korean Nuclear Crisis：Four Parties Caught BetweenNorth Korea and the United States	Gilbert Rozman
	《对朝接触：经济策略的角色》 Engaging North Korea：The Role of Economic Statecraft	Haggard，Stephan；Noland，Marcus
	《魔力与伤害：从朝鲜半岛到阿富汗，美国对外政策的错觉》 Magic and Mayhem：The Delusions of American Foreign Policy From Korea to Afghanistan	Derek Leebaert
	《半岛统一：必然的改变》 Korean Unification：Inevitable Challenges	Jacques L. Fuqua
2012	《朝鲜：对外关系和经济纽带》 North Korea：Foreign Relations & Economic Ties	Petr G. Lasserson
	《朝鲜：超凡政治之外》 North Korea：Beyond Charismatic Politics	Byung-Ho Chung；Heonik Kwon
	《艰难转变：朝鲜的政治、经济和对外关系》 Troubled Transition：North Korea's Politics，Economy and External Relations	Sang-Hun Choe，Gi-Wook Shin
	《不可思议的国家：朝鲜，过去与未来》 The Impossible State North Korea，Past and Future	Cha，Victor
	《转变中的朝鲜：政治、经济与社会》 North Korea in Transition：Politics，Economy，and Society	Kyung-Ae Park，Scott Snyder
	《朝鲜核武器与外交谈判》 North Korea Nuclear Weapons and the Diplomacy Debate	Brian N. Thompson

续表

出版年份	题名（Title）	作者（Author）
2012	《核朝鲜：地区演变、失败的政策与结束国际僵局的设想》 Nuclear North Korea：Regional Dynamics，Failed Policies and Ideas for Ending a Global Stalemate	
	《和平使者：20 年南北关系与朝鲜核问题》 Peacemaker：Twenty Years of Inter-Korean Relations and the North Korean Nuclear Issue	Lim Dong-Won
	《个性朝鲜：核导威胁》 Characterizing the North Korean Nuclear Missile Threat	Markus Schiller
	《理解朝鲜问题：其为何成为可鄙选项的土壤》 Understanding the North Korea Problem：Why It Has Become the Land of Lousy Options	Boik，William
	《重新诠释成功：适用从朝鲜到伊朗的核外交》 Redefining Success：Applying Lessons in Nuclear Diplomacy from North Korea to Iran	Saeed，Ferial Ara；University，National Defense
	《韩国的真相与和解：在朝鲜战争的当前与未来》 Truth and Reconciliation in South Korea：Between the Present and Future of the Korean Wars	Jae-Jung Suh
	《领袖与政策革新：从克林顿到布什：控制大规模杀伤性武器扩散》 Leadership and Policy Innovation-from Clinton to Bush：Countering the Proliferation of Weapons of Mass Destruction	Joseph R. Cerami
	《朝鲜》North Korea	Logie，Andrew
	《应对朝鲜半岛安全挑战》 Confronting Security Challenges on the Korean Peninsula	Marine Corps University Press，Bruce E. Bechtol
2013	《真实朝鲜：在失败的斯大林主义乌托邦中的生活与政治》 The Real North Korea：Life and Politics in the Failed Stalinist Utopia	Andrei Lankov
	《搭建桥梁：朝鲜还有希望吗?》 Building Bridges：Is There Hope for North Korea?	Alton，David；Chidley，Rob；Cox，Caroline

续表

出版年份	题名（Title）	作者（Author）
2013	《朝鲜：国家研究》 North Korea：A Country Study	Federal Research Division
	《朝鲜革命中的每日生活，1945—1950》 Everyday Life in the North Korean Revolution，1945 – 1950	Suzy Kim
	《可视政治与朝鲜：眼见为实》 Visual Politics and North Korea：Seeing Is Believing	Shim，David
	《朝鲜秘事：在世界上最神秘的国度里》 North Korea Undercover：Inside the World's most Secret State	Sweeney，John
	《核武器防扩散：新契约》 Nuclear Weapons Counterproliferation：A New Grand Bargain	Jack Garvey
	《核噩梦：在太迟之前保护整个世界》 Nuclear Nightmares：Securing the World Before it is Too Late	Joseph Cirincione
	《韩国阳光政策的有形与无形遗产》 De-Bordering Korea：Tangible and Intangible Legacies of the Sunshine Policy	Valerie Gelezeau，Koen de Ceuster
	《美国—日本—朝鲜：安全关系：无法抑制的利益》 US-Japan-North Korea Security Relations：Irrepressible Interests	Anthony DiFilippo
	《英国的朝鲜战争：冷战外交、战略与安全》 Britain's Korean War：Cold War Diplomacy，Strategy and Security 1950 – 53	Thomas Hennessey
	《美国对抗朝鲜核威胁：减轻核安全悖论》 The US Versus the North Korean Nuclear Threat：Mitigating the Nuclear Security Dilemma	Er-Win Tan
	《当代美国外交政策实例：从恐怖主义到贸易》 Contemporary Cases in U. S. Foreign Policy：From Terrorism to Trade	Ralph G. Carter
	《统一朝鲜半岛的人口统计学》 Demography of a Reunified Korea	Stephen，Elizabeth Hervey
	《朝鲜半岛冲突行为》 Combat Actions in Korea	Russell A Gugeler

续表

出版年份	题名（Title）	作者（Author）
2014	《朝鲜：噩梦国度》 North Korea：State of Paranoia	Paul French
	《平壤图景：朝鲜金正日政权的未来》 Projecting Pyongyang：The Future of North Korea's Kim Jong Il Regime	Scobell，Andrew；Institute，Strategic Studies
	《朝鲜主体思想溯源：殖民主义、战争与发展》 Origins of North Korea's Juche：Colonialism，War，and Development	Suh，Jae-Jung
	《朝鲜核运转：地区安全与防扩散》 North Korean Nuclear Operationality：Regional Security and Nonproliferation	Graham T. Allison；Gregory J. Moore
	《朝鲜军事威胁：平壤常规军事力量、大规模杀伤性武器与弹道导弹》 North Korea's Military Threat：Pyongyang's Conventional Forces，Weapons of Mass Destruction，and Ballistic Missiles	Scobell，Andrew；Institute，Strategic Studies；Sanford，John M.
	《日朝关系，重新校准风险》 Japan's Relations with North Korea and the Recalibration of Risk	Mason，Ra
	《驻韩美军，时代错误?》 U. S. Troops Stationed in South Korea，Anachronistic?	U. S. Army War College
	《美国对朝战略》 U. S. Strategy Towards North Korea	U. S. Army War College
	《与恶魔共舞：接触流氓政权的危险》 Dancing with the Devil：The Perils of Engaging Rogue Regimes	Micheal Rubin
	《争议的激进主义与半岛南北关系》 Contentious Activism and Inter-Korean Relations	Danielle L. Chubb

表1—1所列专著共101本，其中研究（主要是批判）朝鲜内部局势和朝领导人的专著40本，约占总数的40%；研究各国特别是美对朝政策的专著28本，约占总数的28%；研究朝核问题的专著21本，约占总

数的20%；研究朝鲜半岛统一问题的专著7本，约占总数的7%；与危机和冲突相关的专著5本，约占总数的5%。

美国的危机管理研究可分为三个发展阶段。第一阶段是20世纪60—70年代危机管理的启蒙期。在这一阶段，由于核武库的膨胀与国际关系的对抗性，尤其是古巴导弹危机的出现，危机管理理论应运而生。当时的危机管理研究大多局限于对个案的分析，其中核危机尤其受到研究者的青睐，研究重点是危机各方如何在战略层次上围绕国家利益讨价还价，以及决策者在危机决策时面临的心理压力、威胁认知、敌意互动等问题。代表人物及著作包括：托马斯·谢林1963年出版的《冲突战略》、1966年出版的《武器与影响》，奥兰·杨1968年出版的《权力政治学：超级大国面临危机时的讨价还价》，威廉姆·金特奈尔和大卫·施瓦兹1965年出版的《危机管理研究》等，其中部分著作涉及到美国对朝鲜战争的个案分析。第二阶段是20世纪70—80年代的综合研究阶段。危机管理研究开始广泛采用心理学、经济学、社会学、政治学等学科的研究手段和方法。代表人物及著作包括：查尔斯·F. 赫尔曼1972年出版的《国际危机：从行为研究透视》，菲利普·威廉姆斯1976年出版的《危机管理：核时代的对抗与外交》，T. R. 格尔1970年出版的《当人们造反时》，罗伯特·杰维斯1976年出版的《国际政治中的认知与错误认知》等。这些著作对危机管理理论的发展具有重要意义。社会科学各学科的互相渗透使危机管理研究更加深入，心理学、经济学、社会学与政治学等学科的综合运用为科学解释危机提供了更多的手段。第三阶段是20世纪80年代以后的系统研究阶段。战略研究界对国际政治危机和军事危机的研究进一步深入，开始对危机的各种变量进行量化分析，并建立了各种危机的分析模型。与此同时，对危机管理的研究不再局限于传统的政治与军事范畴，开始向社会生活领域扩展，应对恐怖主义、医疗卫生、自然灾难、企业管理等各种危机的管理日益受到关注。这一阶段的代表人物与代表著作包括：迈克尔·布莱彻和乔纳森·维尔肯菲尔德于20世纪80年代末期出版的《国际危机手册》和《外交危机手册》，E. 齐默尔曼1983年出版的《政治暴力、危机与革命》

等。经过上述三个阶段的发展，美国危机管理理论逐步成熟和完善。一些学者认为，从某种意义上讲，国际局势的总体和平似应归功于美国和其他大国对重大国际危机事件的有效管理，其中包括对朝鲜核危机的管理。

三、韩国研究现状

韩国十分重视对朝鲜半岛问题的研究，每年频繁召开各种学术会议，论文与著作多集中研究有关东北亚地区和平与安全、朝鲜半岛统一和朝鲜问题等。以韩国2003年4—11月之间举办的学术会议为例，这一期间韩国相关学术团体和机构总共举办了232次学术会议活动，其中涉及朝核问题和朝鲜半岛统一问题的占40%（93次），涉及安全与军事问题的占24.5%（57次），有关朝鲜半岛和东北亚和平问题的占12%（28次），三项内容合计占总数的76.5%（178次）。

随着朝核危机等半岛问题日益国际化，韩国目前对韩朝关系问题的研究不再局限于朝鲜半岛内部问题，而是开始转向有关朝鲜半岛统一的外部问题，关注直接影响朝鲜半岛局势稳定的周边国家的政策变化，着重研究韩朝关系及其与大国之间的互动关系。研究领域包括政治、经济、军事、社会、文化等方方面面。研究机构遍布韩国的各大学院校、新闻媒体机构。一些独立的研究机构，如世宗研究所、三星经济研究所等也都设立了研究统一问题的专题。在研究方法上也发生了很大的变化，力求在客观、公正的基础上，对韩朝关系问题进行全面系统的研究。

第四节　理论体系、研究方法和主要内容

本书主要依从危机和危机管理的理论体系，采用历史研究和比较研究等多种方法，分析美国危机管理的普遍理念与模式，然后具体分析美

国在朝鲜半岛地区展开的危机管理，探索美国试图在朝鲜半岛达到的理想目标、可接受目标以及可能采取的措施，为中国对朝鲜半岛的危机管理提供借鉴与启示。

一、危机和危机管理的一般性理论

根据美国学者关于危机和危机管理的一系列研究成果和代表性著作，现将美国有关国际危机管理理论的主要观点梳理如下。

（一）关于危机的内涵

美国人认为，危机不同于冲突。在国际社会中，危机是一种常态。任何冲突都是以危机的形式率先出现的，但是危机不一定会演变为冲突。对于什么是危机，危机的内涵到底包括哪些，美国和西方学者有很多不同的见解。

美国危机研究专家查尔斯·F. 赫尔曼强调危机中决策的难度，将危机定义为威胁到决策集团优先目标的一种形势，在这种形势中，决策集团做出反应的时间非常有限，且形势常常向令决策集团惊奇的方向发展。[①] 这一定义包含三个要素：一是决策集团的首要目标受到威胁；二是做出反应的时间有限；三是出人意料。

美国学者迈克尔·布雷彻和威尔肯非尔德从危机决策的角度出发对这一定义进行了修正，去掉了“出人意料”这一要素，认为危机是国家内部或外部环境变化造成的一种形势，这种形势在该国决策者们看来是对其基本价值观的一种威胁，而决策者对此做出反应的时间有限，并有可能使国家卷入军事对抗。[②]

荷兰危机研究专家乌里尔·罗森塔尔则强调危机的影响作用，将危机定义为一段剧变和集体紧张的时期。在这段时间里，日常生活方式和

---

① C. F. Hermann, International Crises: Insights from Behavioral Research, p. 13.

② Michael Brecher and Jonathan Wilkenfeld (1982), Crisis in World Politics, World Politics, p. 383.

社会体系的核心价值观受到威胁，且威胁的方式是意想不到的，甚至是无法想象的。[①]

美国研究国际政治危机的著名学者、加利福尼亚大学教授奥兰·扬于1968年出版了《权力政治学：超级大国面临危机时的讨价还价》（The Politics of Force：Bargaining during Superpower Crisis）一书。他认为，国际政治中的危机是一个被看作发生高度紧张事件的互动过程，其特征有：正常的政治流程被突然打断；持续时间短；发生暴力的可能性上升；对国际政治中的某些系统（或关系样式）的稳定产生重大影响。一个国际危机包括一系列迅速爆发的事件，这些事件使不稳定性对整个国际体系或任何一个子系统的影响都超过了正常水平，并增加了在系统内部发生暴力的可能性。[②]

加拿大达尔豪西大学教授吉尔伯特·温汉认为，危机产生于从对权力均势构成根本性挑战的军事行为，到可能升级为大规模对抗的不起眼的边境纠纷等各种各样的情况之中。[③]

美国著名战略专家赫尔曼·康恩对危机理论的贡献是提出了逐步升级理论，描述了战争在进行过程中强度不断增长的现象。这是西方特别是美国军事理论界的一项重要理论成果，长期被纳入美国和北约的军事战略，是美国指导现代战争的一条重要战略原则。康恩将战争从爆发到极端的全过程分成6道门槛、7个阶段、37个等级。其中，从第1阶段到第28阶段都属于危机的范畴，相当清晰地展示了危机在现代军事斗争中的重要地位。通过严格控制危机的进程，可以在各个阶段通过谈判等方式达到妥协，实现和平，避免走向战争和全面战争。

---

① Uriel Rosenthal, etc, ed. (2001), Managing Crises: Threat, Dilemmas, Opportunities, Springfield, Illinois: Charles C. Thomas Publisher Ltd, p. 6.

② Young, The Intermediaries, p. 10.

③ Gilbert R. Winham, ed. (1988), New Issues in International Crisis Management, Boulder, CO, and London: Westview Press, p. 5.

表 1—2 康恩的“逐步升级梯级反应表”

意见不一致——冷战		
危机潜伏期的策略运用阶段	1	虚张声势的危机
	2	政治、经济和外交的姿态
	3	国会决议或庄严声明
（不要使船失去平衡的门槛）		
传统性的危机阶段	4	态度强硬化——意志的对阵
	5	显示力量
	6	表态性的动员
	7	“合法的”扰乱
	8	使用暴力的扰乱行动
	9	戏剧性的军事对阵
（核战争是不可设想的门槛）		
紧张的危机阶段	10	超级准备状态
	11	常规战争似的活动
	12	有限常规战争的宣传
	13	与核战争相差无几的战争
	14	核“最后通牒”
	15	有限疏散（约 20%）
	16	惊人的显示（炫耀）力量
	17	“有根据的”针对武力的攻击
（不使用核武器的门槛）		
奇妙的危机阶段	18	告诫性的局部核战争
	19	有限核战争的宣传
	20	针对军事目标的局部核战争
	21	不寻常的、挑衅性的和意义重大的反措施
	22	疏散（约 70%）

续表

（中央庇护所的门槛）		
核“炮艇外交”阶段	23	针对内地的示威性攻击
	24	告诫性对军事目标的攻击
	25	告诫性对财产的攻击
	26	告诫性对居民的攻击
	27	全部疏散（约95%）
	28	互相报复
（中央战争的门槛）		
攻击军事目标的中央战争阶段	29	正式宣战
	30	削弱武力的齐射
	31	慢动作的针对武力的战争
	32	有克制的以解除武装为目的的攻击
	33	针对武力并有所回避的攻击
（毁灭城市的门槛）		
攻击民用目标的中央战争阶段	34	慢动作的针对民用目标的战争
	35	针对居民目标的齐射
	36	痉挛性的战争
	37	特种全面的战争
后果余波		

（二）关于危机管理的内涵

美国和西方学者关于危机管理的内涵主要分为三类：第一类认为，危机管理的目标是迫使对手让步，推进己方的利益。这一学派的主要代表人物是奥兰·扬。他在《权力政治学：超级大国面临危机时的讨价还价》一书中指出，一方在采取新的行动前必须先以能否迫使对手屈服的标准来衡量。如果为了达到预期的结果而需要采取更大的冒险行动，就应该这样做。危机管理的作用是怎样迫使对手做出最大的让步，而己方只做出最小的让步。

第二类认为，危机管理的目标是冲突的和平解决，能否避免战争是评判危机管理成功与否的标准。持这种观点的学者认为，危机本身是真正的敌人，特别是由于核武器具备大规模杀伤能力，核大国之间必须避免不计后果的冒险，任何一方采取新的行动前，必须衡量是否可能导致战争，如可能，则应转而采取低挑衅性的行动。危机管理可以用控制和制约来定义，即采取各种措施控制和限制冲突，改变相互刺激和冲突升级的趋势，使危机得到隔离和抑制，减少由危机引起战争或大规模暴力对抗的风险。

第三类认为，危机管理是达成一个能为双方所接受的解决方案而不诉诸武力，因此危机管理的实质应是赢得危机，同时将危险和冒险控制在双方所能忍受的范围内。这一学派的主要代表人物是威廉姆·金特纳与大卫·施瓦兹。他们在 1965 年出版的《危机管理研究》一书中认为，在一场危机中，双方既想达到各自的目的，又优先考虑减少危险和避免灾难，因而危机管理的实质是目的和风险的平衡与调和。

（三）美国危机管理理论的代表人物及其主要观点

20 世纪 60 年代以来，美国涌现出许多研究危机管理理论的知名学者，他们分别从决策理论、博弈论、冲突理论、危机理论等多个学科领域对危机管理理论的奠基与发展做出了贡献。

1. 查尔斯·赫尔曼的危机管理处境模型

查尔斯·赫尔曼是美国当代著名的国际政治理论家，主要致力于美国外交政策及外交政策比较、危机管理、外交决策等领域的研究与教学。他于 1972 年出版的《国际危机：一种行为主义的研究视角》（International crisis：Insights from Behavioral Research）一书，被美国最著名的国际政治杂志之一《外交》称为国际危机问题研究中“多学科和行为主义方法的里程碑”。赫尔曼提出了危机管理的处境模型，采用行为主义的手段将危机决策处境分为危机处境（高威胁/短时间/意料外）、创新处境（高威胁/长时间/意料外）、惯性处境（低威胁/长时间/意料外）、情况处境（低威胁/短时间/意料外）、反射处境（高威胁/短时间/意料内）、磋商处境（高威胁/长时间/意料内）、惯例处境（低威胁/长时间/意料内）和行政处境（低威胁/短时间/意料内）八类。

2. 特德·格尔的族群冲突论

特德·格尔是美国最早研究冲突与危机管理理论的前驱之一。他于1970年出版了《当人们造反时》（When Men Rebel）一书，重点研究了族群冲突与世界秩序的变迁，分析了当代族群政治冲突的例子，对族群团体世界进行了界定与勾勒，运用社会科学理论解释了族群政治冲突，同时重点研究了国际危机与冲突，包括演变中的族群政治冲突原则、族群政治危机策略、特殊的分离主义者问题等。

3. 格雷厄姆·艾利森的三种决策分析模式

格雷厄姆·艾利森是美国哈佛大学肯尼迪学院贝尔弗科学与国际关系研究中心负责人、教授、防务问题专家，曾在克林顿政府中任助理国防部长。他撰写了多本关于美国外交政策和决策过程的专著，其代表作是1971年出版的《决策的实质》（Essence of decision：Explaining the Cuban Missile Crisis）。他在该书中提出了三种决策分析模式，即理性决策模式、组织机构决策模式和官僚政治决策模式，并用他的模式对古巴导弹危机进行了分析。他提出的三个模型对有关官僚政治的研究和教学产生了巨大的影响，激发了许多学者去严肃思考对外政策的制定过程，在决策理论和危机管理理论中具有相当重要的地位。

4. 菲尔·威廉姆斯的危机管理平衡论

菲尔·威廉姆斯是美国匹兹堡大学的教授，1992年到2001年4月任马修国际安全问题研究中心负责人，他的重点研究领域为国际安全领域。他迄今为止已在国际安全领域出版了数本专著，包括《危机管理》（Crisis Management，1976）、《参议院和美国军队在欧洲》（The Senate and US Troops in Europe，1986）、《超级大国缓和：重新评估》（Superpower Detente：A Reappraisal，with Mike Bowker，1987）等。他认为，国际危机是两个或两个以上国家之间的一场对抗，通常持续时间较短，其间，参与国之间爆发战争的可能性被认为大大增加。[①] 他认为，理想的决策是全面理性的，而一国政府在危机中的决策是“理性的、逻辑的推理与非理性的压力和影响的混合物”。[②] 在一场危机中，双方既想达到各自的目的，又将减少危险和避免灾难作为优先考虑的因素，而危机管理的实质是企图平衡和调和上述多种因素。[③]

5. 罗伯特·杰维斯的微观认知论

罗伯特·杰维斯是美国哥伦比亚大学国际政治学著名教授、政治系副主任。20 世纪 60 年代，他就以研究核威慑理论活跃于国际政治学界；60 年代后期至 70 年代，他借鉴认知心理学领域的研究成果，建立了比较完整的微观层次国际政治理论。他于 1976 年出版了《国际政治中的认知与错误认知》（Perceptions and Misperceptions in International Politics）一书，并在该书中重新审视了当时被广为接受的决策的各个层次，包括国际体系、国家体系、官僚体系和个体，从认知心理学角度对这些国际政治的重大问题做出了解释。他指出，学者们忽略了认知和意象对各个层面的影响，特别是对个体决策者的影响。他认为，为了追寻战争和冲突的原因，不仅要分析国际体系和国家体制，而且要研究个体决策者的认知心理，探寻决策者知觉形成的原因，分析错误知觉可能产生的后果。

6. 迈克尔·布雷彻和乔纳森·威尔肯菲尔德的国际危机系统研究

迈克尔·布雷彻是加拿大教授，乔纳森·威尔肯菲尔德是美国马里兰大学国际发展与冲突管理中心教授，两人主要致力于危机、冲突和战争理论研究以及外交政策理论与决策理论研究。两人于 20 世纪 80 年代末合作出版了《国际危机手册》和《外交危机手册》，搜集了 1929 年到 1979 年这 50 年间发生的 278 次国际危机的数据，进行了“国际危机行为项目”的研究，以比较分析为基础，运用计量分析方法对大量不同特点的危机事件进行分析，力图对全球范围内发生的危机形成系统认识。

---

① Phil Williams, (1976), Crisis Management: Confrontation and Diplomacy in the Nuclear Age, London: Martin Robertson & CO. Ltd, p. 25.

② Ibid., p. 65.

③ Ibid., p. 29.

此外，布雷彻还对危机研究状况做了一个文献综述，将危机研究的文献分为三大类：第一类是关于危机的实质性主题研究，包括危机预测、危机决策过程、危机管理和第三方干预以及危机中的谈判等；第二类是危机决策模型研究；第三类是方法论问题。

7. 托马斯·谢林的讨价理论

托马斯·谢林是哈佛大学经济学博士，曾长期在美国哈佛大学肯尼迪学院与马里兰大学公共政策学院和经济系担任教授，因在博弈论上的杰出贡献而获得2005年诺贝尔经济学奖。他的理论著作主要包括《冲突战略》（The Strategy of Conflict）、《武器与影响》（Arms and Influence）等，其中1961年出版的《冲突战略》是相关领域中最具开创性的理论著作之一。托马斯·谢林是讨价理论的奠基人，最早把博弈论应用于社会科学领域。他在《冲突战略》中主要研究了威胁使用武力的行为、如何保持可信的威慑、虚张声势的策略、外交上的示意、如何限制冲突、如何制定正式的或相互默许的有利于双方的军备控制政策等。他认为，在核时代，选择战争是最愚蠢的行为，但是向敌方显示有控制的威胁或战争的危险却是正确的战略措施。他对于非完全对抗理论很感兴趣，认为冲突是必然的，但是对立的双方也存在共同利益，例如避免互相摧毁。因此，敌对双方即使不能进行直接或秘密交流，也可以默契地协调彼此的行动，在共同的预期方面达成一致，这样，无言的讨价就形成了。①

8. 威廉姆·金特纳与大卫·施瓦兹的升级论

威廉姆·金特纳是美国研究危机管理问题的专家，曾任美国驻泰国大使、外交关系理事会成员。他与大卫·施瓦兹于1965年合作出版了《危机管理研究》（A Study on Crisis Management）。他们认为，升级概念是健全的危机管理的核心，升级可能是有效解决一场冲突局势的唯一方法，“危机管理的目标是（将危机）升级到最有利的地位但同时限制在

① ［美］詹姆斯·多尔蒂、小罗伯特·普法尔茨格拉夫，阎学通等译：《争论中的国际关系理论》（第五版），世界知识出版社2003年版，第613—614页。

尽可能低的程度”。① 危机管理就是“达成一个能为双方所接受的方案，而不诉诸武力”。②

9. 理查德·斯奈德、H. W. 布鲁克和伯顿·萨潘的普遍决策模式

美国学者理查德·斯奈德、H. W. 布鲁克和伯顿·萨潘三人于1962年合作出版了《外交政策制定》（Foreign Policy Decision Making: An Approach to the Study of International Politics）一书，提出了决策理论中最著名的普遍决策模式。他们将危机管理理论作为决策理论的分支进行研究，并建立了普遍决策模式。斯奈德—布鲁克—萨潘模型强调“能力”、“动机”、“交流与信息”、“反馈”以及“行动的途径”等概念。

二、研究的主要内容

全书分为七个部分。

第一部分是导论。在导论部分，首先分析了朝鲜半岛危机的根源与动因，认为地缘位置决定了朝鲜半岛的战略地位，大国利益碰撞决定了朝鲜半岛成为地区矛盾的焦点，而不同的意识形态与社会制度决定了地区局势的对抗性；然后，对危机管理基础性理论进行总结和归纳，并对论文选题和研究方法进行解释。

第二部分对美国的危机管理做出一个总的概述。包括美国实施危机管理的理论基础、美国的危机管理机制，以及美国实施危机管理的阶段性工作与流程、指导原则等。

第三部分对19世纪下半叶至二战结束前的近代朝鲜半岛危机进行了历史考察。认为，这一时期危机的主体是朝鲜及其三个邻国中国、日本和俄罗斯。危机事件多以危机开始，以战争结束。危机基本上是用来发动战争的借口，挑起危机的一方意在侵略，在危机出现之前就已经做出了发动战争的决策；危机只是开战的契机和行为合法化的借口，因此可

---

① William R. Kintner and David C. Schwarz, (1965), A Study on Crisis Management, Philadelphia: University of Pennsylvania Foreign Policy Research Institute. Appendix B, p. 3.

② Ibid., p. 21.

控性很小。

第四部分系统梳理美国迄今为止在朝鲜半岛的危机管理行为。对美国在朝鲜半岛危机管理的实例进行分析，历史地看待美国对朝鲜半岛实施的危机管理。其中将重点分析朝鲜战争之前和之中的危机管理、冷战期间的危机管理（包括“普韦布洛”号间谍船事件以及 EC－121 侦察机事件等）以及冷战后的朝鲜核危机和导弹危机的管理，总结与分析美国在不同阶段危机管理的重点目标、手段与方式。

第五部分分析在美国对朝鲜半岛实施危机管理过程中起主要影响的因素。通过分析美国在朝鲜半岛的特殊利益以及各个因素对美国在朝鲜半岛进行危机管理的影响，将影响美国危机决策的国家利益因素、全球战略因素、实力对比因素、危机性质因素、盟国关系因素、国际舆论因素、意识形态因素、国内政治因素、领导决策风格因素以及压力与心理影响因素等多种因素，按照关键性影响因素、关联性影响因素以及不确定性影响因素进行分类，归纳总结出制约美国行为的深层次原因。

第六部分归纳当前美国对朝鲜半岛危机发展趋势的预想。这一部分将依托美国的权威性报纸、杂志、网络以及总统、国务院和五角大楼等的公开言论，从美国的视角看待朝鲜半岛的现实危机与潜在危机。

第七部分总结归纳美国对朝鲜半岛的危机管理目标、手段与模式。这一总结和归纳是在研究美国的危机管理理念、美国在朝鲜半岛的历史危机管理行为、影响美国实施危机管理的因素以及美国预想中朝鲜半岛危机的基础上做出的。通过分析考察美国试图在朝鲜半岛地区达成的理想目标，动用的外交、经济、军事等手段，以及对待不同危机的不同管理模式，系统归纳美国管理朝鲜半岛危机采取的措施，继而预判美国的下一步行动，探索美国外交解决朝鲜半岛问题的底线，探讨美国将危机升级、动用军事力量的可能性与可能方式。

第二章／美国的危机管理概述

美国是世界上最早实施危机管理并将其理论化的国家，很早就建立了比较完善的危机管理机制，并在危机管理的实践过程中形成了一整套理念与模式、原则与指导思想。

第一节　美国实施危机管理的理论依据

美国在长期的危机管理实践中认识到，危机产生的结果不外乎两个：一是走向和平；二是走向战争。危机的这种双重特性决定了其本身具有和平与暴力两种因素，危机管理主要表现为和平外交与暴力行为两种模式。在一场危机中，双方既想达到各自的目的，又优先考虑减少危险和避免灾难。因此，危机管理的实质是目的与风险的平衡与调和，是利益与损失的综合权衡。危机管理者通过武力威胁，向对手施加压力，迫使对方妥协，同时为减少损失也被迫做出妥协。在长期的危机管理实践中，美国逐步形成了威慑理论、讨价理论、升级理论和非零和博弈理论等，并将这些理论作为其实施危机管理的基本理论依据。

一、威慑理论

威慑战略是美国实施国际危机管理的重要选择之一。美国具备超强的军事实力和经济实力，因此在国际危机管理中通常首先采用威慑战略，展示其武力甚至发出准备动用武力的信号，以此向对手施压，迫使对手让步。

美国人认为，威慑是一种理性选择模式，即用理性计算的方法让潜在对手知道采取某种行为所付出的代价要超出收益。如果一个国家能向对手显示它拥有在更高水平的冲突中对其进行惩罚的能力，那么这个国家在危机形势中就拥有威慑能力，或者拥有掌握冲突升级的主动权。由此可以推论，危机管理是冲突一方所具有的能力，它能以冲突升级相威胁来威慑对手，使其不敢让冲突升级，并使这种免于冲突升级的危机满足它的利益需求。① 威慑一方要想让威慑奏效，就必须确定己方对于哪些行为不可接受，以及对采取这类行为的国家给予什么样的惩罚。同时，还要具备惩罚的能力和展示惩罚的决心。

威慑的效果是不确定的。对于那些积极准备诉诸武力的挑战现状者来说，威慑最可能奏效。但在很多情况下，威慑也可能起到负面作用。例如，压力可能会刺激而不是防止某些脆弱的或受到惊吓的对手采取孤注一掷的行为，也可能使对方误解威慑的意图，或者对手对威胁及其后果不敏感，这些都会导致威慑失效。因此，美国在实施威慑的过程中，特别是在对手具备一定实力的情况下，通常还辅以劝说和利诱，“胡萝卜加大棒”成为一种传统的美国危机管理模式。

二、讨价还价理论

美国人认为，实施危机管理的过程就是一个不断讨价还价的过程。讨价还价理论是美国危机管理理论的一个核心内容，结合社会心理学和逻辑战略学的研究方法来研究人类冲突问题。托马斯·谢林在 1963 年出版的《冲突战略》中阐述，“冲突是必然的，但必须承认对立的双方也

---

① ［美］詹姆斯·多尔蒂、小罗伯特·普法尔茨格拉夫，阎学通等译：《争论中的国际关系理论》（第五版），世界知识出版社 2003 年版，第 633 页。

存在着共同利益……冲突各方的最佳选择取决于他们对对方行为的预期”。[①] 敌对双方都能认识到一些最低限度的共同利益，这就构成了讨价还价的基础。

讨价还价的最理想状态是获得的利益最大化，同时将损失控制到最小化。讨价还价理论以谢林的理论为基础得到不断发展，认为当一国试图通过行动，而不是通过正式或非正式外交行动来影响另一国的政策时，无言的讨价还价就会发生。在美国危机管理史上，这种例子非常之多。讨价还价策略还需把握施压与妥协之间的平衡，格伦·斯奈德和保罗·戴森提出了“慎重施压”与“廉价妥协”。他们将国际危机过程分为开始、死索、转折点和结束四个时期以及与之相对的挑战—抵抗阶段、对抗阶段和解决阶段三个阶段，并定义了“囚徒两难”对策、“小鸡”对策、“恫吓”对策和“好战”对策四种典型的危机结构。他们认为，危机进程开始于一方的挑战行动，另一方进行抵抗，此时双方都表现出好战行为。随即进入对抗阶段，双方均以强制策略为主，都采取一系列试探性战术以估计对方的抵抗能力，试图表现出己方的决心。在各方逐步认清了所处危机结构后，危机开始逐步走向解决。比如，处于“囚徒两难”困境中势均力敌的双方走向相互适应，处于“恫吓—小鸡”中非对称的弱者开始退让，强者为对方保留面子。因此，在危机对抗阶段应当采取一种不断增加压力的讨价还价策略，而在危机的解决阶段，则应将讨价还价策略调整到与自己所处的危机结构相一致的规格之中。

三、逐步升级理论

美国学者认为，“逐步升级”概念是健全的危机管理的核心。升级可能是有效解决一场冲突的唯一方法，“危机管理的目标是将危机升级

---

① Thomas C. Schelling, (1963), The Strategy of Conflict, New York: Oxford University Press, p. 15.

到最有利的地位但同时限制在尽可能低的程度”。[①] 升级策略在很大程度上取决于成功地造成对手震惊、疑虑、迷惑和恐慌。危机升级的一种办法是加大暴力实际或潜在的水平，另一种办法是扩大危机范围的“横向升级”和提高危机程度的“垂直升级”。危机升级策略实际上是一种“强制性讨价还价行动”，企图通过强制性和施加压力的行动迫使对方让步或愿意和解，从而以己方满意的条件解决危机。但强制性讨价还价行动是一种“有限的冒险”政策。就像小孩子比谁胆量大的游戏一样，两个孩子分别站在铁轨上等待火车开过，坚持时间最长的小孩赢得“勇敢者”的称号，但也可能因此送命。在危机升级过程中，升级越高，所涉及的利益越大，冒的风险也越大，甚至可能导致决策者对局势失去控制，双方最终走向战争。

根据逐步升级理论，又衍生出战争边缘理论，主张站在强制性讨价还价行动与相互冲突之间的门槛上和战争的边缘，甚至跨过门槛向对方施加压力，迫使其让步。但是，战争边缘论与逐步升级论相比，更容易使局势失控，其度不易把握。因此，美国学者指出，在采取战争边缘政策的同时，需要显示和解的姿态；双方必须强调共同利益，并将危机中互相冲突的利益降于次要地位。危机逐步升级需要有实力做支撑。美国具备的实力使其往往并不惧怕危机的升级，因此在逐步升级的过程中，美国常常会赢得“勇敢者的游戏”。

四、博弈理论

博弈论建立在抽象推理的基础上，是数学和逻辑的一种结合。作为纯数学的分支，它提出了若干数学假设，并从中推导出一些数学结论。20 世纪 50 年代以后，国际关系理论学者在博弈基础上综合运用心理学、统计学、社会学和策略学等原理，逐步形成国际关系和危机管理理论的

---

① William R. Kintner and David C. Schwarz, (1965), A Study on Crisis Management, Philadelphia: University of Pennsylvania Foreign Policy Research Institute, Appendix B, p. 3.

博弈论，力图以数学模型说明博弈参与者采取怎样的行动才是最合理的和正确的。博弈论假设人的行为是理性的，假设人们在特定环境下有获胜的欲望，会为获得胜利而进行多次计算。每一种博弈都具备以下一些基本要素：力图获胜的参与者（想获得最优的结果）；参与者可获得的收益，因为不同的参与者有不同的价值体系，他们期望获得的收益也有所不同；博弈的基本规则；决定每个参与者获得相关信息（周围的环境和其他参与者的决策）的数量、质量以及便捷程度（获得信息的速度）的条件；参与者为达到目的而采取的策略；博弈的总体环境，参与者可能对总体环境有充分认识或没有充分认识；竞争行为的互动，在这种互动过程中，参与者的每一次选择都使其他参与者改变他们的选择。①

博弈论中最常见的两种基本分析模型是零和博弈（ZSG）和非零和博弈（NZSG），其中每一种模型又分别有数种变体。零和博弈只有一个结果，一种收益。理性策略是采取“最小化—最大化”原则，即每个参与者都应尽量把能够确保的最小收益最大化，或把必须承担的最大损失最小化。在 A 和 B 的零和博弈中，A 方所失即 B 方所得，有名的例子为“懦夫”博弈。非零和博弈不是排他性竞争，双方或各方得失不等，有名的例子为“囚徒困境”博弈。

“非零和博弈”是美国危机管理理论的一个核心内容，认为如果危机管理理念是建立在“零和博弈”的基础上，“你的所得就是我的所失”，那么危机就失去了可以管理的基础。美国对危机管理的理念是，对立的双方有共同的利益基础，这就可能使危机管理达成一个“双赢”的结果，使美国可以交替运用威慑、升级、讨价还价等种种手段和策略，以廉价的让步最终促使对手在可接受的条件下改变其行为，从而实现自己的政治目标。

---

① ［美］詹姆斯·多尔蒂、小罗伯特·普法尔茨格拉夫，阎学通等译：《争论中的国际关系理论》（第五版），世界知识出版社 2003 年版，第 604 页。

第二节　美国的危机管理机制

美国的危机管理机制，是由美国国家安全委员会及相关的法律制度构成的。美国前国务卿赖斯对国家安全委员会的解读是："我想国家安全委员会成功地通过非正式途径，解决了许多恶劣的问题。回顾历史，国家安全委员会的设置似乎是一项绝顶聪明的设计，而且事实上通过这么长时间的考验，更显出其巧妙。"①

一、美国国家安全委员会的构成

美国国家安全委员会（NSC）是根据1947年《国家安全法》② 以及1949年对此法的修正案③而成立的内阁级机构，被称为美国国家安全的"神经中枢"，是美国危机管理的最高机构。根据《国家安全法》的规定，"委员会的任务是向总统提出有关国家安全的内政、外交和军事政策的综合意见，以便能够使这些军事机构和政府各部门在国家安全事务方面更有效地协调"。④ 由此可见，对国际危机进行管理是国家安全委员会的一项重要职责。几十年来，美国对所有紧急重大危机的应对措施和外交政策都是在这一框架下制定的。

国家安全委员会由法定成员、法定顾问和非法定成员组成。其中，总统亲自担任国家安全委员会主席，其他法定成员包括副总统、国务卿和国防部长；参谋长联席会议主席担任国家安全委员会的法定军事顾问，国家情报总监担任国家安全委员会的法定情报顾问，出席国家安全委员

---

① David J. Rothkopf, Running The World: the Inside Story of the National Security Council and the Architects of American Power, Public Affairs, 2005, p. 56.

② The National Security Act of 1947 (PL 235 – 61 Stat. 496; U. S. C. 402).

③ The National Security Act Amendments of 1949 (63 Stat. 579; 50 U. S. C. 401 et seq).

④ 《美国国家安全法》第一章《国家安全的协调》第一条（即101条），第七条。

会会议。总统国家安全事务助理出席所有的国家安全委员会会议，辅助总统进行决策，并负责国家安全委员会的日常工作。国家安全委员会还包括一些非法定成员，以便使总统有权就某一特定问题邀请其他相关人员或专家参与委员会会议，一般包括财政部长、驻联合国代表、贸易代表、白宫办公厅主任、行政管理与预算局局长、总统科学顾问等。司法部长和国家毒品控制局局长参加有关司法方面的会议，其他官员根据需要参加会议。在艾森豪威尔总统时期，非法定成员一度达到12名之多。总统通过国家安全委员会召集内阁成员，实施危机控制。在奥巴马总统时期，固定出席国家安全委员会的部门和人员如表2—1所示：

表2—1 国家安全委员会出席成员（Attendees of NSC）①

固定出席成员（包括法定成员与非法定成员） Regular Attendees（Both Statutory and Non-statutory）	受邀出席成员 Invited to Attend
◎总统（The President） ◎副总统（The Vice President） ◎国务卿（The Secretary of State） ◎财政部长（The Secretary of the Treasury） ◎国防部长（The Secretary of Defense） ◎总统国安事务助理（The Assistant to the President for National Security Affairs） ◎参谋长联席会议主席（The Chairman of the Joint Chiefs of Staff） ◎国家情报总监（The Director of National Intelligence）	◎总统首席幕僚（The Chief of Staff to the President） ◎总统顾问（The Counsel to the President） ◎总统经济政策助理（The Assistant to the President for Economic Policy） （以上人员受邀参加所有会议） ◎司法部长（The Attorney General） ◎预算管理办公室（The Director of the Office of Management and Budget） （根据责任参加相关会议） ◎其他行政部门主管和高级官员是否参与视议题需要而定，必要时邀请列席（The heads of other executive departments and agencies, as well as other senior officials, are invited to attend meetings of the NSC when appropriate）

① 资料来源：http：//www. whitehouse. gov/nsc/（2016）。

美国《国家安全法》规定的国家安全委员会的规模可大可小，尤其是在第七条的部分，赋予总统完全的自由，可以指派任何内阁成员列席。早在 1947 年，国安会通过内部程序，授权中央情报局局长以观察和咨询的身份参与每一次国家安全会议。“9・11”事件后，美国深感情报融合的重要性，根据 2004 年情报改革和防恐法案（intelligence reform and terrorism prevention act of 2004）设立了国家情报总监职位，统领包括 16 个组织的美国情报系统，对来自国家行政部门和军方的多种情报源进行整合，统筹指导美国国家情报计划。自此，国家情报总监代替中央情报局局长成为总统的情报顾问。国安会在其 60 多年的历史中召开过无数次会议，成员规模依法定精神，拥有相当大的弹性空间；总统虽可以指定出席人员，但仍限于行政部门的成员。在这个机制中，国家安全委员会纯粹是总统运作的行政部门。由此可见，美国的国际危机管理机制是以总统为核心、围绕总统处理危机决策事宜的机制。同时，危机管理还涉及到国务院、国防部和中央情报局等多个重要部门，这些部门实际上也是美国国家安全的几个重要堡垒，很大程度上决定着美国危机管理的政策走向。而美国国家安全委员会成功地起到了协助总统将这些部门协调起来进行运作的作用。

二、国家安全委员会的运作程序

美国国家安全委员会在危机管理的决策过程中一般分四个层次进行运作。（1）总统级。由总统亲自主持召开国家安全委员会会议，这是最高级别的国家安全委员会会议，对危机具有顶级处理权和决定权，也被称为国家安全会议。国家安全委员会的全体成员参加。一般在重大紧急危机情况下，总统直接主持召开。（2）部长级。由总统国家安全事务助理主持召开，负责审查、协调和监督国家安全政策及其执行情况。参与者包括委员会的主要成员和其他临时指定的部门负责人。（3）副部长级。由总统国家安全事务副助理主持召开，负责协调工作并提出危机管理的对策建议，成员包括各主要部门的副职，如副国务卿、国防部副部长、副国家情报总监和参联会副主席等。（4）协调委员会。主要任务是对地区性或专门性的国家安全政策的制定和贯彻提出决策性意见和建议，分为地区性协调委员会和智能型协调委员会两类。前者由国务卿主持，下设五个地区委员会；后者又分为国防委员会、国际经济委员会、情报委员会和军控委员会等，一般由国防部长、财政部长、国家情报总监和总统国家安全事务助理主持。

一般情况下，会前先由总统或国家安全委员会的其他成员提出问题，经负责计划的小组委员会对问题进行整理后向有关部门提出研究要求。各部门完成的研究报告由小组委员会开会讨论，并将结果整理成文件，提前分发给国家安全委员会正式成员，然后召开国家安全委员会正式会议。会议开始时通常由中央情报局局长做背景介绍，由总统国家安全事务助理对问题进行一般性描述，然后委员会成员自由发表看法，有时需要召开多次会议讨论。NSC 执行委员会开会的程序是：（1）确定事实；（2）推定危机背后的动机和目的；（3）定义美国在危机中涉及的利益和想要达到的目标；（4）评估第三方在危机中可能涉及的利益和期望的目标；（5）讨论为达到美国的目标而要采用的手段；（6）讨论采用各种手段时，盟国、中立国和敌方的反应；（7）当意见趋向一致时，再由总统做出抉择。[①] NSC 会议有效地结合了集体决策制与领导人负责制，适应了危机决策对时效性和科学性的要求，保证了危机决策的及时和适宜，是一个对危机进行预测、建议、监督和管理的比较完善的制度。当然，在重大突发危机来临时，总统往往绕开这些程序，直接召开最高级别的国家安全委员会会议，以便能在最短时间内讨论形成对危机的系统认识和对策。

三、国家安全委员会与总统私人班子的互动

美国总统无疑是美国危机决策中的决定性重要人物。除了使用国家

① G. Head et al,（1978）, Crisis Resolution：Presidential Decision Making in the Mayaguez and Korean Confrontations, Boulder, Colorado：Westview Press, p. 58.

安全委员会工作班子外，总统在处理危机时还经常依赖于一套非正式的亲信班子，并常常在形成决策意向后，再回到国家安全委员会中提出决策。因此，在美国，一两个重要人物的思想和政治趋向影响到危机走向的情况时有发生。总统与其主要助手之间的互动、职能部门之间的合作与竞争、总统对有限情报信息的依赖度等，都会直接影响到美国政府对危机的认知和进行危机管理的政策选择。

白宫有一整套高级顾问和高层工作班子，为总统提供建议和咨询，协助总统决策。危机发生后，美国总统与相关人员通常在白宫情况室阅读和分析绝密危机情报。白宫情况室由肯尼迪总统建于1962年古巴导弹危机期间，素有“小五角大楼”之称。此后历届总统在涉及美国的国际危机发生时，都在情况室中权衡各种危机管理方案。一位前白宫内部人士说：“情况室是总统人格化的一个重要工具，它是显示出总统正采取行动的象征。”①

与总统相比，美国三权分立制度中的另外两权在危机管理中所能起到的作用有限。国际危机具有突发性、紧急性和对国家利益构成极大危害性的特征，决定了危机决策必须果断和高效。因此，美国政府通常独立进行危机决策和处理，国会人员众多、反应迟缓、难以保密，因而很少插手其中。正如一位美国学者所说，“决策的过程就是将部分群体置于决策圈之外”。② 除非危机长时间延续，上升到对国内经济、金融等众多领域均有影响的长期危机，例如越南战争后期导致的美国国内危机。

第三节　美国实施危机管理的指导原则

危机失控往往导致战争或严重的暴力冲突，这种不良后果是美国政

① Bradley H. Patterson, Jr., (1988), The Ring of Power: The White House Staff and Its Expanding Role in Government, NY: Basic Books, pp. 119 – 121.

② Michael J. Mazarr, (2007), The Long Road to Pyongyang: A Case Study in Policymaking Without Direction, Foreign Affairs 75 (September – October).

府竭力避免的。为了更好地实施危机管理，避免付出不必要的代价，美国制定并基本遵循着一系列国际危机管理的指导原则。这些原则已被国际社会和各国政府广为接受。

一、有限管理原则

首先，危机双方尤其是强势一方，应确定有限的目标，考虑到对方的利益，并允许对方在危机中取得一定的利益。成功的危机管理要求有关各方采取现实主义态度，认识到最佳政治目标在大多数情况下都是难以实现的，应当制订切实可行的有限目标，并且不能威胁到对方的核心价值体系，否则会导致对方坚决的反击，从而使危机走向冲突。其次，危机双方应控制危机范围，将危机尽量限制于原冲突范围。“就事论事”，用利益冲突而不是原则冲突的方式处理危机中的事端，同时尽量将危机限于当事国之间，降低危机的国际化程度。最后，危机双方应确定达成目标的有限手段。避免过分行动，慎用高压手段和最后通牒，避免过分压迫对方或轻易动武，避免因刺激与羞辱对方。否则，对方在强压之下很可能选择不屈服，采取团结内部、一致对外的做法，甚至被迫孤注一掷，铤而走险，导致危机升级。

美国作为强势一方，深知有限管理原则的要义，在危机管理中通常坚持“非零和”的理念，在原则问题上坚持到底，但在某些问题上做出让步，让对手获得一些甜头，以最小的代价解决危机。例如在古巴导弹危机期间，美国仅仅做出了一个口头承诺，就使苏联认为保全了面子，撤回了已经部署进古巴的导弹系统。

二、灵活反应原则

灵活反应原则是美国运用得最好的一个危机管理原则。在危机管理过程中，既要在压力面前表明决心的坚定与可信，又要留有一定的弹性，保持选择的灵活性；而灵活性往往是最后缓和危机、解决问题所必须的。

首先，在管理目标上要有灵活性。权衡利弊，对危机中涉及的本国利益进行价值排序，确保核心利益，对边缘利益可做灵活处理。在危机决策中，不仅要给自己留有充分的回旋余地，还应使对方也拥有升级与降级危机的多种选择，为对方保留面子和回旋余地。其次，要确保管理手段上的灵活性。灵活反应、逐步升级，做到军事上局部、对等、逐步升级，政治上留有余地。

美国在危机每个步骤的发展过程中，都不断审视寻求主导地位与优势地位的可行性与正确性，并视危机发展的状况，在讨价还价和相互妥协中寻求对自己有利的危机解决方式，争取有利于自己的相互妥协。美国的决策灵活性充分体现在每一次危机上。以越南战争为例，基辛格在他的著作《危机——两次重大外交政策危机的剖析》中，透露了美国在越南战争谈判最后阶段中心目标的变化：美国原来确定的中心目标是“给予越南人民决定自己命运的机会”，具体协议包括禁止北越人员向南越渗透等，然而在北越不顾协议继续派遣部队的情况下，美国却权衡形势做出了让步，将中心目标修改为安全撤离所有剩下的美国人，“只要撤离没有干扰，美国将不会采取可能使形势恶化的措施……福特召开国家安全委员会会议，再次检查最终的撤离计划……他说：‘我知道这是冒险，但我决定这样做。让我们执行命令吧。愿上帝保佑我们！’”① 虽然这一决策显得有些软弱，但是最终使美国脱离了越南战争泥潭。

三、沟通畅通原则

在危机过程中，节奏加快，进程缩短，而做出正确决策的前提是对对方的态度和决心有充分的了解。因此，在危机阶段，信息沟通往往显得极其重要，否则，当事国不可能对危机做出快速而正确的反应。美国十分重视在危机中双方信息渠道的畅通和发出信号的清晰，认为这与危

---

① Henry Kissinger, (2003), Crisis: The Anatomy of Two Major Foreign Policy Crises, Based on the Record of Henry Kissinger's Hitherto Secret Telephone Conversations.

机的解决密不可分。首先，在危机中要保持信息交流通畅。双方直接或通过第三方间接保持联络渠道畅通，包括官方与非官方的联络渠道，以进行不间断的沟通，不断反馈双方的意见，从而为消除疑虑、解决危机创造物质基础。其中，非官方手段有时往往能起到奇效。其次，应避免任何可能的误解。双方的沟通应尽可能做到信号清晰，使对方决策者能正确理解信号含义。尤其是双方在语言和文化背景不同的情况下，应避免任何人文方面的误会导致的彼此不满。

四、理性决策原则

美国学者认为，尽管任何一方对危机的任何一个决策都是“理性与非理性的结合”，但是从概念上说，理想的抉择应该是“战略理性”或者“全面理性”的，不应当受到领导人个人的喜好或是意识形态等非理性色彩的干扰。美国政府在实施危机管理时也尽量遵循这样的原则。首先，基于利益原则。国家利益是一个国家外交决策的决定性因素，也是实施危机管理的决定性因素。危机决策者在做出反应时应基于利益而非意识形态。如果将意识形态引入冲突中，就可能追求一种极端的解决方案，从而导致不可能达成妥协。如果为了“道义”因素，威胁到对方的核心价值体系，那么将使对方除反抗外别无选择。其次，适度约束原则。应预先考虑到己方行动可能引起的严重后果，缓慢升级，对对方的挑衅行为做出对称性的反应，同时不对对方所有的挑衅性行为做出反应。第三，有利妥协原则。冲突一方不可能在单方面获得利益、排斥对方应得利益的情况下使危机处于稳定状态，危机管理方必须适当克制，为双方保全面子，尽量找到两全之法。对此，美国通常倾向于争取到有利于自己的相互妥协。

五、重视细节原则

美国人关注危机中的细节，这主要表现在两个方面：一是擅长将大的、难以解决的争议，分解为局部的、可以管理的问题。因为在一场危机中，存在的问题和矛盾往往不是新产生的，也不是凭空产生的，而是原有问题和矛盾的激化，或是在原有问题和矛盾的基础上引发的事件。如果冲突各方将整体视为可分解的一系列特定问题，就可能部分满足各方的要求，对危机进行管理的成功性就会加大。以朝鲜半岛长期以来的危机为例，朝鲜和韩国在该地区的对峙是难以解决的危机，但是将目标集中在核武器问题上，解决的可能性就大得多。二是在具体的谈判过程中对于利益“斤斤计较”，进行累积式谈判，往往为了一点点有利于己方的利益在长时间里一点点移动。这与中国“一步到位”、相对不注重小节的谈判方式有很大的区别。美国的这种风格，从冗长的朝核问题六方会谈中可窥见一斑。

六、操纵舆论原则

美国人认为，应当把危机管理放在整个国际大环境中来审视，因此必须争取国内和国际社会的广泛支持，以之为美国在危机管理中的行动正名。一方面，在危机管理的过程中，美国十分重视发挥政府各个部门的法律专家在危机管理中的作用，为自己的行动寻求法律依据，包括国际法、国际条约、某些国内立法、某些公认的原则、惯例和长期形成的传统、某些安全现状，以及联合国的授权等，以证明自己行动的正当性。另一方面，美国注重广泛寻求包括联合国和盟国等在内的各方支持，同时拉拢相关的当事国。美国还利用联合国充当调解人，或敦促联合国直接出兵，以增强自己的实力。此外，美国政府还重视及时向媒体公布消息，争取国内外公开媒介的支持。这些做法不仅可以获得来自各方的广泛支持和认可，还可以将对手置于“非法”和“众叛亲离”的位置，使自己在讨价还价中处于有利地位，逼迫对手不得不让步。

第四节 美国实施危机管理的阶段性工作与流程

美国和西方学者普遍认为，危机管理包括四个阶段的工作，即危机前的预防（Prevention）、危机前的准备（Preparation）、危机爆发期的反应（Response）、危机结束期的恢复（Recovery）。这四个阶段被简称为PPRR。

一、危机前的预防

美国军事理论家维尔纳·鲍温斯曾说过："一盎司的预防，要比一吨的事后干预强得多。"危机管理的最高境界不是赢得危机，而是从根本上防止危机的形成与爆发。美国政府非常重视危机前的形势分析与预防工作，在这一阶段投入了大量的人力和物力，同时也获得了超出投入的收益。

预防性危机管理工作旨在避免危机，防止危机的爆发，主要包括：中长期的战略预测和冲突分析；确定各种可能的危机形势下的政治目标；设想反危机战略和危机对策；研究危机期间可能需要的各种技术保障措施；以及对当前的国际政治、经济和社会环境的动向变化保持密切的注视和跟踪等，以识别孕育中的危机。具体工作包括：判明威胁来源和性质；建立信任措施；增强透明度；加强人员交流和接触，如设立首脑热线、高层互访、开展军事交流、举行联合演习等；裁军与军备控制；制定相关国际法规和监督机构等。

预防性危机管理的第一步是预测国际危机。国际危机是当事国之间冲突升级的结果，它的展开具有递进性。所以，把握住制约这一过程的各种因素的各个环节及其特殊规律，便可能对是否发生危机做出预测。危机预测可分为长期预测和短期预测。长期预测是对潜在对手在较长时间跨度内的目标、实力、政策趋向和挑起危机的可能性做出估计；短期预测是对潜在对手在较短时间跨度内挑起危机的可能性及可能采取的战略、策略、具体措施等做出估计。危机预测要求预测者必须对影响危机的大量变数及其作用做出科学的分析。其中，情报保障是危机预防的首要组成部分和重要前提条件。情报分析人员需要长期跟踪和搜集目标的基本信息情报，包括目标国家的政治、经济、军事、文化、地理等基本情况，并注意搜集目标国家和周边地区在危机发生前的早期异常动向。通过对搜集到的信息情报进行梳理、分析、筛选和整编，结合过去积累的数据，联系实际国际局势和地区局势进行综合分析，挖掘其内在可能的含义，尽可能给出对各种可能事态发展的概率估计，分析出威胁的来源和性质。如果威胁程度超常，就需要发出警报和提示。预防性危机管理的第二步是控制国际危机。国际危机的形成和发展需要一定的条件，如果当事方在危机的形成和发展过程中对其加以影响和控制，就有可能防止国际危机的发生，抑或减慢或中断国际危机的发展过程。

美国的做法是，预防危机的出现，辨明已出现的危机苗头，并运用美国的影响力去消除这些苗头。就像是预防性药物一样，防患于未然，免除日后再采取巨大的补救措施。美国前国防部长佩里提出的“预防性防务”战略，从某种程度上看也可以被认为是对危机的预防。预防性防务强调对事态发展过程的控制，把对美国国家安全的潜在不利因素消除在萌芽状态或把危机控制在低水平。总的来说，就是对危机预有准备，并采取措施尽量把可能发生的危机扼杀在苗头之中。①

美国认为，随着冷战的结束，相当于冷战时期苏联对美国生存构成威胁的 A 类危机已不复存在，但仍有可能出现四种情况，即：俄罗斯有可能走向对立面；中国有可能走向敌对；苏核武器失控和大规模杀伤性武器扩散；灾难性恐怖主义活动。这几种危机是美国极力避免的，是美国进行危机预防的核心内容。具体到行动上，美国进行预防的措施体现为：防止俄罗斯走向对立面；接触并按自己的方式塑造中国；实施严格

---

① Ashton B. Carter and William J. Perry, (1998), Preventive Defense-A New Security Strategy for America, pp. 8 –9.

的军备控制与防扩散。

此外，美国目前还面临着 B 类和 C 类危机，其中 B 类危机是发生在波斯湾和朝鲜半岛两处的重大地区性潜在危机。这种危机对美国利益构成了迫在眉睫的威胁，但并不能威胁到美国的生存或生活方式。C 类危机是发生在科索沃、波黑、索马里、卢旺达、海地等重要地区的潜在危机，对美国的安全有着间接的影响，但并不直接威胁美国的利益。这两类危机是美国实施危机预防的重点。具体到行动上，美国进行预防的措施体现为：积极实施地区干预，时刻防备朝鲜、伊朗、伊拉克等美国所谓的“无赖国家”、“暴政前哨”获取大规模杀伤性武器，进而对美国的安全构成威胁。

对于在这些地区发生的任何危机，美国都十分关注，并且有针对性地进行预防性防务。主要措施包括：一是通过前沿驻扎或部署部队、防务合作和安全援助，以及与盟友的共同训练和演习，以显示军事力量来控制地区局势，防止出现危及美国安全和利益的不稳定因素。例如，在防范朝鲜半岛危机方面，美国与韩国建立了牢固的军事同盟，并在韩国有数万驻军，一旦半岛真的发生战争，美国驻守在该地区附近的军队可以迅速增援，在短时间内即可形成对敌优势兵力。二是与非敌非友的重要地区大国建立军队间的联系，发展合作关系，以防其变为敌国。冷战后美国在海外实施的这类军事行动包括：维和、救灾、撤运和营救美国及盟国侨民；强制实施制裁、实行贸易禁运和建立禁飞区。这类军事行动比外交手段更能削弱被制裁国的经济和军事能力，并可避免直接使用武力的风险，可进可退。冷战后，美国多次采取经济制裁与低强度军事行动相结合的方式。美国政府认为，这些“变相的防务”可使美国“减少流血和开支”。三是广泛宣传美国式的民主与价值观，稳定地区局势。美国军事占领伊拉克之后所采取的就是这种手段。美国在伊拉克推行大选，宣传美国的民主理念和价值观念，以此拉近与地区人民的感情和稳定地区局势。这些都是美国防止地区危机形成与升级的预防性措施。

二、危机前的准备

美国政府认为，预防危机并不能防止危机，特别是突发性危机。危机的定义告诉我们：如果某种事可能出错，它就会出错；往往不经常发生的事情，就是最难预料的事情。因此，在对危机进行预防的同时，还必须做好应对危机发生的充分准备。危机准备工作可以帮助危机管理者在危机期间特别是初期，争取到一些极其宝贵的时间和回旋余地，减少危机发生时的被动性和紧张感，使决策者尽可能从容和理智地处理危机。这种危机准备包括两个方面：一是机制和程序上的准备；二是力量上的准备。

从机制和程序上看，美国对国家安全委员会和情报部门做出了一些有利于应对危机的调整，建立了危机预警机制。一是预先建立专门的危机管理机构，包括设置由高层政治家和高级职能官员组成的专门危机决策小组，使其具有超出常规条件下的决策反应能力。二是进行定性与定量相结合的危机预警。美国一方面通过情报专家对情况的跟踪和判断进行人工和定性的危机预警，另一方面利用计算机辅助系统进行危机的早期预警和监视。美国是最早设计和使用计算机早期预警和监视系统的国家。1976 年，美国国防高级研究项目局研制了危机预警原型系统——早期预警和监视系统（EMAMS），并在两个情报分析中心进行了试运行，取得了很好的预警效果。该系统主要通过跟踪各种国际政治事件来提前预报军事政治危机。三是制定危机预案。通过预测可能发生的危机，预先制订各种反危机方案，探讨各种危机情况下的不同行动原则，并制订实施方案的具体工作计划。四是实施危机模拟。通过计算机综合模拟对危机预案进行检测，以提升对危机的应对效率和心理准备。美国非常重视危机模拟，在很多指挥所演习中都涉及到危机对抗模拟的内容。美国国防大学还专门开设了以危机对策演习为核心的三门政治军事模拟课程。

从力量建设上看，美国采取各种手段加强应对危机的军队战斗力。一是追求绝对技术和装备优势。大力更新各种武器装备，包括轻重武器、新型航母、战斗机，甚至战略导弹。二是追求绝对作战优势。美国新版防务报告指出，美军要从做出反应性行动转变为尽早采取预防性措施，并提高反应速度，以防止问题转化为危机或冲突。例如，美军提升了战争预警能力，并将战争预警的重点转向对付地区战争和防范敌国使用大规模杀伤性武器对美国本土及海外军事力量进行有限打击。为此，美国大力加强预警系统的建设，同时构建导弹防御系统，以对抗任何可能的威胁，追求绝对安全。三是加强全球前沿军事存在与部署。为了对外部威胁进行有效威慑、遏制与快速反应，美军高度重视保持海外军事存在，并适时进行部署调整，不断加强兵力动员能力和远程投送能力。四是不断更新作战理论。在战争理论方面，从前沿部署到远程投送，从线状部署到网状部署，美国在创新装备的同时创新作战理论。这一切都是“未雨绸缪”准备工作的一部分。

三、危机爆发期的反应

危机爆发后，危机管理工作进入高度紧张的危机决策和控制阶段。危机管理的主体性工作都集中在这一阶段完成。在此阶段，美国的危机决策与管理工作可从以下三个方面进行分析。

首先，启动危机管理运行机制。美国处理危机的机制是以国家安全委员会为中心的现成机制。以中美撞机事件为例，事件发生后，美国很快召开国家安全委员会会议，成立了由白宫、国务院、国防部和情报机构组成的跨部门小组，太平洋总部提供信息和建议。在危机的每个阶段，美国都有十分明确的目标，适时平稳地转换跨部门小组的领导权。第一天，由太平洋总部发表公开声明，勾勒了美国为解决危机设定的目标。从第二天起，领导权交给国务院，与此同时，总统保持对事件的密切关注并发表了两份声明。机组人员获释后，领导权又交回国防部。国防部派出谈判小组前往北京谈判返还飞机事宜。所有部门都对事件进展保持密切关注，并为起领导作用的部门提供支持。[①]

其次，运行危机决策过程。这个过程是与机制运作并行的，相对隐秘，但也是最重要的。美国总统及其智囊团通常在国家安全委员会的框架内，先研究情报部门提供的信息，判断危机的性质，然后据此决定实施国际危机管理的方式。在此阶段，危机决策过程主要包括以下内容：（1）全面详尽地探讨各种可能的行动方案；（2）检查所有必须达到的目标和选择这些目标时所隐含的价值观；（3）仔细权衡现有各种选择方案的不利和有利方面，以及相应的代价和风险；（4）进一步收集有关评价各种选择方案的新信息；（5）吸收和考虑所能得到的各种新信息或专家判断，不论它们是否能支持其早先倾向的选择方案；（6）在做出最终决策之前，重新检查和评价所有已知选择方案的利弊，包括那些先前已认为是不可能接受的选择方案，然后做出最终抉择；（7）为最终选择的行动方案制订详细的实施步骤，并对在各种已知风险出现时可能需要的应急计划予以特别的注意。[②] 在对各种可行性选择方案进行系统验证与对比之后，以总统为核心的最高决策层从中优先或综合选出最合理的方案。同时，还要在最终方案形成之前进行深入的调查研究，召开专家论证会，尽量运用高技术进行模拟，对各种预案进行评估。总之，危机管理应该是一种能听取各种观点和建议的开放式决策过程，但同时也应在一定程度上与外界隔离，以使其免受国内外政治压力的不利干扰。

最后，确定谈判、威胁和干预等几种解决危机的方式并加以运用。谈判是一个为求得危机稳定和避免危机升级而提出建议与反建议的过程，是处置危机的主要方式。例如中美撞机事件发生后，当事国进行了长达数月的谈判，终于化解了危机。但是，美国很少单纯使用谈判手段来解决危机，通常是“威胁＋谈判”或是“威胁＋干预＋谈判”。因此，在很多时候，谈判对于美国来说不是手段，而是迫使对方让步并能给对方

---

① ［美］丹尼斯·布莱尔、戴维·邦菲利：《美国对 2001 年 4 月 EP－3 事件的看法》，选自［美］史文，张沱生译：《中美安全危机管理案例分析：对抗 博弈 合作》，世界知识出版社 2007 年版，第 318 页。

② 胡平：《国际冲突分析与危机管理研究》，军事谊文出版社 1993 年版，第 198—201 页。

留一些面子的场所。威胁是指当事国显示不惜使用极端手段的决心，以迫使对方放弃促使危机升级的立场。美国特别擅长利用自己的力量优势，综合运用武器禁运、经济制裁、军事演习、军事封锁、强制和平、军事打击等多种手段显示决心，胁迫对手在危机中让步和妥协，用强制升级的方式干预和控制危机，促使危机解决。干预是指当事国以外的国家和国际组织介入危机管理进程，以改变危机的走向。干预有集体干预和个别干预。集体干预主要是指联合国等国际组织和一些国家集团（如北约）的干预。个别干预分为三种：（1）停留在口头的干预，仅表明态度、声明立场；（2）以实际行动支持自己认为应给予支援的一方；（3）进行武装干涉。干预多由大国或地区强国所采用。冷战结束后，美国频频使用干预手段插手他国内政。美国的这些干涉行动都是其“强制性危机管理”的具体体现。

四、危机结束期的恢复

危机发展到这一阶段，是在经历了初起、高潮后进入了平缓期。但这个阶段并不意味着危机的终结，而是危机管理的一个相当重要的阶段。美国在该阶段主要的工作是对恢复与重建进行管理，同时回顾和总结美国决策部门和行政部门在危机中的表现，以弥补出现的不足之处。在危机结束期的恢复中，执行部门通常将决策方案的实施情况、出现的问题和原方案的不足之处及时收集上报，反映给决策者，以便决策者对决策进行适当的修正或补充，甚至修订原来的目标，重新决策。这是由行政决策的动态发展性质所决定的，也是整个危机管理过程中不可缺少的一环。

还应该看到，美国的危机管理受到利益的驱动，很多时候并不完全是为了消除危机。美国有时候会埋藏危机，有时候会挑起新的危机来应对旧的危机，有时候甚至会制造危机以牟利。

第三章／近代朝鲜半岛危机的历史考察

从19世纪下半叶开始，朝鲜半岛经历了无数的危机，小到内乱、战争，大到被吞并和亡国。在这些危机中，朝鲜半岛虽然是当事方，但从来就没有成为决定方，没有真正掌握过自己的命运。从甲午战争到日俄战争，从第二次世界大战到朝鲜战争，朝鲜半岛的控制权在清政府、日本、美国和苏联之间被屡次换手。

第一节　沦为殖民地的危机——“云扬号”事件与《江华条约》

李氏朝鲜自建国以来，一直奉中国为正统，与中国明清两代保持着封建式的从属关系，但中国一直对藩属国采取“厚往薄来”的外交政策，并且鲜少干涉藩属国的内政。因此，朝鲜的内政、外交完全自主，是个独立的封建君主制国家。

19世纪下半叶，西方列强为了不断拓展殖民地，曾多次武装入侵朝鲜，例如“丙寅洋扰”的法国军事入侵和“辛未洋扰”的美国军事入侵。在对抗外国侵略者的过程中，李朝政府在全国各地建立了刻有“洋夷侵犯，非战则和，主和卖国，戒我万年子孙”的石碑，朝鲜人民同仇敌忾，举国上下一致反抗侵略者，民族主义情绪高涨。这几次外敌入侵均被朝鲜军民击退，并未对朝鲜造成太大的影响。然而，日本侵略朝鲜的“云扬号”危机事件，则从根本上改变了朝鲜的命运。

自明治维新后，日本国力增强，遂出现了“征韩论”。1868年10

月，日本政府发送了告知朝鲜政府的书契。但朝鲜政府认为只有中国天子才能使用“皇”、“敕”等用词，并就此问题要求日本重新发送书契。为此，日本政府单方面废除了两国通过对马岛交流的外交渠道，转换成由外务省直接掌管朝鲜问题的体制。随后，日本为了以武力强迫朝鲜开港，屡次派遣军舰在朝鲜海域游弋，进行外交讹诈。1875 年 9 月 19 日，日本再度派出“云扬号”军舰航行到朝鲜西海岸“测量海图”，非法驶入汉江口，在江华岛海面示威，并以寻找淡水为借口遣日军下船乘舢舨驶向江华岛。这一地带是京江入口、国都门户，任何外国船只不经允许均不得接近炮台，因此江华岛草芝镇炮台发炮警告，“云扬号”军舰遂以此为由连续炮击草芝镇与永宗岛，并攻下炮台，在大肆烧杀抢掠之后退去。这一危机事件史称“云扬号”事件。

“云扬号”事件发生后，日本欣喜若狂，认为这是惩罚朝鲜的好机会，决定利用这一危机事件，以武力和问罪的姿态派遣大使，与朝鲜政府谈判。1876 年 1 月 15 日，日本派遣黑田清隆带领 6 艘军舰与 300 名兵力到达釜山，强行要求朝鲜缔结条约。1876 年 2 月，在与朝鲜方面代表申櫶进行的会谈中，日本代表黑田清隆通告朝鲜：由于拒收国书和拒绝接见日本使节，日本国内“征韩论”呼声颇高；并威胁朝鲜如果拒绝日本的通商提议，日本军队就会登陆朝鲜。封建王朝的内部斗争和日本的武力威胁，终于迫使李朝政府于 1876 年 2 月 26 日与日本签订了《朝日修好条规》，即《江华条约》，以结束“云扬号”危机事件。条约共 12 条，主要内容包括：朝鲜除釜山外，另开放元山、仁川两口岸；准许日本在开放口岸往来经商、租借地面、修筑或租用房屋；准许日本人在朝鲜测量水域并绘制图志；两国官员不得干涉两国商民的自由贸易；日本除航税外，暂不缴纳一切关税；日本在汉城设公使馆，在各开放口岸派驻领事；日本在朝鲜享有领事裁判权等。其中，条约规定的开放港口，设立租界，允许日本人自由贸易、自由测量与绘制海图等约定，严重损害了朝鲜的主权。

《江华条约》是朝鲜和外国签订的第一个不平等条约。日本据此取得了自由勘测朝鲜海口、领事裁判权、贸易等权利。日本对朝鲜觊觎已久，终于借此危机事件打开了朝鲜的门户，一步步将朝鲜变为其殖民地。随着《江华条约》的签订，朝鲜半岛日益成为西方列强争夺的场所，外国商品汹涌侵入，朝鲜开始沦为半殖民地国家。到 19 世纪 80 年代初，李朝政府同美国、英国、法国、德国、俄国、意大利等欧美资本主义国家相继签订了《朝美修好通商条约》《朝英修好通商条约》等一系列不平等条约。

第二节　内战的危机——近代朝鲜政权争夺与农民起义

在朝鲜的近代历史中还有一系列因国内政权争夺与社会矛盾激化而产生的危机事件，这些危机事件虽然源自于内部事务，但影响却是国际的。朝鲜依靠外力解决危机的方式，导致内忧外患不断。其中，影响较大的包括壬午兵变危机、甲申政变危机和甲午农民战争等。这些危机事件均对朝鲜的历史进程带来了一定影响。

一、壬午兵变危机

壬午兵变是朝鲜近代史上第一次农民运动，对于朝鲜来说是一个重要的历史危机事件。1876 年《江华条约》签署后，日本对朝鲜的侵略日甚一日，李氏朝鲜的阶级矛盾和民族矛盾日趋尖锐。1881 年，李朝政府成立一支新军“别技队”，而原有的军队待遇很低，处处受到歧视。对此十分愤怒的汉城士兵在柳万春、金长孙的领导下，于 1882 年 7 月 23 日举行了起义。起义军民先后袭击了军械库、捕盗厅和义禁府、日本公使馆、朝鲜部分戚族官员的官邸和国王的王宫，处决了掘本礼造等 13 名别技军中的日本教官，以及当政闵妃集团的闵谦镐和金辅铉等官员。闵妃扮成宫女逃出王宫，躲避在乡下。闵妃的政敌大院君随即被应召入宫，重新执政。大院君一方面宣布闵妃已死，解除起义士兵后顾之忧；另一方面开始恢复闵妃执政之前的军事制度，同时释放政治犯以安抚起义士兵。起义士兵随即解散。事件发生后，日本叫嚣要对朝发动战争，并派遣 5 艘军舰和 3 艘运兵船停泊在仁川港。清政府则应朝鲜政府之邀派兵入朝，目的是平叛并阻止大院君重新执政，并防止日本对朝发动武装入侵。清政府派遣的官兵迅速诱捕了大院君及大院君派要员，拘捕了掌握兵权的朝鲜官员，恢复了闵妃政权。随后，李朝政府又拘捕了参与兵变的近 200 名士兵，并杀死为首的数十名官兵，血腥镇压了兵变。至此，壬午兵变彻底失败。壬午兵变危机对朝鲜政局产生了深刻影响。日本借此机会向朝鲜提出非分要求，而朝鲜被迫接受，与日本签订了《朝日修好条规续约》，又称《济物浦条约》。条约规定，朝鲜要以 20 天为期限逮捕兵变主谋并交予日本国派遣的官员处死，如逾期不能逮捕，"应由日本国办理"；厚葬遇害日本官员并赔偿 5 万日元抚慰金，同时向日本政府赔款 50 万日元并遣员向日本国"谢罪"；日本国在公使馆驻兵，朝鲜国负责兵营的建设与修缮；日本商人在釜山、元山、仁川各港口旅行的范围扩大至 100 里，同时杨花津开市对日通商，听任日本公使、领事及随员在朝鲜国内旅行。这些规定严重侵犯了朝鲜的内政主权，不但意味着李朝政府政治上对日本的屈服，而且使日本实际上获得了在朝鲜半岛的驻兵权，对朝鲜民族的生存构成了巨大的威胁。壬午兵变也对东亚国际关系产生了深刻的影响，清政府在此次危机中尽管未能阻止日本扩大对朝侵略，但阻止了日本对朝的军事行动，其派遣的北洋海军游弋海上，成功对日本施行了战略威慑，使日本感到芒刺在背，日本陆海军始终未敢占领仁川。此后，日本积极以中国为对象进行战备，中日矛盾更加凸显。

二、甲申政变危机

在资本主义列强加紧侵略和国内封建势力压榨加剧的情况下，朝鲜人民处境更加恶化。从 19 世纪下半叶起，朝鲜国内出现"开化思想"，要求国王"开国"，吸收近代文明，改革腐朽的封建制度。以金玉均为首的一些进步的贵族青年，抱着要像日本"明治维新"那样使朝鲜迅速开化发展的想法组成了开化派，他们针对的对象是以闵妃为首的守旧派。1884 年（甲申年）12 月 4 日，开化派和日本公使一起策划，依靠日本军队发动政变，杀死守旧派官员，建立新政府，并颁布了 14 条政纲。政纲的主要内容有：废除与清朝的朝贡关系；废除门阀制度，给人民以平等的权利；改革旧的地租法，建立新的地税制度；铲除贪官污吏；建立近代化军队；取消行商、官商的特权，促进商业自由发展等等。这个政纲具有一定的资产阶级民主思想，反映了开化派想要改革封建制度的进步愿望。但是，在守旧派官僚的请求下，驻汉城的清朝将领袁世凯等人率领 1500 名军队于 12 月 6 日开进王宫，击败日军，杀死开化派首领，夺回了政权。部分开化派首领逃往日本。开化派政府仅维持三天便结束了它的存在。这是朝鲜历史上有名的甲申政变。金玉均逃到日本后，曾被日本政府流放到小笠原群岛和北海道，1894 年在上海被李朝守旧派政府所派的刺客刺杀，年仅 44 岁。幸存的开化派人士发生分化，有的组织独立协会，从事爱国思想启蒙运动，有的堕落成了亲日卖国贼。甲申政变后，日本迫使朝鲜与其签订了《朝日汉城条约》，要求朝鲜向其赔罪、赔款并加盖日本驻朝兵营，朝鲜均一一服从。以甲申政变为契机，日本与中国签订了《中日天津条约》，达到了迫使中国承认日本在朝特权，并迫使中国势力逐步退出朝鲜的目的。但是，甲申政变的失败也使日本在朝多年经营的政治势力受到重创。甲申政变后，袁世凯掌握了相当的朝鲜军权。清政府强化了对朝鲜的“宗主权”，向各个开放港口派遣了拥有实权的商务代表。

三、甲午农民战争

甲午农民战争亦称“东学党起义”，是朝鲜历史上规模最大的一次农民起义。起义分两个阶段，第一个阶段的主旨是反对封建统治。在这次起义爆发之前，朝鲜国内的社会矛盾已经激化，甲申政变后到甲午农民战争前不足十年的时间里，就爆发了多达 46 次的农民起义。1893 年 12 月，朝鲜全罗道古阜、泰仁、釜山、全州等地同时发生农民起义，其中古阜和泰仁的农民起义后来成为甲午农民战争的起点。全罗道是朝鲜农业重地，当地官员在遭受天灾、土地欠收的情形下，强行征收重额赋税，并征用农民劳役，直接触发了这次农民起义。1894 年春，在东学党地方首领全琫准的领导下，起义爆发了。农民军纪律严明，同时以“辅国、安民、伸义”为主旨，受到了广大农民的支持，起义军迅速发展到 1.3 万余人，先后攻下了井邑、兴德、高敞、茂长等县城，并攻下了朝鲜南方重镇、全罗道首府全州市。攻克全州后，忠清、庆尚两道的东学党徒群起响应，起义军控制了朝鲜南部三道，并建立了自己的政权机构。朝鲜政府无力镇压，只得依靠外力，向清朝政府求援。在此情况下，起义军开始与政府谈判，寻求妥协，并签订了《全州协议》，随后撤出全州，起义暂时告一段落。第二个阶段的宗旨是反对外国侵略。在清政府出兵朝鲜的同时，日本以势力均等和“保护”日侨为借口，不请自来，在仁川大举登陆，并占领了王宫，扶植起亲日的傀儡政权，唆使傀儡政权“委托”日军平叛。日本的侵略激起了朝鲜各阶层人民的怒火。面对日本侵略，朝鲜农民再次起义，并将战略目标定为攻取被日军占领的汉城，“辅国安民”，高呼“扫破倭洋”。但是，在日本和朝鲜国内封建势力的联合镇压下，农民军被击败，首领全琫准就义。至此，朝鲜甲午农民战争宣告失败。

在朝鲜近代史上这几起较大的危机事件中，朝鲜政府都请求清政府出兵支援或帮助解决，而清政府每次出兵都刺激了日本。清政府在朝鲜大张旗鼓、虚张声势，试图保持传统的“宗主权”；日本则从朝鲜攫取了巨大的实际利益，其全面控制朝鲜的野心日益膨胀。最终，朝鲜甲午农民战争的爆发直接激化了日本与清政府在朝鲜问题上的利益冲突，导致中日甲午战争爆发。

第三节 全面丧失自主权的危机——甲午战争与日俄战争

甲午战争之前，朝鲜已逐渐沦为列强的殖民地，但尚是个独立的民族国家。而甲午战争则改变了朝鲜的命运，使其彻底被外族控制。在1894年的甲午战争中，中国失去了在朝鲜半岛的特殊地位，而日本则确立了对朝鲜半岛的控制权。

战争是日本挑起的。日本蓄谋吞并朝鲜、侵略中国已久，但苦于未遇良机。到甲午战争爆发前，日本陆军建成6个野战师和1个近卫师，现役兵力12.3万人。在甲午战争中，日本实际动员兵力达24万余人。战前，日本海军拥有军舰32艘、鱼雷艇24艘，排水量共达6.2万余吨。日本还遣出特务到中国和朝鲜搜集军事情报，绘制详细的军用地图。1894年春，朝鲜爆发甲午农民战争，日本政府密切注视朝鲜局势的发展，并唆使中国出兵朝鲜，以制造挑起中日战端的借口。当清政府应邀出兵朝鲜镇压甲午农民起义时，日本军队不请自来。中国派直隶提督叶志超、太原镇总兵聂士成率淮军2500人分批赴朝，屯驻牙山。日本驻朝鲜公使大鸟圭介则以保护使馆的名义率领800名士兵进驻汉城，随后日本海军陆战队8000人从仁川登陆。

当中日两国向朝鲜出兵时，朝鲜政府已接受东学党起义军提出的要求，双方签订休战和约，起义军退出全州。朝鲜内战实际上已经停止，清军并未与东学党起义军交战。朝鲜政府为消除日本出兵借口，于6月13日请求中国撤兵。叶志超部准备从牙山返回，清政府要求日本同时撤兵。日本虽已失去出兵朝鲜的借口，但仍决心扩大事端，促成中日关系破裂，因此不仅拒绝撤兵，反而继续向朝鲜增派军队，并提出所谓共同“改革”朝鲜内政的方案，以达到既使日军赖在朝鲜不走又能拖住中国军队的双重目的。7月12日，日本内阁首相陆奥电令驻日公使大岛：“目前有采取断然处置之必要”，“不妨利用任何借口，立即开始实际行动”。大岛接训令后，于19日和20日连续提出强硬要求，胁迫朝鲜政府废除中朝通商条约，并驱逐中国军队出境。23日，日军攻占朝鲜王宫，拘禁国王李熙，成立以大院君为首的傀儡政府。25日，大岛指令大院君宣布废除中朝两国间的一切商约，并“授权”日军驱逐屯驻牙山的清军。当天，日本在丰岛海面对北洋水师军舰及运兵船发动突然袭击，击沉中国运兵船“高升”号，以不宣而战的方式打响了甲午战争第一枪。

同时，日本陆军向驻牙山的中国军队发起进攻。8 月 1 日，中日政府同时宣战，甲午战争开始。

日本在挑起战争之前就制订了详尽的海陆军统筹兼顾的“作战大方针”，并提出了两期作战计划。而清政府尚寄望于俄、英等国的“调停”，还在争论是战是和的问题，导致战前没有明确的战略方针和作战计划，未组成专门的作战指挥机构，战时又指挥混乱，各部心志不齐。战争持续近 9 个月，先期战场在朝鲜境内，后期在中国境内。在朝鲜境内时，清军陆军经过一个多月的交战战败，于 9 月 26 日全部退至鸭绿江以北的中国境内。在海上，日本海军掌握了黄海制海权，其联合舰队前出至黄海西部，而北洋舰队则按“保船制敌”之令，主要巡弋于威海、旅顺之间。9 月 17 日，北洋舰队与日联合舰队遭遇，爆发了著名的黄海海战，北洋舰队被击沉 5 舰，伤 4 舰；日本联合舰队伤 5 舰。在中国境内时，清军节节败退，鸭绿江防线、旅顺口、金州、威海卫等地相继失守。清军在山东半岛和辽东两个战场全面溃败。清政府中求和派占据上风。1895 年 4 月 17 日，《中日马关条约》签字，中国彻底失去了在朝鲜的一切特权，并承担了巨额赔偿和领土割让。至此，甲午战争结束。

甲午战争对远东战略格局产生了深刻的影响。日本占领了台湾，又获得了巨额战争赔款，其国力大大提高，军力进一步扩充，开始成为远东的主要战争策源地。而日本的崛起又改变了远东地区英、俄对立和争霸的原有格局。日本在朝鲜扫清了中国的势力，但又面对着俄罗斯的挑战，其推行的侵略中国、吞并朝鲜的“大陆政策”与沙皇俄国推行的侵略中国、吞并朝鲜、独占亚洲、称霸太平洋的“远东政策”发生了尖锐矛盾，俄罗斯联合法、德对日施压，最后迫使日本“还辽”的举动更令日本怀恨在心。日俄对朝鲜和对中国东北的争夺加剧，日俄战争一触即发。

1900 年，中国爆发义和团运动，沙俄借机出兵占领东北全境，企图据为己有。此举损害了日本在中国东北的利益，日本要求俄国撤出在中国东北的占领军。在双方谈判未果的情况下，日本依仗英国的军事支持和英美等国的经济援助，于 1904 年 2 月 8 日派遣海军偷袭停泊在旅顺港外的沙俄太平洋舰队，并击沉在朝鲜仁川的俄国军舰。日俄两国遂于2月10日同时宣战。战争主要在中国东北进行，使中国人民蒙受巨大灾难，朝鲜人民也深受其害。日俄战争的结果以日本获胜而告终。1905年9月5日，日俄两国在美国签订了《朴次茅斯和约》，根据条约，俄国不但将其在中国东北的大量特权和殖民地让渡给日本，还承认朝鲜为日本的"保护国"，承认日本得以"监理"名义处置朝鲜事务，承认日本在朝鲜拥有最高的政治、军事和经济利益，并保证不干涉日本在朝鲜可能采取的指导、保护和管理措施。至此，朝鲜完全落入日本的势力范围。

第四节　亡国的危机——日本吞并朝鲜以及日本的殖民统治

继1875年江华岛事件后，日本便不断利用一切机会侵略朝鲜。在先后扫清了中国与沙皇俄国在朝势力后，日本独占朝鲜成为可能，遂开始逐步实施吞并朝鲜的计划。1904年，日本强迫李朝政府签订《日韩议定书》（1897年李朝国王高宗李熙改国名为"大韩帝国"）和《外国人雇聘协定》，推行"顾问政治"；1905年11月，迫使韩国签订《日韩保护条约》（即《乙巳条约》），实行"统监政治"，将韩国置于日本统监监督之下，剥夺了外交大权；1907年7月，以国王高宗派密使去荷兰海牙想参加国际会议事件为借口，强迫高宗退位，同时缔结《丁未条约》，夺取了韩国一切行政、立法、司法、人事大权，后又解散了韩国军队；1910年8月22日，胁迫朝鲜总理大臣李完用签订《韩日合并条约》，最终完全吞并了朝鲜半岛。条约规定：朝鲜国王将一切统治权完全而永久地让给日本天皇，日本天皇接受这种转让，并将朝鲜完全并入日本帝国；朝鲜国王及其后裔和皇族享有与其地位相适应的"尊严与名誉"及待遇，供给充分的生活费；日本天皇对签订这一条约建有"功勋"的"有功者"授予荣誉和赏金；朝鲜人民要"遵守法规"，忠于"新制度"，日本政府则尽可能录用忠诚于"新制度"的韩国人为日本帝国官吏。日本在朝鲜设总督府。至此，朝鲜完全沦为日本帝国主义的殖民地。大韩帝国宣告灭亡，日本的韩国统监府改制为朝鲜总督府，成为统治朝鲜的机关。之后，日本在朝鲜开始了长达36年的殖民统治。

在殖民统治期间，日本对朝鲜人实施了残酷的民族文化灭绝政策。1910年，日本人针对朝鲜历史地理书籍进行了全国性搜查，没收烧毁了二三十万册含有古代民族英雄传记、国家的诞生、独立和革命等内容的书籍。总督府1911年颁布新教育法令，除许可设立数量极少的公立学校进行奴化教育外，对原有私立学校严加限制和裁减，绝大部分学龄儿童被剥夺了受教育的机会。从1941年起，朝鲜学校被迫完全采用日本学校的课程，禁止讲朝鲜语，只能讲日本语，违者将受到严厉处罚。为对朝鲜民众洗脑，加强奴化教育，总督府制定了以“吾等乃大日本帝国之臣民”、“吾等齐心协力尽忠天皇陛下”等为内容的《皇国臣民誓词》，逼老百姓每天朗读，宣扬对日本天皇的崇拜。朝鲜人民还被强令“参拜”日本神社、“遥拜”日皇宫城，对稍有爱国意识的朝鲜人均以“思想犯”论处，进行无情打击。据统计，仅1930年因此罪名被捕的就有近4万人，1934年则达6万多人。日本人还强制朝鲜人“创氏改姓”，将姓氏改为日本“复姓”，如“金”改为“金村”等。面对如此屈辱，不少朝鲜人选择自杀，或大批流亡到中国东北，以避开改姓。1945年光复后，朝鲜民众所做的第一件事便是砸掉写着日本名的门牌，恢复原姓氏。

1905—1945年，日本军国主义一共残酷杀害了200多万朝鲜人。战争期间，日本军国主义对朝鲜人力实行了总动员，有600多万朝鲜人被强征为苦工和炮灰，被征募到煤矿、兵工厂、前线，更有20多万年轻妇女被迫充当“从军慰安妇”。日本军国主义使无数的朝鲜百姓家破人亡，饱受苦难。

日本人的残酷统治激起了朝鲜人民更为强烈的民族意识，朝鲜人民的反抗一天也没有停止过。早在日本吞并朝鲜的前一年，就发生了震惊世界的朝鲜义士安重根刺杀日本征朝罪魁伊藤博文事件。在日本占领朝鲜时期，朝鲜人民开展了维护和争取国家独立的反日斗争，如义兵斗争、独立军斗争、爱国文化启蒙运动、“三一运动”等。仅在1910—1913年间，朝鲜人与日本统治者之间发生的武装冲突就达2000多起。持续的抗争很快汇集成一股争取民族独立的巨大洪流。1919年3月1日，朝鲜爆发了反抗日本侵略暴行的“三一运动”。据日本殖民当局统计，“三一运动”共有136万多朝鲜人参加，被杀害的有6000余人，入狱的有5万多人。

这一时期国际关系的主题是帝国主义对殖民地的争夺以及帝国主义之间的争斗，发生在朝鲜半岛的危机事件也被烙上了时代的印记。危机的主体是朝鲜及其3个邻国——中国、日本和俄罗斯。危机事件多以危机开始，以战争结束。危机基本上是用来发动战争的借口，挑起危机的一方意在侵略，在危机出现之前就已经做出了发动战争的决策；危机只是开战的契机，是使自己的行为合法化的借口，因此可控性很小，近乎于零。随着第二次世界大战的结束，这一阶段的危机已经成为历史，国际关系更为成熟，危机迎来了可控阶段。

第四章／二战后美国对朝鲜半岛实施危机管理的实例分析

根据史料记载，美国很早就对朝鲜产生了兴趣。早在 1845 年，美国纽约州议员、众议院海军委员会主席普拉特就向众议院提出了关于《开放朝鲜的议案》，宣称“这个一向隐遁的国家的港口和市场，对我国商人和海员的事业欲形成刺激的时代已经到来”。① 但是，美国的势力真正插手到朝鲜半岛，却是第二次世界大战末期的事，在此之前，朝鲜属于日本的殖民地。美国对朝鲜半岛的危机管理，则是从朝鲜战争开始的。

第一节　信号模糊的悲剧——朝鲜战争中的危机管理

第二次世界大战的结束实际上就是冷战的开始，以美国为首的资本主义阵营和以苏联为首的社会主义阵营在第二次世界大战后期开始了争夺势力范围的较量，而这一较量首先在朝鲜半岛集中凸显出来。

朝鲜战争的爆发与美国有直接的关系。第二次世界大战末期，美国在考虑战后如何处理日本在亚洲和太平洋的殖民地问题时，考虑到了朝鲜的命运，担心朝鲜会被苏联或中国独占，认为苏联或中国单独控制朝鲜会削弱美国在东亚和西太平洋的地位，因此提出由几个大国共同托管朝鲜的建议。1945 年 2 月，在雅尔塔会议上讨论朝鲜问题时，美国和苏

---

① Nelson, Frederick (1946), Korea and the Old Order in Eastern Asia, Louisiana State University Press, Baton Rouge, p. 111. Griffis, W. E., Corea (1902), The Hermit Nation, New York, p. 390. 转引自曹中屏先生所著：《朝鲜近代史》，东方出版社 1993 年版。

联对战后朝鲜的政治地位做出了安排。罗斯福提出：战后朝鲜“由一个苏联代表、一个美国代表和一个中国代表实行托管，托管期也许要达到20—30年”。而斯大林则建议邀请英国参与托管，并且托管期越短越好。于是，战后由美、苏、中、英四国对朝鲜实行临时托管的方案在这次雅尔塔会议上确定了下来。由此可见，当时美苏的计划还是许诺在适当时间恢复朝鲜的独立地位。

1945年8月8日，苏联向日本宣战。当苏联军队从蒙古国和远东地区各个方向大举进攻中国东北地区和朝鲜的日本关东军时，距离朝鲜最近的美国地面部队还远在1000公里以外的冲绳岛。在这种情况下，美国既无力抽调兵力迅速进驻，又不甘心朝鲜被苏联独占，于是责令有关部门立即提出阻止苏军南下的办法。8月10日，美国国务院与陆军部、海军部连夜联合召开紧急会议，商讨在朝鲜的受降问题。在匆忙中，美国军方代表注意到地图上北纬38度线差不多是从朝鲜中部穿过，而且汉城及其附近的集中营都在“三八线”以南，于是决定用“三八线”作为受降区域的分界线。美国记者约翰·根舍是这样描绘当时的情景的：“几位一星将军匆匆跑进五角大楼一间办公室，嘴里嚷道：‘我们必须瓜分朝鲜，应在哪里划界呢？’来自远东的一位有经验的上校对他的上司表示异议说：‘这可不行，朝鲜的社会、经济是一个整体，没有什么地方可以把它分开来。’将军们坚持己见……限令‘下午四点钟以前’提出办法来。”① 就在这手忙脚乱的会议上，美国最终决定向苏联提出以北纬38度线作为分界线，苏联也予以接受。这一分裂局面的形成，正是朝鲜战争爆发的根本原因。

8月14日，美国总统杜鲁门批准了这个建议。次日，杜鲁门给斯大林发出密电，迫不及待地提出美苏双方分别占领朝鲜和接受日军投降的具体分界线问题，建议驻“三八线”以北的朝鲜、满洲、库页岛、千岛列岛等地的日本高级指挥官以及陆、海、空和辅助部队，向苏联远东军

---

① 《战后世界历史长编》编委会：《战后世界历史长编》，上海人民出版社1978年版，第187页。

最高司令官投降；日本政府大本营和驻日本本土及其周围诸岛，驻“三八线”以南的朝鲜、琉球列岛等地的日本高级指挥官以及陆、海、空和辅助部队，向美国太平洋地区陆军最高指挥官投降。8 月 16 日，斯大林复信表示“基本上不反对”，对朝鲜分界线的问题没有提出异议。“三八线”就这样被定了下来。当时苏军已越过“三八线”，正向汉城推进，接到分界线的命令后，苏军撤回到“三八线”以北。9 月 8 日，美军第 7 步兵师在仁川登陆，对朝鲜“三八线”以南实施占领。正是这条受降的临时分界线，后来演变成朝鲜南北分裂的“国界”。

1945 年 12 月，由于战后朝鲜局势的发展，美国、苏联和英国三国外长在莫斯科召开会议就安排战后国际秩序达成谅解时，又对朝鲜问题进行了重新研究，并达成了四点协议，宣称“朝鲜人没有自治能力”，因此应由美、英、苏、中四国对朝鲜进行为期 5 年的托管。北朝鲜认为，在美军强占半岛南部的情况下，不可能实现美苏同时撤军，由半岛人民自己组建独立国家的愿望。在这种情况下，履行莫斯科三国外长会议决议，则可能“早日实现祖国的统一独立”。因此，当时北朝鲜进步政党、社会团体、爱国人士等都支持这一决议。① 朝鲜的金汉吉教授在其所著《朝鲜现代史》一书中指出：如果莫斯科外长会议决议得到落实，美国就无法实现“把朝鲜或南朝鲜变成殖民地的目的”，所以美国很快反悔，并“怂恿反动势力掀起‘反托（管）运动’”。②

由于美苏均不断培植自己的势力，两国无法在朝鲜半岛如何组织统一选举问题上达成协议。美国指责苏联在北方镇压右翼党派和反对派，而苏联则指责美国在选举问题上弄虚作假。在这种情况下，苏联提出：苏美两国军队在 1948 年初同时撤出朝鲜半岛，给朝鲜半岛人民自己组织政府的机会，但遭到美国拒绝。

有鉴于此，1947 年 9 月美国违反莫斯科三国外长会议达成的决议，抛开“托管”，单方面向第二届联合国大会提出议案，要求将朝鲜问题

---

① 杨永骝、沈圣英：《南朝鲜》，世界知识出版社 1985 年版，第 16 页。
② 转引自杨永骝、沈圣英：《南朝鲜》，世界知识出版社 1985 年版，第 16—17 页。

列人联大议程。苏联等国强烈反对美国的提案，并再次提议美苏军队同时撤出朝鲜半岛，同时建议邀请南北朝鲜的朝鲜人代表参加联合国关于朝鲜问题的讨论。①

在美国的操控下，联合国大会否决了苏联的提案，于1947年11月14日通过决议，决定“联合国设立联合国朝鲜临时委员会”，负责观察、监督分别在南北朝鲜举行的大选，组成全朝鲜国民议会，由国民议会再召集会议建立国民政府。由不包括美、苏在内的九国组成“联合国朝鲜委员会”，监督建立全韩国议会并选举统一的政府。联合国大会通过的这个决议，遭到朝鲜南北方人民的普遍反对。1948年1月8日，“联合国设立联合国朝鲜临时委员会”前往朝鲜半岛。但由于北方拒绝其进入北部，而南方的汉城、水原、大邱等城市的工人也举行罢工，要求其立即离开朝鲜半岛，“联合国设立联合国朝鲜临时委员会”难以在朝鲜半岛全境进行工作，只好与李承晚等人进行了商谈后，即向联合国复命。②

于是，美国不顾参加“联合国设立联合国朝鲜临时委员会”的加拿大、澳大利亚等国代表的强烈反对，于1948年2月26日操纵联大临时委员会（又称“小型联大”）通过了在南朝鲜举行单独选举的决议。③

“小型联大”的决议遭到朝鲜人民的强烈反对。1948年4月，朝鲜南北56个政党和社会团体的代表545人（其中南方代表240人），代表1000万以上的成员在平壤举行联席会议。会议通过决议，反对在南朝鲜举行单独选举，并致电美苏两国政府，要求其从朝鲜半岛撤军，以使半岛人民在不受外来干涉的情况下选举全国民主政府，建立统一独立的民主国家。4月30日，朝鲜南北43个政党和社会组织发表一项联合声明，宣布“绝不承认南朝鲜单独选举的结果，也绝不承认和支持这一选举所

① 军事科学院军事历史研究部：《抗美援朝战争史》第一卷，军事科学出版社2000年版，第17页。

② 同上。

③ 同上书，第18页。

产生的单独政府”。[①] 南方各基层人民也开展了各种抗议斗争，如在汉城等主要城市成立了“反对单独选举救国总罢工委员会”，举行了总罢工；在济州岛等地还爆发了武装起义。

然而，美国不顾半岛人民的反对，一意孤行。1948 年 5 月 10 日，在美军刺刀的威逼下，南朝鲜举行了单独选举。美国占领军当局在投票日前逮捕了 3 万多名所谓的“政治犯”，并在选举日实行全境戒严，出动几万军警胁迫群众到投票站投票。尽管如此，投票人数仍只占南部选民总数的不到 30% 。[②] 而且只有李承晚集团和以金性洙为首的亲日派集团参加竞选，其他几十个政党和社会团体全部抵制选举。选举的结果是李承晚登上总统宝座。8 月 15 日，大韩民国政府正式宣告成立。

南方单独选举和大韩民国成立，使朝鲜半岛形势变得更加紧张，也使朝鲜半岛的统一变得更加困难。在这种情况下，北方也采取了针锋相对的措施，决定把建立全国性政权的工作提上议事日程。1948 年 7 月，北朝鲜人民会议通过决议，决定举行全朝鲜立法机关——最高人民会议代议员选举，建立统一的自主独立国家。8 月 25 日，朝鲜举行最高人民会议选举。除北部全体选民参加了投票外，南部还有众多选民采取秘密签名的方式选出人民代表，然后由被选出的代表到北部参加最高人民会议代议员选举的方法，参加了选举。[③]

在普选的基础上，朝鲜最高人民会议第一次会议在平壤召开，通过了宪法，决定成立朝鲜民主主义人民共和国政府，并选举金日成为朝鲜民主主义人民共和国内阁首相，确定平壤为临时首都。朝鲜半岛政治分裂的局面正式形成，一个统一的单一民族国家被人为地一分为二。这种分裂局面反映了美苏两国在该地区的意识形态与力量的对峙。两国都把朝鲜半岛其中一方视为盟友并纳入自己的阵营，因此任何试图打破这种

---

① 军事科学院军事历史研究部：《抗美援朝战争史》第一卷，军事科学出版社 2000 年版，第 18 页。

② 同上。

③ 同上书，第 19 页。

均势的举动都意味着灾难的出现。而对于朝鲜和韩国来说，无论是在意识形态还是强调各自国家的合法性上，双方都无法以和平对话的方式解决问题。随后的事态演变证明，这种分裂正是导致朝鲜战争发生的直接原因。

一、美国在朝鲜战争中危机管理的失误之处

从朝鲜分裂到1950年6月25日朝鲜战争爆发，再到1950年10月25日中国人民志愿军入朝参战，这是一个相当微妙的阶段，是典型的危机爆发前期——爆发期，危机管理的任何一个要素在这一阶段都存在。这一阶段考验了美国面对危机时最初的管理能力。

（一）未能成功预测、预防与控制危机（1945年8月—1950年6月）

当时，美国作为第二次世界大战的胜利者，称霸全球的野心开始膨胀，企图按照自己的想法重新划分势力范围。但是，美国当时的战略重点在欧洲，并不愿意朝鲜半岛再度发生战事，更不愿在东北亚投入过多的精力，承担过多的防御义务。这种心态在一定程度上左右了美国战略决策者的判断，他们认为，这一地区形势尽管紧张，但尚不至于上升到战争程度。然而，历史证明，美国的确错判了基本形势，导致其在朝鲜战争危机萌发的阶段未能做出任何有效的干预，同时军事准备也严重不足。

“联合国军”总司令李奇微对美国在朝鲜战争之前所犯的错误是这样进行反省的，他在《朝鲜战争》回忆录中写道：“在分析朝鲜形势时，我们过于相信自己对敌人意图的主观判断，而对敌人的实力情况却过于轻视。北朝鲜有着强大的突击力量，在南北朝鲜的边界附近则集结着北朝鲜的军队。这些情况对我们的情报机构来说并不是什么秘密，问题在于我们的分析判断出了毛病。”①

① ［美］马修·邦克·李奇微：《朝鲜战争》，军事科学出版社1983年版，第20页。

美国犯的第一个错误是错估了南北朝鲜的军力和渴望统一的强烈愿望。在朝鲜战争爆发之前的一段时间里，“三八线”上大大小小的武装冲突一直没有间断，南北双方都竭力高喊要“统一国家”。美国当时收到了各种有关北朝鲜在“三八线”北侧集结调动兵力的情报，也了解南北朝鲜的军力并不均衡。“我们对北朝鲜人民军的实力有个大概的了解……进犯南朝鲜之前，北朝鲜人民军已能投入使用的部队共计有 8 个齐装满员的步兵师、2 个实力达编制数一半的步兵师、1 个摩托车侦察团、1 个装备 T－34 式中型坦克的装甲旅和 5 个边防警察组成的旅，总兵力达到 13.5 万人。但是，这支军队的力量不仅在于它所拥有的人数和现代化装备，而且在于它拥有大量日本统治时期逃往苏联并与苏联红军和中国红军一起经受过战火考验的朝鲜人……”[①] 但美国却在情报理解上犯了大错，执意认为北朝鲜没有实力发动战争。李奇微认为：“真正不可原谅的错误，是未能恰如其分地估计北朝鲜人民军所具有的强大的战斗力。这一错误使我们付出了高昂的血的代价。战争爆发时，总部对于阻止侵略者所需兵力的估计数，几乎不得不一天一天地在增加。我们简直从未正确估计过敌人的实力。”[②]

第二个错误是错估了朝鲜对于美国的战略重要性。美国当时的战略重点在欧洲，对朝鲜并不重视，“决心摆脱这种烦人的军事义务”，[③] 并不止一次将这种想法公开表达出来。1949 年 3 月，麦克阿瑟声称，朝鲜在战略上不重要，美国武装起来的 10 万南朝鲜军队有能力保卫自己。1950 年 1 月 12 日，美国国务卿艾奇逊再次声明美国在朝鲜无利益，在全国记者俱乐部发表演说时声称，美国在太平洋的防卫线北起阿留申群岛，经过日本本土、琉球群岛，南达菲律宾，朝鲜和台湾均不在美国的太平洋防卫线之内。这无疑给了北朝鲜一个这样的暗示——美国不会干预朝鲜半岛事务。

第三个错误是对于自身的核武器太依赖和信赖，认定“世界上共产

① ［美］马修·邦克·李奇微：《朝鲜战争》，军事科学出版社 1983 年版，第 17 页。

② 同上书，第 23 页。

③ 同上。

党国家的军队并不想冒原子战争的风险去诉诸武装侵略”。因此，美国把种种战争的迹象都归于仅仅是对手向美国展开心理战，以为南朝鲜是反应过激，空喊“狼来了”。“我们对于联合国阻止任何重大侵略行动的能力抱有充分的信心……我们还认为共产党‘不准备’使自己卷入大规模核屠杀之中……我们对在敌人入侵前夕所获得的情报做出错误的判断，可能在一定程度上应归咎于上述一厢情愿的想法。”①

第四个错误是时机不当的撤军。从朝鲜半岛分裂之后到朝鲜战争爆发之前，“三八线”上大大小小的武装冲突一直没有间断，到 1949 年 6 月武装冲突进入高峰期，南北双方都竭力高喊要国家统一，几乎人人都意识到战争难以避免。美国在此时撤军，误判了双方实力和战略考虑，这也是朝鲜战争的一个催化因素。根据苏联得到的情报，南北朝鲜都准备在美军完全撤出后发动大规模进攻。而美国当时不但没有进行任何危机的预防性措施和有针对性的军事准备，反而根据协议将美军从朝鲜半岛逐步撤出，最后只留下一个大约由 500 名官兵组成的军事顾问团。美国对此进行了深刻反省，认为这是变相鼓励北朝鲜认为发动入侵时无所顾忌的一个重要因素，同时也是北朝鲜入侵初始阶段推进如此顺利的一个重要原因。美军在战争开始阶段军事上毫无准备的被动局势，也归咎于此。

对于美国对形势估计错误，未能进行任何预防性动作，李奇微也做出了辩护：“在当时，朝鲜的地位并不太重要……任何人都可以根据后来的种种情况轻而易举地加以指责，可是任何有前途的政治家，如果当时极力主张国家继续保持战备状态，继续在距本国一万多公里之外的地方驻扎大批部队，那他无论如何是站不住脚的。”②

（二）未能合理控制损失（1950 年 6 月—1950 年 10 月）

危机管理的成功与否，一是看利益，二是看损失。在一场危机中，

---

① ［美］马修·邦克·李奇微：《朝鲜战争》，军事科学出版社 1983 年版，第 23 页。
② 同上书，第 20 页。

决策者想要达成的理想目标是将获得的利益最大化，同时将损失控制到最小化。为了达成这一目标，必须考虑到目的同风险的平衡与调和。

朝鲜内战发生后，是否出兵朝鲜成为美国第一个要解决的危机管理问题。先来看看出兵朝鲜美国可能获得的利益：首先，美国当时正和苏联在全球范围内争夺势力范围，出兵朝鲜可能使其从地缘战略上获得优势，同时防止苏联与其争夺从地理上更接近美国的国家和势力范围。其次，美国作为西方资本主义国家的盟主，出兵朝鲜可在意识形态上“阻击共产主义扩散”。美国当时十分仇视共产主义政权，决策集团普遍流传着一种“多米诺骨牌理论”，认为“任何一个国家的陷落都可能造成这个地区的其他国家相当迅速地陷入共产党人之手或与共产党人结盟”。[①] 1950 年 3 月，美国国家安全委员会以保罗・尼尔兹为首的一个特别小组完成了一份代号为 NSC－68 的研究报告，要求美国迎击共产主义在全球各地的任何挑战。第三，美国自诩为“人类自由的救世主、捍卫自由世界的领袖”，很重视自己在世界范围的责任、特权与信用，在南朝鲜求助的情况下出兵，会增强其作为西方世界领导者的信用。再来看看美国可能承担的损失：首先，人力和物力的损失是确定的，但是美国最为担心的当属不确定但极可能发生的损失——全面战争的威胁，一旦朝鲜战争扩大化，苏联也加入战局，很可能再度引发一场世界大战。其次，美国当时的战略重点在欧洲，东北亚只是一个次重点，如果在次重点上倾注太多精力，美国担心苏联乘机在欧洲谋求利益。第三，中国在当时也是一个潜在威胁，美国还摸不清中国下一步的行动，必须要考虑到中国的反应，如果中国加入战局，美国不但会付出更多的代价，而且苏联按兵不动，会让美国感受到更大的战略压力。

可以看到，当时美国出兵朝鲜，利益是确定的，而损失则是不确定的，是有可能避免的，因此出兵朝鲜是可为之举。事实上，美国当时的决策过程远没有事后分析得这么理智，决策时间非常紧迫，决策者将朝鲜战争看成是苏联预谋的，是苏联对全球的设计及其掌控全世界计划的

---

① ［美］理查德・尼克松：《不再有越战》，世界知识出版社 1999 年版，第 27 页。

一个步骤，甚至是“第三次世界大战”的前奏。杜鲁门在回忆录中写道：“我确信，如果我们坐视南朝鲜失陷，共产党领导人将会肆无忌惮地践踏更接近我们海岸的国家。如果这场战争任其发展而不加制止，将意味着第三次世界大战的爆发。”① 因此，美国上层决策核心一改“把朝鲜置之脑后”的初衷，“没有征询拥有宣战权的国会的意见，甚至没有同有关的军事指挥官磋商，政府行政机构的成员们就同意了参与朝鲜战争”。② 朝鲜战争过去50多年后，一些官方文件逐渐解密。各种迹象都表明，北朝鲜当时的举动并没有得到苏联和中国的授权和鼓动。“今天，根据诸多学者的见解，朝鲜战争完全是由北朝鲜一国的动机所引发的，是朝鲜内战，斯大林和毛泽东只是‘开了个绿灯’，根本不是什么斯大林为控制世界所绘制的蓝图……但是美国政府很快利用朝鲜的攻击和它所带来的恐惧、危机和紧急事态的气氛决定了美国的外交政策。”③

尽管出兵朝鲜的决策是仓促之下基于对危机的错误判断而做出的，但为美国赢得了一定的战略利益。美军在仁川登陆后，如果控制得好，完全可以将损失控制得很小。可是美国的目标却随着军事上的胜利而水涨船高，由保住南朝鲜演变成想帮助南朝鲜消灭北朝鲜，一劳永逸地解决问题，在东北亚扩充势力范围以获取更大的战略利益。美国一方面为即将得到的利益所诱惑，另一方面对即将到来的危机茫然不觉，最终采取了不慎的行动，导致更大规模的危机出现——中国的参战。一念之差，导致数十万名美国青年在朝鲜战场鏖战3年之久，导致美军损失142091万人，其中33629万人死亡，103284万人负伤，5178人被俘或失踪。而这一切，其实并非不能避免。错误首先是从情报判断和与对手交流不足开始的。

---

① ［美］小克莱·布莱尔，翟志海、张明学、滕学振译：《麦克阿瑟》，解放军出版社1983版，第322页。

② 同上书，第323页。

③ 前美国参院外交关系委员会高级成员克里福特·克拉科佛2006年在《孙子兵法》论坛上的发言。

1. 信号模糊 + 错判情报

出兵朝鲜后，美国十分顾忌苏联和中国的反应，担心苏联参战引起世界大战，也担心中国参战令美国不得不付出更多的额外代价。因此，美国通过情报系统掌握的信息，对苏联和中国可能做出的反应进行了密切的关注。1950 年 8 月 31 日，美国的情报网就曾向麦克阿瑟和美国政府报告称："……从华中到满洲的部队调动已进行了一段时间，这意味着是进入朝鲜战争前的部队调动，这些部队共约 20.6 万人，编成 37 个师、9 个军。"① 到了 10 月初，更确切的情报显示，"推测有 45 万的中共部队在满洲集结"。10 月 13 日，美国驻荷兰大使查平报告荷兰驻北京代办来电说，中国已有 4 个师进入北朝鲜。然而，这样类似的情报都被当成了"中共的政治讹诈"看待，美国执意认为"有许多基本合乎逻辑的理由证明（中国参战）这样的事情不会发生"。② 中情局上呈的"关于中国干预朝鲜可能性的报告"虽然承认中国具有进行有效干预的能力，但认为从军事观点看，进行干预的最有利时机已经过去，因此得出了"（中国）最可能是继续以隐蔽的方式援助北朝鲜"这样的结论。③

曾服役于美军第 1 步兵师、参加过朝鲜战争的格伦·佩奇④应用决策理论模型对朝鲜危机发生后美国政府在 7 天之内的决策过程进行了分析。他认为，美国的政策制定者显然受到了正面信息的影响，如联合国对采取军事行动的支持、报刊社论的支持、国会和国际社会的支持，以及苏联的温和反应等等。对于负面信息，美国的政策制定者则刻意忽略。

---

① ［美］小克莱·布莱尔，翟志海、张明学、滕学振译：《麦克阿瑟》，解放军出版社 1983 版，第 340 页。

② 同上书，第 351 页。

③ 董宝训、张立华：《从停战到和平？——危机笼罩下的"板门店"报告》，山东人民出版社 2003 年版，第 93 页。

④ 格伦·佩奇（Glenn D. Paige）生于 1929 年，教授，美国西北大学政治学博士，曾长期任教于美国夏威夷大学政治系，全球非暴力中心的创始人、主席。1948 年至 1952 年服役于美国陆军，朝鲜战争期间任防空高炮通信官，隶属于美国第 1 步兵师。代表作包括《朝鲜民主主义共和国》《朝鲜决定》（"The Korean Decision"）等。

中国当时与美国没有直接的外交渠道联系，因此与美国互通意图成了件困难的事情。中国采取了两种方式向美国传达己方意图，一是发表公开声明，二是通过中间人向美国转达。事实上，中国政府力争通过各种渠道向美国做出明确的表态，多次发出“美军如果越线进攻北朝鲜，中国将不能漠然视之”这样的警告。就在美军登陆仁川后不久，中国代总参谋长聂荣臻召见印度驻华大使潘尼迦时就表示中国不惧怕美国的侵略，“一旦战争起来了，我们除了起而抵抗之外，是别无他途可寻的”。[1] 1950 年 9 月 30 日，周恩来发表重要演讲：“中国人民热爱和平，但是为了保卫和平，从不也永远不怕反抗侵略的战争。中国人民决不能容忍外国的侵略，也不能听任帝国主义对自己的邻人肆行侵略而置之不理。谁要企图把中国近五万万人口排除在联合国之外，谁要抹杀和破坏这四分之一人类的利益而妄想独断地解决与中国有直接关系的任何东方问题，那么，谁就一定要碰得头破血流。”[2] 10 月 3 日凌晨，周恩来再次召见印度大使潘尼迦，通过正式的外交途径对美国政府明确表示，美国军队正企图越过“三八线”，扩大战争，美国军队果真如此做的话，中国不能坐视不管。[3] 潘尼迦立即将周恩来的话转达给了美国政府。然而，周恩来的重要演讲和通过印度大使对美国的严肃表态，在当时却被美国看成“政治讹诈”，是“口头上的威胁”、“外交上的姿态”。用麦克阿瑟的情报处长查尔斯·威洛比的话来说：“最近中共领袖声称，如果联合国军越过‘三八线’，他们将进入北朝鲜，这不过是外交上的一种勒索。”[4] 美国选择了相信正面信息，忽略和不相信负面信息，甚至不相信潘尼迦本人，认为潘尼迦一向是个“亲共分子”，是个“经常同情中国共产党的家伙”，因此他的话“不能当作一个公正观察家的话来看待，充其量不过是一个共产党宣传的传声筒罢了”。[5] 信号的模糊和情报的误判，最

---

① 王树增：《远东朝鲜战争》，解放军文艺出版社 2005 年版，第 99 页。

② 同上。

③ 当代中国丛书：《抗美援朝战争》，中国社会科学出版社 1990 年版，第 15 页。

④ 王树增：《远东朝鲜战争》，解放军文艺出版社 2005 年版，第 100 页。

⑤ ［美］哈里·杜鲁门：《杜鲁门回忆录》第 2 卷，世界知识出版社 1965 年版，第 424 页。

终导致了危机管理的失败。

2. 低估对手 + 行动冒进

根据美国的危机决策层后来的回忆和记述，中国的严肃表态没有被认真地看待，部分原因归咎于美国严重低估了中国的军事实力，认为中国即使参战也改变不了战争的结局，甚至不会给美军带来更大的损失。1950 年 10 月 15 日，麦克阿瑟在与美国总统杜鲁门面谈时，面对杜鲁门"中国干涉的可能性怎么样"的发问是这样回答的："可能性很小。假如他们在第一个月或第二个月进行干涉，那可能是具有决定意义的。我们不再害怕他们的干涉了，我们也不必再毕恭毕敬了。中国人在满洲有 30 万部队，其中很可能不超过 12.5 万人部署在鸭绿江边，只有 5 万—6 万人能够渡河作战。他们没有空军。既然我们的空军在朝鲜已经有了基地，如果中国人试图前进到平壤，那将会出现一场最大规模的屠杀。"① 就在 10 月 25 日中国人民志愿军跨过鸭绿江的那一天，麦克阿瑟的情报处长查尔斯·威洛比还告诉美国政府，"中国人进行干预的有利时机已经过去了"。②

大量史料证明，如果美国不越过"三八线"，中国根本就不会出兵。即使在美军大举越过"三八线"后，中国决策层做出出兵的决策也是异常艰难的。从现实情况看，当时中国面临的困难很多。战争创伤还没有医治，土地改革工作尚未完成，国内的土匪特务还未彻底肃清，军队的装备和训练尚不充分，部分军民有厌战情绪。与此相对，中国要面临的敌人是经济和军事力量都十分强大的头号强国美国。更为重要的是，中国一直在进行武力统一台湾的军事准备，根本没想到要在朝鲜用兵，当时主要的战略方向是东南沿海，陆军大批复员，海空军建设一再加强。中国选择在这一时刻出兵，就意味着要暂时放缓解放台湾的步伐，将主要战略方向由台湾转向东北。当时的政治局反复讨论，反对出兵的主张占据了多数，"不到万不得已的时候，最好不打这一仗"，有的人甚至认

---

① ［美］小克莱·布莱尔，翟志海、张明学、滕学振译：《麦克阿瑟》，解放军出版社 1983 版，第 346 页。

② 同上书，第 350 页。

为出兵朝鲜是“惹祸上门，引火烧身”。[①] 不赞成出兵的不仅集中在上层，在志愿军第一批入朝的 5 个军中，支持出兵的战士和干部只占 20%，不支持的占 20%，另有 60% 没有自己的明确主张，随大流。[②]

在对对手的实力与意图了解不清的情况下行动冒进，无疑是个愚蠢的错误。这个错误，就从麦克阿瑟越过“三八线”，使中国感受到来自边界的极大威胁后开始了。中国人民志愿军总司令彭德怀在其自述中写道：“想着美国占领朝鲜与我隔江相望，威胁我东北；又控制我台湾，威胁我上海、华东。它要发动侵华战争，随时都可以找到借口。老虎是要吃人的，什么时候吃，决定于它的肠胃，向它让步是不行的。它既要来侵略，我就要反侵略……为本国建设前途来想，也应当出兵。”[③] 时隔 40 年后出版的《美国海军史》称，“中国是不能容忍敌对的军队靠近鸭绿江的，正如美国不会容忍在它与墨西哥边界的格兰德河上出现敌对的军队一样”。但是，这些觉悟都来得太晚了，在当时，美国还是做出了越过“三八线”的决定，这等于逼迫中国领导人做出了出兵朝鲜的艰难决策。

二、美国在朝鲜战争中危机管理的可取之处

尽管美国在干预朝鲜内战的危机决策过程中犯了很多错误，但是其本着尽量控制危机范围和程度的原则，还是做出了一些正确的选择。正是这些原则，使美国在朝鲜战争中虽然付出了苦涩的代价，但是并没有使代价大到无可挽回的地步。

（一）限定作战行为规则

为了不使朝鲜战争演变成一场灾难，美国在做出越过“三八线”的

---

① 《从鸭绿江到板门店》，人民出版社 1985 年版，第 20 页。

② 《毛泽东谈中国关于“抗美援朝、保家卫国”的决定》，《党的文献》2000 年第 5 期，第 13 页。

③ 《彭德怀自述》，人民出版社 1981 年版，第 257 页。

决定后，限定了一些作战行动规则。例如：假设苏联或中国没有宣布进行干涉的意图或没有进行实际干涉，美军可以越过“三八线”，消灭北朝鲜军队；在任何情况下，美军都不得越过苏联或满洲的边界，或对上述地区实施空海作战；只有韩国军队可以进入边界附近地区。假设苏联对“三八线”以南地区进行干涉，不管是公开的还是秘密的，都必须进行防御，不得采取任何使形势进一步恶化的行动，并等候华盛顿的进一步命令。如果中国对“三八线”以南进行公开或秘密干涉，只要有进行“成功的抵抗”的适当时机，美军就可以继续进行作战行动，但不能对中国领土上的目标采取任何军事行动。

（二）争取国际舆论支持

美国介入朝鲜战争，争取到了尽可能多的舆论支持。这是美国一贯的造势手段，就是不管自己占不占理，首先使自己变得貌似占理，为己方所有的行动都贴上“正义”的标签，同时拉拢尽可能多的盟友。在1950年6月25日战争爆发当天，美国就操纵联合国在苏联缺席的情况下通过了“谴责北朝鲜侵略”和“紧急制裁”两个决议案。7月7日，美国促使联合国安理会通过决议，授权美国组成司令部并使用联合国旗帜，统一指挥干涉朝鲜的各国部队。10月7日，联合国又通过了关于“统一朝鲜”的八国提案，授权“联合国军”越过“三八线”。这种争取国际社会支持的做法，是美国在历次危机管理中的亮点。

总之，对于美国来说，如果说插手朝鲜战争尚不算是一个糟糕的决策，那么将中国卷入其中则绝对是失误之举。遗憾的是，当时美国尚没有成熟的危机管理理论和原则做指导。更遗憾的是，美国对新中国当时发出的种种信号认识不清，与对手交流严重不足，结果直接导致了朝鲜战争的扩大化和美国的危机管理失误。朝鲜战争的结局，打破了美国不可战胜的神话。对于这场失误，美国人自己有所认识。许多美国学者反思了朝鲜战争之前的危机，认为如果在当时采取适当的危机管理手段，或可避免中美的直接军事对抗。

第二节 留有余地的成果——冷战期间的危机管理

从朝鲜战争结束直到冷战结束之前，朝鲜半岛始终处于长期紧张但相对平稳的状态。南北保持着对峙军事状态，“三八线”附近重兵陈列，大的危机虽不起，小的危机却不断，再度爆发战争的危险始终存在。因此，美国在朝鲜半岛一直“弓弦紧绷”，随时防备任何一次小危机演变为大危机。

一、冷战期间朝鲜半岛发生的主要危机事件

这一时期，朝鲜半岛地区发生的危机事件主要有以下几起：

（一）“普韦布洛”号间谍船事件

1967 年 12 月底，美国派遣海军当时最先进的侦察船之一“普韦布洛”号前往搜集朝鲜方面的电子情报，同时监视苏联海军在对马海峡的活动。为顺利完成任务，美国海军情报部门特别指示“普韦布洛”号侦察船的侦察范围限于北纬 39 度至 42 度之间的日本海，在整个侦察活动中必须保持无线电静默，如果发现苏联海军舰艇，要与其保持 200 米的距离，并要拍到比较清晰的照片。

1968 年 1 月 11 日，“普韦布洛”号侦察船从日本佐世保港出发，经过 5 天的航行到达其预定侦察海域朝鲜清津港外海。白天，“普韦布洛”号侦察船的活动位置都在距离朝鲜东海岸 14 海里以外的海域，夜间为避免因导航偏差误入朝鲜领海，退到距离海岸 20 海里以外的海域。1 月 22 日，“普韦布洛”号侦察船驶往朝鲜重要港口元山的外海。1 月 23 日，“普韦布洛”号侦察船驶至朝鲜东海岸约 12 海里处，打开了所有侦察设备，接收朝鲜的无线电信号。然而，此时因为一场特殊事件，“普韦布洛”号侦察船已经站在了风口浪尖。就在两天前，朝鲜派出特战队员刺

杀韩国总统的“袭击青瓦台事件”发生了。这一背景促使朝鲜方面迅速对“普韦布洛”号侦察船的行为做出了反应。1月23日中午，朝鲜1艘猎潜艇和4艘鱼雷快艇将“普韦布洛”号侦察船围住，要求其停船接受检查，朝鲜米格战机也在“普韦布洛”号侦察船上空盘旋。“普韦布洛”号侦察船走投无路，只能破坏船上的电子设备，销毁机密文件。朝鲜舰艇组织武装人员登上“普韦布洛”号，逮捕了所有船员，并将其驶向朝鲜元山港，随后将美国船员押送平壤。

“普韦布洛”号侦察船落入朝鲜之手的消息震惊了美国。随后，美国政府发表了谴责声明，加大了在朝鲜半岛的军力部署，将轰炸机和数百架战斗机调到韩国乌山和群山等空军基地对朝鲜进行战争威胁。朝鲜则针锋相对，宣称要“以报复来回答报复，以全面战争回答全面战争”，半岛战局一触即发。

但是，美国当时正深陷越南战争泥潭，没有足够的兵力，也无法负担第二次朝鲜战争可能带来的损失，于是主动提议谈判解决“普韦布洛”号事件。朝鲜顺势接受，和美国开始了历时近一年的马拉松式谈判。“普韦布洛”号事件最终以美国服软而告终，美国完全接受了朝鲜方面提出的承认错误、谢罪道歉与保证不再发生此类事件的条件。1968年12月23日，美国政府发表书面道歉声明。同日，朝鲜外务省将“普韦布洛”号被俘的全部80余名船员在板门店移交给了美方，但宣布没收该船及船上所有的设备和武器。至此，历时11个月的“普韦布洛”号间谍船事件终于结束。

（二）EC121 侦察机事件

自朝鲜半岛停战后，美国一直凭借其技术优势，通过特工渗透、空中拍摄、海上监听等方式在朝鲜境内搜集“第一手情报”，尤其是其侦察机频繁出动实施越境侦察。1969年4月15日，正值朝鲜领袖金日成的诞辰，朝鲜举国欢庆。当天，美军1架EC121型电子侦察机侵入朝鲜领空，执行对朝侦察监视任务。朝鲜高炮司令部发现了美军飞机后，立即命令空军出动战机应对。朝鲜米格－21型歼击机遂紧急出动，发射空空导弹将其击落，美军侦察机上几十个乘员均丧生。

美国得到其电子侦察机被击落的报告后，立即将数支航空母舰编队调往朝鲜海域，其中包括“企业”号和“提康德罗加”号航母编队等。同时，数百架轰炸机和战斗机也集结到韩国，准备对朝鲜的战略目标实施轰炸。美国总统尼克松召集总统国家安全事务助理基辛格等人召开国家安全会议，讨论对朝鲜实施惩罚性轰炸的行动方案。但是，尽管美国总统和总统国家安全事务助理力主采取强硬措施，美国国防部长利雅得和国务卿罗杰斯却坚决反对空袭方案，认为美军飞机如果贸然出击，将会蒙受惨重损失。在此情况下，尼克松不得不放弃了轰炸朝鲜的计划，仅仅象征性地在朝鲜附近海域恢复了有战斗机护航的侦察飞行，吃了一个大大的“哑巴亏”。在接下来的数年里，美军侦察机接受了教训，逐步减少了对朝越境侦察的次数。直到20世纪90年代，随着朝鲜半岛核问题的激化，美军才再次加大了对朝越境侦察的次数。

（三）板门店白杨树事件

1976年8月18日发生在板门店的“砍树事件”，被朝鲜方面称为“板门店事件”，被韩国方面称为“板门店虐杀事件”。朝鲜方面认为，美国在板门店共同警卫区有计划地制造了这起事件。当时，半岛形势比较紧张，据朝鲜方面的统计，1974年和1975年，美国在空中、地面和海上共制造了5万多起军事挑衅事件。其中，仅在板门店共同警卫区，1976年1—7月，美国便对朝鲜进行了400多起敌对挑衅行为。

1976年8月18日，板门店非军事区内韩方一侧的一棵树需要修剪，于是在事先未经协议的情况下，上午10时45分许，10名由驻韩美军和韩国士兵组成的护卫队护送5名韩国工人前去执行任务。在此过程中，他们与非军事区朝方驻军2名军官和9名士兵发生口角，随后酿成枪战，2名美国士兵被杀。

事件发生后，时任美国国务卿基辛格声称要采取“报复措施”，“以血还血”。第二天，美国就命令数万名驻韩美军和韩国军队进入三级戒备态势，同时从冲绳和本土军事基地向韩国增调战机，海军“中途岛”

号航空母舰编队也从日本横须贺港迅速机动至朝鲜海域。朝鲜也做好了战争准备，8 月 20 日朝鲜人民军最高司令官下达命令，要求朝鲜人民军各部队、工农赤卫队、红色青年近卫队全体指战员立即进入战斗准备态势，声明如果美国不顾朝鲜的严重警告悍然发动战争，就将给以歼灭性的打击。朝鲜半岛局势空前紧张，战争一触即发。8 月 21 日，美军再度派出 64 人，在 36 架武装直升机和 700 名韩军的支援下，去板门店共同警卫区强行砍倒了那棵白杨树，并砸破了朝方 2 个哨所的门窗。朝鲜方面对此只进行监视，没有采取对抗行动。8 月 22 日后，双方都相继降低戒备，此事遂不了了之。

二、美国冷战时期朝鲜半岛危机管理的特点

从以上几起事件可以看出，美国在所有危机当中都保持了高度警觉，表现出一定的克制甚至让步，对危机失控也做了充分准备。美国的危机管理手法娴熟了很多，主要特点表现在以下几个方面：

（一）开始重视对朝鲜半岛危机的预防与预测

第二次世界大战尤其是朝鲜战争之后，美国重新评估了朝鲜半岛的军事和战略价值，朝鲜半岛在美国全球战略中的地位大大提升。在冷战大格局的影响下，美国越来越多地从遏制苏联的角度出发来考虑朝鲜问题，视朝鲜半岛为东西方争夺的要害之地、遏制苏联集团的前沿战场，与美国的“亚太地区前沿防御战略的基石”日本有同等重要的地位，同样是“岛屿锁链”中最关键的环节，同时还可以作为防御日本的重要屏障。占据朝鲜半岛，标志着美国的力量部署到了距离敌人最近的“家门口”，是美国向亚洲大陆进攻的“战略据点”和“主要前哨阵地”。[①] 由于朝鲜半岛分量变重，美国一改二战结束初期对半岛漠不关心的态度，

① ［美］兹比格纽·布热津斯基：《竞赛方案：进行美苏竞争的地缘战略纲领》，中国对外翻译出版公司 1998 年版，第 53 页。

转而极为重视有关半岛危机的情报，密切关注半岛发生的任何危机事件，认为这些危机事件如果处理得好就可以控制并化解，处理得不好就可能引起性质严重的两大集团之间的大战。为此，美国对半岛可能发生的危机进行了多次评估与预测，并有针对性地加强了预防措施。

（二）开始重视对危机的军事准备和威慑

朝鲜战争后到冷战结束前，美国吸取了撤军的教训，在韩国驻扎了陆、海、空三个军种的大量部队，兵力最多时曾高达32万人。有军事基地41个，其中陆军基地38个，包括龙山卫戍区、凯西兵营、希亚莱兵营、亨利兵营、沃克兵营、乔治兵营、卡洛尔兵营等；空军基地2个，为群山空军基地和乌山空军基地；海军基地1个，为镇海海军基地。美国在朝鲜半岛不但有大量驻军，还有卫星、侦察机、侦察船等多种情报搜集手段，韩军所能掌握的朝鲜方面的战略情报基本上都是由美军提供的。美国还在韩国部署有多种型号的防空导弹，韩国的防空能力基本上是由美军保障的。这些兵力一方面可以作为应对危机的切实军事准备，另一方面也可以对朝鲜起到威慑作用。

（三）谨慎避免危机升级

这是最后也是最重要的一点。在每一次危机过程中，美国都非常慎重地避免朝鲜半岛危机的恶性升级，保持了相当的克制，甚至做出了艰难的让步，为朝鲜留出了充分的余地和面子。在处理“普韦布洛”号间谍船危机事件时，美国尽管发出了战争威胁，并将轰炸机和数百架战斗机调到韩国乌山和群山等空军基地，但最终仍主动提议谈判解决，并在历时近一年的马拉松式谈判后完全接受了朝鲜方面提出的承认错误、谢罪道歉与保证不再发生此类事件的条件。在明显吃亏的EC121侦察机事件和板门店白杨树事件中，美国也最终选择了不了了之的危机解决方式。

总之，冷战期间发生在朝鲜半岛的危机事件，都是在美苏两大集团对抗的背景下发生的，美国不愿因朝鲜半岛的任何危机而付出战争的代价，更不愿冒引发世界大战的风险。另外，朝鲜战争的教训以及中朝军事互助条约也对美国有威慑作用，因此美国改变了在危机管理中强制进行危机升级和强制讨伐的作风，采取了忍让和留有余地的做法，从而使冷战期间朝鲜半岛的危机均在开始阶段就得到了控制，没有进一步发展与恶化。

第三节　走向成熟的管理——冷战后的危机管理

冷战结束后，朝鲜半岛的“交战—停战”状态作为冷战的“遗产”继续存在。朝鲜失去了苏联的核保护伞，开始谋求发展自己的核武器；美国解除了随时可能与苏联进行“巅峰对决”的危机感，在朝鲜半岛地区危机管理的重点目标由预防世界大战变成控制核及大规模杀伤性武器扩散以及控制地区冲突。其间，朝鲜核问题和导弹问题作为美国关注的严重危机被数次摆上桌面。

一、冷战结束后朝鲜半岛发生的主要危机事件

这一时期，朝鲜导弹危机和核危机上升为半岛的焦点危机事件。

（一）朝鲜导弹危机

自20世纪70年代以来，朝鲜一直在研发弹道导弹，并先后拥有了“飞毛腿”、“劳动”、“舞水端”、“大浦洞”、“KN－08”等多系列多种型号导弹。韩国有关专家认为，朝鲜拥有的导弹已达到1000多枚，其中至少包括800枚弹道导弹。“劳动”系列导弹是朝鲜根据苏联地对地导弹“飞毛腿C”改良的中程导弹。经过改良后，该系列导弹射程增加，达到1300公里，可覆盖日本全境。“大浦洞”系列弹道导弹是朝鲜第二研究中心从1987年开始研发的，其中Ⅰ型射程超过1500公里，Ⅱ型射

程达到3500—3600公里，可部分覆盖美国阿拉斯加州。[①] 美国国防部认为，朝拥有几百枚“托克萨”（KN－02）、“飞毛腿”短程弹道导弹和“劳动”中程弹道导弹，可以攻击朝鲜半岛和日本的目标；将继续使用并提升“大浦洞Ⅱ”型导弹的性能，如果发展成为洲际弹道导弹系统，将能够把核载荷投射至美国；正在研发的远程弹道导弹“火星－13”（KN－08）虽然未经测试，作为一种武器可靠性还不够，但也有可能用于地区目标打击，已在两次阅兵中展示了6个发射装置。[②] 与此同时，根据美国的情报网，朝鲜一直在与伊朗等国进行导弹相关技术和导弹及其部件的交易。美国认为，朝鲜拥有如此强大的导弹实力，并且处于“极端政权”的控制之下，还与所谓的“流氓国家”进行大规模杀伤性武器交易行动，是对美国安全的挑战，尤其危及美国的盟友日本和韩国的安全。朝鲜数次不顾美国反对进行导弹试射的举动，更是将导弹问题上升到了危机的高度。

每当朝鲜半岛局势紧张之际，朝鲜都实施或威胁实施导弹试射，以显示自己的军事实力和作战决心，以便在危机过程中讨价还价。反过来，朝鲜导弹试射的举动又使地区局势更加紧张和复杂，引起美、日、韩等国的强烈反应。1993年5月29—30日，第一次朝鲜核危机发生后不久，朝鲜在花台郡导弹试验场成功发射4枚导弹，拉开了冷战后朝鲜试射导弹的序幕。近年来，朝鲜每年均会实施多次短程导弹试射，远程发射活动共进行了6次，包括5次卫星和1次远程导弹发射。（1）1998年发射“光明星1号”卫星。1998年8月31日，在事先未经通报的情况下，朝鲜于咸镜北道花台郡舞水端里导弹试验场向日本方向发射了一枚运载火箭。第一级液体火箭坠落到发射场以东300公里的公海上，第二级液体火箭大约飞行了1380公里后坠落到日本港口城市八户港以东330公里的公海上，固体推进的第三级火箭在将“光明星1号”卫星送入轨道时失

---

① 2001年版日本防卫白皮书，http：//www. clearing. mod. go. jp/hakusho_ data/2001/honmon/index. htm。

② 美国防部：《2013年朝鲜军事与安全发展报告》第四章“朝鲜军队的规模、部署及能力”。

败。日本宣称朝鲜发射的是“大浦洞”Ⅰ型中程弹道导弹，并停止了对朝鲜的粮食援助。（2）2006 年发射远程导弹。2006 年 7 月 5 日，美国宣布对朝鲜实施金融制裁后不久，朝鲜在咸镜北道花台郡舞水端里导弹试验场向日本海试射了包括 1 枚“大浦洞”Ⅱ型远程导弹在内的 7 枚导弹。国际社会对此反应强烈，联合国安理会 7 月 15 日通过关于朝试射导弹问题的第 1695 号决议，对朝导弹试射表示严重关切和谴责，要求朝重新做出暂停导弹试验的承诺。（3）2009 年发射“光明星 2 号”卫星。2009 年 4 月 5 日，朝鲜在咸镜北道花台郡舞水端里发射场，利用自行研制的“银河 2 号”三级运载火箭发射了“光明星 2 号”试验通信卫星，后落入日本海以东的西太平洋，卫星发射失败。事前，美国和日本都强烈反对并声称将对导弹进行拦截，但最终都没有实施拦截行动。4 月 13 日，联合国安理会出台主席声明对此表示谴责。（4）2012 年 4 月发射“光明星 3 -1 号”卫星。2012 年 4 月 13 日，朝鲜在平安北道铁山郡东仓里西海卫星发射场使用“银河 -3 号”运载火箭发射“光明星 3 -1 号”卫星，火箭仅飞行数百千米即落入黄海，卫星发射失败。4 月 16 日，联合国安理会出台主席声明对此表示强烈谴责。（5）2012 年 12 月发射“光明星 3 -2”号卫星。2012 年 12 月 12 日，朝鲜在平安北道铁山郡东仓里西海卫星发射场使用“银河 -3 号”运载火箭发射“光明星 3 -2 号”卫星，进入预定轨道，发射活动本身是成功的，但在轨运行的卫星并未成功发出信号。朝中社报道称，该卫星搭载了地球观测所需的观测器材和通信器材。2013 年 1 月 22 日，联合国安理会通过 2087 号决议，谴责朝鲜发射活动利用了弹道导弹技术，并要求朝鲜不再进行任何使用弹道导弹技术的发射活动。（6）2016 年 2 月发射“光明星 4 号”卫星。2016 年 2 月 7 日，朝鲜在平安北道铁山郡东仓里西海卫星发射场发射“光明星 4 号”卫星，进入预定轨道。此次发射与“光明星 3 -2 号”卫星性质类似。金正恩随后表示，朝鲜今后将发射更多卫星。

为了解决导弹危机，美国一直与朝鲜就该问题进行谈判，但并未取得任何实质性进展，美国奥巴马政府上台后，对朝政策转为“战略忍耐”，不急于解决朝鲜问题，基本中断了与朝对话与协商解决渠道。

1998年10月1日，美国与朝鲜在纽约开始就导弹问题进行会谈。在美国政府的敦促下，1999年9月24日朝鲜正式宣布暂停导弹发射试验。2002年10月第二次朝核危机出现后，当年12月，一艘西班牙护卫舰根据美国提供的情报，在阿拉伯海拦截了一艘装有十余枚“飞毛腿”导弹和零部件的朝鲜船只。这一事件使朝鲜异常愤怒，指责美国搞“海盗行为”，是“对朝鲜主权的粗暴侵犯”。2005年3月，朝鲜表示将不再恪守当时的承诺。2006年7月，朝鲜发言人称，1999年朝美就朝鲜暂停导弹发射达成的协议只限于朝美对话期间。现在，美国布什政府推翻了前政府与朝鲜达成的所有协议，全面中断了与朝鲜的对话，因此朝鲜停止发射导弹的协议也不再有效。发言人说，朝鲜不可能向美国事前通报导弹发射，因为朝鲜和美国在理论上仍处于“交战关系”和“战争状态”，而且美国甚至声称要拦截朝鲜发射的导弹。更何况，美国和日本在朝鲜周边发射了许多导弹，从未向朝鲜通报过。因此，朝鲜今后将一如既往地继续进行导弹发射训练，以加强自卫的遏制力。“如果有谁对此指手画脚，施加压力，朝鲜将不得不采取其他形式的更强有力的行动措施。”

每次朝鲜导弹试射事件发生后，美国均反应强烈，认为是“挑衅行为”，并会采取外交抗议和经济制裁等措施。2009年2月24日朝鲜宣布将发射卫星后，美国高度警惕，认定朝鲜发射的是导弹而不是卫星，并对外宣布一旦出现情况将进行拦截击毁。3月9—20日，美韩举行了规模宏大、代号为“关键决心”的联合军事演习，美国从本土调来核动力航母参演，使聚集在半岛附近海域的宙斯盾驱逐舰达到7艘。日本自卫队则部署了“宙斯盾”舰和“爱国者”－3型导弹，声称要进行拦截。朝鲜方面也毫不示弱，宣称试射导弹是朝鲜“加强自卫国防力量军事训练的一部分”，“是一个主权国家的合法权利”，因此不受任何国际法以及《朝日平壤宣言》、六方会谈共同声明等双边和多边协议的约束。朝鲜人民军总参谋部宣称，任何试图拦截朝鲜“卫星”的举动都将被视为“宣战”，朝鲜将以“最猛烈手段”予以报复。2012年12月，朝鲜成功实施卫星发射后，称“发射成功是令人自豪的成果，圆满贯彻金日成将军的遗训”，朝鲜是在“堂堂正正地行使自主、和平利用宇宙空间的权利”，“进军宇宙是无法阻挡的世界趋势”。早在几年前，美国前国防部长佩里和前助理国防部部长卡特就曾建议美国先行摧毁朝鲜导弹。他们认为，可以通过潜艇发射1枚巡航导弹来完成这一攻击任务。“韩国可能反对这么做，但韩国人应该理解，美国必须做出回应……打击行动毫无疑问会带来风险，但继续无动于衷的风险更大。”① 目前，尽管这些军事打击方案只停留在设想阶段，没有付诸实施，但导弹问题造成的半岛紧张氛围令人心生余悸。

（二）朝鲜核危机

朝鲜核危机已发生了两次：第一次始于1993年，后因1994年美朝达成核框架协议而告一段落；第二次始于2002年，以朝鲜2006年第一次核试而进入新的阶段。自2006年以来，朝鲜已实施了4次核试验，并将“拥核”列入宪法，朝鲜半岛无核化的危机管理目标已经很难达成。

朝鲜的核活动早在20世纪50年代就开始了。1959年，朝鲜与苏联签署了“和平利用原子能”协定。根据该协定，朝鲜派遣了大批科学家和物理学家到苏联的杜布纳原子能研究所学习。在与苏联签约数年后，朝鲜在宁边建成了原子能研究中心，并从苏联引进了0.1兆瓦的临界设施和2兆瓦的IRT-2000型反应堆。该型反应堆于1965年启动，生产商业、医疗及研究用的同位素。随后，朝鲜通过苏联的技术支援和自身的研究，在宁边地区自行建造了5兆瓦的石墨反应堆，并于1987年成功启动。1984年，朝鲜开始在宁边建设50兆瓦石墨反应堆。1986—1992年是朝鲜核开发的高峰阶段。在建设石墨反应堆的同时，朝鲜与苏联、德国等国进行多次协商，计划在新浦建设有利于发电的轻水反应堆。与此同时，依靠启动5兆瓦石墨反应堆和建设50兆瓦石墨反应堆的成功经验和技术，朝鲜开始在平安北道的泰川建设200兆瓦石墨反应堆。此外，朝鲜还开始实施原子能发电计划。在此阶段，朝鲜履行核方面的国际条

① 《绝不允许朝鲜进行导弹试验，如有必要美国将攻击并摧毁》，［美］《华盛顿邮报》2006年6月22日。

约情况如下：1985年12月，朝鲜加入《不扩散核武器条约》；1991年1月31日，朝鲜和韩国发表了《朝鲜半岛无核化共同宣言》；1992年，在苏联和中国的敦促下，朝鲜批准了国际原子能机构全面安全措施协定。

第一次朝鲜核危机的情形大致如下：国际原子能机构从1992年5月下旬开始对朝鲜申报的核设施项目进行临时检查。通过对取样材料的分析，国际原子能机构怀疑除申报的项目外朝鲜可能还拥有大量的钚。国际原子能机构力图拆除在临时核查时发现的与申报不符的核设施，但是遭到了朝鲜的拒绝。1993年2月，国际原子能机构要求再次对朝鲜放射化学实验室和废弃物容器储藏建筑进行特别核查，遭到朝鲜拒绝。时任国际原子能机构总干事汉斯·布利克斯表示，不能保证朝鲜安全措施的连续性，不能排除朝鲜在使用特定的核物质。对此，朝鲜表示要退出《不扩散核武器条约》。至此，第一次朝鲜核危机正式爆发。1994年6月10日，国际原子能机构通过对朝鲜的制裁决议，决定停止每年相当于56万美元的对朝技术援助。6月13日，朝鲜宣布退出国际原子能机构。为了化解此次危机，美国想尽办法，派遣前总统卡特访问平壤与金日成举行了两次会谈，后又与朝鲜展开长时间的双边磋商，最终签署了《美朝核框架协议》，以“与朝鲜实现双边关系正常化，帮助朝鲜建设轻水反应堆并提供能源补偿”的交换条件，换来“朝鲜冻结其核武器开发能力，进一步拆除其核设施”的承诺。这标志着第一次朝鲜核危机得以化解。

第二次朝核危机是历史的延续。《美朝核框架协议》签署后，美朝双方都没有严格地履行协议。事实上，双方均对协议有不满之处。美国方面认为，协议将朝鲜核问题变成朝鲜和美国之间的问题，协议中没有规定核查的内容，并且协议只规定禁止朝鲜开发钚，没有规定禁止朝鲜开发浓缩铀。而朝鲜方面则认为，协议没有写进如何追究不履约的条款，美国如违反了框架协议，朝鲜方面也没有办法追究。另外还有一种说法认为，美国在签署协议的时候就没打算履约，只是作为缓兵之计，等待朝鲜政权崩溃。从1994年10月《美朝核框架协议》签署以来到2002年10月的8年中，美朝在履约问题上争议不断。美国情报部门不止一次指责朝鲜秘密恢复核计划，甚至声称朝鲜已经拥有核弹头，要求对朝鲜进行核查，美国国会也提出不愿履行为朝鲜提供重油的约定。而朝鲜则批评美国没有履约。按照协议规定，朝鲜冻结核计划，关闭宁边核反应堆后，美国应在2003年以前通过朝鲜半岛能源开发组织为朝鲜建设两座轻水反应堆，但期限日益临近，轻水反应堆的建设却遥遥无期。美朝双方的矛盾时隐时现，表面上趋于平静，实际上暗流涌动，最终引发了第二次核危机。2002年10月，美国国务院负责东亚与太平洋事务的助理国务卿凯利以总统特使的身份访问平壤。在与朝方的会谈中，朝鲜代表出人意料地坦然承认朝鲜有核计划。朝鲜的言论引起了轩然大波，朝鲜核危机再度爆发。2002年12月，美国以朝鲜违反《美朝核框架协议》为由，宣布停止向朝鲜提供重油。朝鲜方面则宣布重新启动宁边核设施，驱逐国际原子能机构常驻平壤的监督人员，并于2003年1月10日宣布退出《不扩散核武器条约》，使这场危机进一步升级。随后朝鲜开始了不断核试的过程。

第一次核试验：2006年10月9日，朝鲜在咸镜北道吉州郡丰溪里万塔山核试验场进行了首次地下核试验，将朝鲜核危机推向顶峰和失控的边缘，朝鲜核问题进入新的阶段。对于爆炸当量，美韩判断在1000吨以下。联合国安理会10月15日通过1718号决议对朝予以制裁。美国采取了强硬的态度，决定不与朝鲜进行双边会谈，极力构筑地区多边框架遏制朝鲜。为了缓解半岛形势，中国出面进行斡旋，先后促成了六轮六方会谈，并先后促使各方达成了《落实共同声明起步行动》《落实共同声明第二阶段行动》等重要文件，有效缓和了危机。2007年10月3日六方会谈达成的共同文件规定，朝鲜应在2008年12月31日之前对宁边三个核设施去功能化，对其全部核计划进行完全准确的申报，重申不搞核扩散。但是，由于核申报在整个核危机的博弈中具有掀开底牌的性质，朝鲜不想亮底牌，所以事态又有了新变化。朝鲜坚称已经递交了项目清单，但美国表示没有接到包括铀浓缩项目和对外核合作在内的“完整、正确”的申报。朝鲜则指责美国食言，没有履行将朝鲜从“支持恐怖主义国家”名单上除名的承诺。随后，事态又转向缓和，朝鲜炸掉了冷却塔，递交了项目清单，美国也将朝鲜从“支持恐怖主义国家”名单中除名。

第二次核试验：进入2009年，朝鲜半岛核问题再度出现反复。2009年1月17日，朝鲜突然强硬宣布与韩国进入“全面对抗”状态，1月30日宣布单方面废除与韩国签订的停止政治、军事对抗全部协议，并称朝韩处于“战争边缘”。5月25日，朝鲜在咸镜北道吉州郡丰溪里万塔山核试验场实施第二次地下核试验。韩气象厅、美地质调查局分别认为朝“人工地震”的震级为4.5级和4.7级，爆炸当量在3000吨左右。联合国安理会随后通过1874号决议对朝实施制裁。

第三次核试验：2013年2月12日，朝鲜在咸镜北道吉州郡丰溪里万塔山核试验场实施第三次地下核试验。韩地质资源研究院、美地质调查局、日气象厅、俄地震台分别认为朝“人工地震”的震级为4.9级、5.1级、5.2级和5.3级，并认为爆炸当量在7000吨左右。3月7日，联合国安理会以15票赞成一致通过了针对朝实施第三次核试的2094号决议。相比1718号和1874号决议，2094号决议制裁范围更广，力度更大，不仅从资金、武器禁运等方面强化了对朝制裁，继续遏制朝核试验及导弹研发，而且增加了金融冻结的朝鲜公司数量和人员名单，并首次针对朝鲜铀浓缩计划实施制裁。

第四次核试验：2016年1月6日，根据朝鲜最高领导人金正恩签署的命令，朝鲜进行了第四次核试验。该试验仍在咸镜北道吉州郡丰溪里万塔山核试验场实施，朝鲜随后公布其“成功进行了首次氢弹试验”。韩气象厅、美地质调查局分别认为朝“人工地震”的震级为4.8级和5.1级，爆炸当量与第三次核试相当，并认为此次试验不太可能是氢弹试验，可能是增强原子弹，即带有氢弹部分技术验证性质的原子弹试验。中国科技大学官网称，根据计算，此次核爆当量为11.3±4.2千吨，其当量略低于第三次核爆（12.2±3.8千吨）。安理会随后通过2270号决议，号称“史上最严厉对朝制裁决议”。

朝鲜核危机形成与发展的根本原因，是朝鲜“绝对不安全”的地缘战略困境。朝鲜核试验的成功，极大地提升了朝鲜的安全感。朝鲜绝不会轻易放弃核武器，而是希望通过拖延，令国际社会默认其是一个有核国家。

二、美国冷战结束后朝鲜半岛危机管理的特点

冷战结束后，朝鲜半岛依然处于军事对峙状态，成为全球主要热点地区之一，局势时紧时缓，严重影响到地区乃至国际的安全与稳定。随着美国全球战略重点的东移，美国更加重视对朝鲜半岛实施危机管理。其主要特点和措施如下：

（一）危机管理重点由遏制世界大战转为防核防扩散

冷战结束后，受到国际形势剧变的影响，朝鲜半岛危机的本质随之发生了重大改变。朝鲜半岛不再是美苏争霸的前沿阵地，朝鲜半岛危机的主体由美国和苏联两个集团的对抗转变为美国和西方集团与朝鲜独自一个国家之间的对抗。危机发生的本质是冷战后地区力量均衡的打破和朝鲜安全困境的出现。美国解除了对触发世界大战的担心，其危机管理的重心转向了防止朝鲜发展核及大规模杀伤性武器以及防止大规模杀伤性武器扩散，朝鲜核危机和导弹危机因此成为冷战后美国关注的重点。朝鲜失去了苏联的核保护伞，并且在与韩国的竞争中被甩得越来越远，处于“绝对不安全”的地缘战略困境，因此大力发展核武器和军事力量，以图拥有“自卫遏制力”，这是导致朝鲜核危机和导弹危机出现的根本原因。当然，这并不代表美国不再忧心在朝鲜半岛会产生诸如战争和动乱之类的更大危机，也不代表美国在该地区警戒级别的下降，美国仍然将朝鲜半岛看作最可能发生战争的地区之一。

（二）实施危机管理的措施与手段更趋多样化

多年来，美国在多场危机事件中积累了许多丰富经验，在对朝鲜半岛的危机管理中运用了多种措施和手段，包括预防性措施先行、遏制与接触并行、外交与经济并用、威慑与利诱并举，力求以最小的风险获得

最大的利益。由于具有超强的军事实力和经济实力，美国不但在朝鲜半岛做足了预防性措施，包括保持强大驻军，制订进攻朝鲜的5026、5027、5029等多个系列的作战计划等，而且动辄以军事手段进行讹诈和威慑，为驻韩美军增加多种新型装备，增派军舰和隐形战斗机，与韩国频繁进行联合军事演习等。为避免与朝鲜同陷安全困境，美国在进行军事威慑的同时，还采取了接触与谈判的策略，并为此加强东北亚多边合作和与朝鲜的双边外交交往，不断派遣高层人员访朝，第一次朝鲜核危机就是以美国前总统卡特访朝为契机而得以化解的。美国在朝鲜半岛危机管理中将“胡萝卜+大棒”的策略运用得十分娴熟。

（三）严格遵循危机管理原则办事

美国非常清醒地意识到，由于缺乏有力的和平机制做支撑，目前朝鲜半岛形势虽然相对平稳，但却非常脆弱，一旦危机失控，美国可能被卷入战争，这显然不符合美国的利益。无论是朝鲜核危机还是导弹危机，美国除了容忍和外交协商、经济制裁之外，实在没有更好的办法。采用武力方式解决，一是没有必要，因为朝鲜的导弹射程尚没有达到美国本土，实际上不能对美国构成有力威胁。至于朝鲜的核武器，外交协商解决的通道并没有关闭，朝鲜仍表示愿意有偿放弃研发核武器。二是代价太大。朝鲜一贯采取“先军政治”，军事力量强大，战斗力不容小觑，一直在积极备战，准备与美国打全面战争。如果对朝鲜实施战略空袭或进行外科手术式打击，很可能引起朝鲜的全面进攻，引发第二次朝鲜战争。对于美国来讲，在伊拉克问题尚未解决的情况下，其没有余力也不可能有决心在朝鲜再开辟一块战场。另外，朝鲜已经拥有了核武器，这对美国来说也是一种强有力的威慑。三是盟国反对。韩国对朝鲜实施了很长一段时间的“阳光政策”，民众的民族认同感不断增强，同时担心任何军事打击都会将战争引至韩国，因此对美国采取军事打击的设想持强烈反对立场。四是受到周边其他力量的牵制。周边地区大国俄罗斯和中国，均强烈反对美国在该地区的任何军事行动。同时，美国也意识到，朝鲜发展核武器和进行导弹试射不大可能是为了发动战争，其目的不外乎以下四点：一是加强自卫国防力量建设，展示自身有对抗美国的军事能力，以威慑对手；二是证明自身政权的合法性，激励国民斗志，稳定政局；三是向潜在的武器出口国展示其导弹实力，以通过出口获取经济利益；四是为与美韩等国进行谈判增加讨价还价的砝码。对于朝鲜来讲，它也不想让危机失控滑向战争，那它不仅将遭受巨大损失，而且将面临政权崩溃的危险。基于上述因素，美国虽然在朝鲜核危机和导弹危机过程中都提出了军事打击的方案，但都只是停留在设想阶段，并未付诸实施，而是继续采取外交谈判的手段。尤其是第二次朝核危机爆发以来，美国经常表现出非常强硬的态度，谈判数次到了破裂的边缘。然而，在朝鲜屡次突破美国的底线，甚至进行了核试验之后，美国仍未升级到采取军事手段。由此可见，美国在做出决策时仍留有充分的回旋余地，仍遵循着危机管理的“游戏规则”理性行事。

（四）达成危机管理目标难度很大

朝鲜的安全保障问题解决不了，核危机就无法真正化解。在这一点上，美国和朝鲜的利益是根本对立的。这是朝鲜核危机反反复复、难以解决的根本原因。美国和朝鲜之间的种种让步和妥协只不过是缓和危机，难以真正解决危机，从现实情况看，第二次朝核危机从 2003 年爆发至今，其解决过程一波三折。每当形势趋紧的时候，总是柳暗花明，又出现缓和的迹象。而每当前景光明时，事态又总向糟糕处发展。一个问题解决了，另一个问题又出现了，进一步退半步，几乎总是在原地踏步。朝鲜核危机几乎已成无法解开的死结。

（五）力图借助危机牟利

朝鲜的核武器和导弹一方面是对美国切实的威胁，另一方面也是美国实施其全球战略的一个绝佳借口。美国充分利用朝鲜核危机和导弹危机，制造舆论，乘机为其东北亚军事部署和建立弹道导弹防御系统造势。如果所谓的朝鲜威胁真的消失，美国也就失去了在韩国继续驻军的正当理由。而在韩国驻军是美国全球战略的重要组成部分，对于其遏制中国、保持在东亚的领导地位有着重要的意义。从某种程度上说，朝鲜核危机和导弹危机为美国在东北亚的军事存在提供了很好的借口。美国通过扮演“受害者”的形象，大力渲染朝鲜拥有核武器和中远程导弹的威胁，顺势加快在日本部署导弹防御系统，加强对朝鲜、俄罗斯和中国的战略威慑。同时，朝鲜核危机和导弹危机也为美国制造了树立“救世主”形象、统一韩国对朝立场的契机。美韩之间在如何对待朝鲜的问题上存在意见分歧，韩方希望主要通过外交和接触战略来软化朝鲜的立场，而美国则力主以制裁和施压的做法迫使朝鲜屈服。通过夸大朝鲜的威胁，美国便有了要求韩国配合自己对朝政策的理由，同时也将日本紧紧捆绑在美国战车之上。

第五章／美国对朝鲜半岛危机管理的主要影响因素

美国对朝鲜半岛危机管理的行为模式受到多种因素综合作用的影响。其中，有的因素起决定性作用，有的因素起辅助作用，还有诸如领导人的风格和判断力等不确定因素也起到一定的作用。

第一节　关键性因素

在危机管理的过程中，有些因素是客观存在并起决定性作用的，包括国家利益、战略考虑、实力对比和危机性质等。危机管理的“全面理性决策”和“战略理性决策”正是基于这些基本因素而存在的。

一、国家利益因素

汉斯·摩根索指出：“只要世界在政治上还是由国家所构成的，那么国际政治中实际上最后的语言就只能是国家利益。”① 国际危机的根源是国家利益的矛盾和冲突，而危机管理的最终目的就是获取更大的国家利益。因此，不能保护国家利益的危机管理不算是成功的危机管理。在危机管理过程中，国家利益也有大小取舍之分。有些触及国家根本利益的

---

① ［美］汉斯·摩根索：《政治学的困境》，中国人民公安大学出版社 1989 年版，第 68 页。

问题是没有谈判余地的，而有些利益却可以调整、妥协和让步。就朝鲜半岛而言，美国官方和学术界的观点基本是一致的：

一是认为朝鲜半岛发生的危机将触及美国的极端重要利益。美国国家利益委员会在1996年发表了一份题为《美国国家利益》的研究报告，将国家利益划分为根本利益、极端重要利益、重要利益和次要利益四个层次。据此，美国政府进一步明确提出："美国的根本利益包括防止、制止和减少核武器和生化武器对美国的威胁；防止在欧亚地区出现一个敌对的霸权势力；防止在美国边界或控制的海域内出现敌对大国等。美国的极端重要利益包括防止、制止和减少在任何地区威胁使用核武器和生化武器；防止核武器和生化武器以及运载系统的地区扩散，鼓励有关国家接受国际法制和机制，推动各种争端的和平解决。美国的重要利益包括反对在国外出现大规模侵犯人权的行为；在具有战略重要性的国家内鼓励多元主义。自由主义和民主化，其前提是避免内乱，如有可能应以低代价防止和结束在具有战略意义的地缘地区发生的冲突。美国次要利益包括平衡双边贸易赤字等。"①从这个概念出发，发生在朝鲜半岛的危机对于美国来说，尽管没有涉及到其本土，没有触动其根本利益，但属于美国的极端重要利益。

二是认为朝鲜半岛发生的危机对美国安全利益的威胁属于B级。美国前国防部长佩里等人认为，美国安全面临的威胁，从最危险的一直到最不危险的，可以按照威胁程度依次排列出来。居于首位的是A类威胁，其性质和规模相当于冷战时期苏联对美国生存构成的威胁。居于第二位的是B类威胁，如波斯湾和朝鲜半岛两处重大地区性潜在危机对美国利益构成的迫在眉睫的威胁，但这种威胁并不能威胁到美国的生存或生活方式。居于第三位的是C类威胁，如科索沃、波黑、索马里、卢旺达、海地等。这些重要地区的潜在危机对美国的安全有着间接的影响，但并不直接威胁美国的利益。② 约瑟夫·奈在1999年的《新国家利益》

① 倪世雄：《当代西方国际关系理论》，复旦大学出版社2007年版，第255页。

② Ashton B. Carter and William J. Perry，（1998），Preventive Defense- A New Security Strategy for America.

一文中，将美国的国家利益威胁分为三类：A 类是威胁国家生存的，如苏联对美国的威胁；B 类是不威胁国家生存，但对美国国家利益有直接损害的，如伊拉克和朝鲜；C 类是间接影响到美国国家安全利益的，如人权问题等。[①] 在他们的概念中，朝鲜都属于对国家利益的 B 类威胁。

国家利益决定着危机管理的方向和目标。鉴于朝鲜半岛对美国来说并不涉及根本利益，美国对朝鲜半岛的危机管理没有必要上升到打破现有格局甚至战争的层面。在国际危机中，有的危机是以军事手段解决的，例如伊拉克危机、阿富汗危机。但在朝鲜半岛，战争不符合相关任何一方的利益。打一场新的朝鲜战争，美国的国家利益收益几乎为零，甚至为负数。因此，尽管美国不断威胁朝鲜要使用武力，但实际上是实行“战争边缘”政策，企图以威胁换取对方的让步，而在实际行动上则为双方都留有一定的余地。美国国家利益委员会认为：“对于根本利益，无论是在孤军奋战还是在孤立无援的情况下，美国都将全力捍卫之；至于极端重要利益，只是在盟国的根本利益受到威胁时，才准备出兵并组成联合部队以制止威胁，维护利益；对于重要利益，美国将在低代价和少负担的情况下参加军事行动以维护……”[②] 因此，朝鲜半岛只要不出现美国及其盟国的根本利益受到威胁的情况，脱离危机管理轨道的可能性很小。目前应对危机的方式还是以外交斡旋为主。

二、全球战略因素

什么是全球战略？美国学者罗伯特·利伯教授指出：“全球战略是一个国家运用自身的各种手段——军事、经济、政治、技术、意识形态和文化——来保护并促进自己的整体安全、价值观和国家利益。”[③] 由此可见，美国的全球战略是国家利益的具体体现，是用以保护国家利益的方

① Nye, Joseph S. Jr. , (1999), The New National Interest, Foreign Affairs, July/August 1999.

② 倪世雄：《当代西方国际关系理论》，复旦大学出版社 2007 年版，第 254 页。

③ 《“9·11”一周年》，美国国务院电子期刊特刊，2002 年 9 月。

法和手段。

美国真正意义上的全球战略是从第二次世界大战以后开始的，其发展几经变革，尤其是冷战后做出了很大的调整。克林顿政府时期是美国全球战略从“冷战型”向“冷战后型”转轨的第一阶段。克林顿于1993年提出了“参与与扩展”的全球战略，其主旨是避免“孤立主义”的倾向，继续以积极的姿态介入国际事务，并对世界局势的发展施加影响，“扩大世界自由市场民主国家阵营”，实现美国“世界领导地位”。他连任后进一步提出了“塑造—反应—准备”三位一体的全球战略构想，表明美国不仅要关注现实的威胁，也要准备应付远期的不确定的重大威胁。小布什政府上任不久即发生了“9·11”事件，因此在其执政的8年中，全球战略重点一方面是维持美国的领导地位，另一方面是打击恐怖主义和制止大规模杀伤性武器的扩散，追求本土的绝对安全。奥巴马政府面临美国国内金融危机、国际上卷入过多的困境，其副总统在对欧洲访问时已经发表了要加强与其他国家合作的方向性发言，预计其全球战略将有所回缩，但追求和维持全球霸权地位的基本战略不会改变。

美国对外战略是其全球战略的重要组成部分，因此在处理某个危机时，它是根据全球战略的优先顺序和危机的特定情况来决定危机处理方针的。实现全球霸权地位和在全球范围内打击恐怖主义，需要全球军事部署和广泛的同盟，东北亚是其中一个重要的环节。东北亚聚集了美国最重要的同盟国家日本和韩国，同时也聚集了美国设想中最可能挑战其领导地位的“潜在战略对手”中国和俄罗斯，因此东北亚地区对实现美国的全球战略来说至关重要。在东北亚维持美国的领导地位，控制大规模杀伤性武器扩散，具体目标可概括为四个方面，即：防止地区大国崛起（这主要是针对中国）；防止盟国体系分裂，影响美国在此地区的战略部署；防止热点失控，冲击其在全球其他地区的战略配置；防止出现新的有核国家，防止大规模杀伤性武器扩散。这四个具体目标，每一个的实现都离不开朝鲜半岛。美国最关心的是，在这一地域无论局势如何变化，都要维持驻军，以保证其全球军事部署的平衡，为其全球战略服务。

三、实力对比因素

实力是一个国家所拥有的全部力量及其国际影响力的总和，包括力量和使用力量的决心与能力。实力是衡量危机管理的一个硬杠杆。一个国家，无论希望达成的危机管理目标有多么宏大，如果没有实力做支撑，仅靠外交斡旋和谈判技巧，终究难免流于空谈。

在美国学术界，对于在国际政治危机的管理中，是实力对比还是国家利益起主要作用有争议。一种观点认为，实力对比在危机管理中起主要作用；另一种观点则认为，国家利益是决定危机结果的最重要因素。毋庸置疑，不管是哪种因素在起决定性作用，实力因素都是影响危机管理的一个重要变量。

实力对比因素对危机管理的影响主要体现在以下几个方面：

首先，实力对比在很大程度上决定着危机管理的结局。危机国家间的实力对比可能在危机刚开始阶段就已经决定了危机管理的某种可能的结果。实力相差太悬殊的国家之间爆发的危机是“非对称危机”，往往以实力强大的国家全面获取利益而宣告结束。这种全面获胜，有时是通过战争获得的。在实力相距太远、战争代价可以小到忽略不计的情况下，危机管理就失去了“使双方都获取利益”的存在基础。例如伊拉克和科威特之间的危机，科威特几乎没有像样的军队，因而伊拉克没费什么力气就全面占领了科威特。而海湾危机中的美国和伊拉克，则是此前伊拉克和科威特的翻版，只不过伊拉克站在了科威特之前的位置上，成了任人宰割的弱者。这种全面获胜，有时也是通过外交获得的。这是因为在经历了危机的相持阶段后，为了避免战争，处于“恫吓—小鸡”状态中的实力极弱一方会采取完全退让的危机管理策略。例如利比亚在美国的空袭之下，完全接受了美国的一切主张。而在实力相当或实力相差不大的国家之间的危机，即“对称危机”中，实施危机管理则需要更多的技巧。国际上通用的危机管理原则，基本上都是为这种情形服务的。美国和苏联之间的数次危机都是实力均衡的对抗，因此双方严格按照危机管理的原则行事，实力在此时失去了实战的意义，而成了背景和威慑手段。迈克尔·布雷彻和乔纳森·威尔肯菲尔德在研究战略对手之间的危机时指出，“在拥有正向力量差距（目标国家的实力强于危机挑起方）的危机中，目标国家无需运用暴力手段来实现其危机目标；在拥有负向力量差距（目标国家的实力弱于危机挑起方）的危机中，面对强大对手以非暴力手段挑起的危机，目标国家采取暴力手段将是不明智的”。[①]

其次，实力运用是危机管理的一种有效手段。成功的危机管理也需要有强大的政治经济和军事后盾。如果一个国家能向对手显示自己拥有在危机一旦升级后惩罚对手的能力，那么这个国家在危机形势中就拥有威慑能力，或者拥有掌握冲突升级的主动权。因此，危机管理有时被认为是冲突中实力强大的一方才具有的能力，它能以冲突升级相威胁来威慑对手，使其不敢让冲突升级，并使这种免于冲突升级的危机满足它的利益需求。在危机管理过程中，通常可以恰当采取军事压力实现威慑目的，如加快军工产品生产、进行战争动员等，将军事力量由和平状态转入战争状态，让对手认识到所要付出的代价。如此种种，可以削弱对手的战争基础，让对手感到不值得为冲突付出代价，相应增强和提高自己的谈判地位。美国在危机管理中实施威慑的基本理念和手段的基础，就是美国的超强实力。例如，美国在攻打伊拉克前夕，向关岛派出了24架B－52和B－1轰炸机，向驻韩基地派出了6架F－117A隐形战斗机，以威慑朝鲜不要轻举妄动。[②] 这不失为一种危机管理过程中比较有效的军事措施。

发生于美国和朝鲜之间的危机，尽管不是严格意义上的实力对等，但是朝鲜有自己的优势，不但拥有强大的常备军，而且一直以来实行“先军政治”，将军队建设放在首位，如今更拥有了核武器，其实力足以给美国带来承担不起的伤亡和财政负担。美国对朝鲜的实力有所忌惮，将朝鲜半岛发生的危机看成是某种程度上的“对称危机”，目前的危机

---

① Michael Brecher and Jonathan Wilkenfeld (2000), A Study of Crisis, Ann Arbor, Michigan: The University of Michigan Press, p. 177.

② 《环球时报》2006年3月20日。

管理措施也是基于这点考虑的：不能挑战朝鲜的底线，轻易不能放弃危机管理，因为美国不愿意承担意外的损失和沉重的负担。所以，美国目前的实力更多是运用在对朝鲜显示威慑的姿态上。

四、危机性质因素

危机性质是指危机是由什么引起的，其影响如何，实质是危机涉及到国家利益的严重程度。如果危机触及到了国家利益的根本，那么危机的性质就极其严重，属于最高层次的危机；如果危机触及到了重要的国家利益，那么危机的性质就比较严重，属于较高层次的危机；如果危机仅触及到了国家利益的边缘，那么危机的性质就不太严重，属于较低层次的危机。危机性质因素对危机管理的影响是根本性的：

首先，危机的性质决定着国家选择危机管理的基本方向。正确判断危机性质，有助于了解和分析各国在危机中卷入的程度和政策选择。亚历山大·乔治和威廉姆·西蒙斯指出，"某一危机方是否采取坚决行动的决心和意志，与受到威胁的利益的重要程度成正比"。[①] 如果是最高层次的危机，那么几乎没有国家会采取全面退让的方式。如果危机对一方而言是最高层次的危机，对另一方而言仅仅是较高层次的危机，那么双方在对危机实施管理时，无论是决心还是手段等各个方面都会有所不同。涉及根本利益的一方更容易选择破釜沉舟的战争手段，因为没有退让的余地。具体到国际关系的危机案例中，危机的性质往往是复杂的，涉及到多个国家的多重利益，因而很难定性。可能对危机中的某些国家来说，危机的性质是极其严重的，但对其他国家而言，却并没有涉及到重大的国家利益，对此需要进行判断和甄别。

其次，危机的性质影响和决定着危机管理的难易程度。性质严重的危机更加难以实施管理，性质不严重的危机则刚好相反。一场单发的、

---

① Alexander L. George and William E. Simons, eds. (1994), The Limits of Coercive Diplomacy. Boulder · San Francisco · Oxford: Westview Press, pp. 15 - 16, 281 - 282.

不关联的边境冲突或其他偶发事件而产生的危机，往往经过一两次的外交谈判就可以解决，但与国家生存有关的领土等争端而衍生的危机，解决起来则难度极大。以中美之间的危机为例，偶然性事件导致的危机，如2001年的“撞机事件”危机和1999年的“炸馆事件”危机，经过谈判、赔偿和道歉（美国的道歉用词非常巧妙，借助翻译技巧，避免自己丢面子，同时又给中方留了面子），很快就得以解决。然而，对于中国来讲危机性质极其严重、对美国来讲也涉及到其重大利益的台海危机，则没那么容易实施管理和解决，即便暂时得以化解，危机也长期存在，并且有升级的可能性。

最后，根据危机的性质可以分析各危机管理国家的动机。在有些情况下，危机是涉及重大利益且对现状不满的一方首先挑起的，也就是说是有预谋的，其动机是企图改变利益冲突的现状。挑起方通常使用武力威胁或其他胁迫手段向另一方施加压力，从而使自己在危机管理过程中获得好处。但是，如果挑起方没有充分评估自己的实力和利益，结果可能适得其反，自己的利益可能遭到损失，其动机也不可能实现。如果挑起方对危机发生和结果做了充分的研判，而对方却没有让步，结果可能导致形势恶化，甚至走向战争。一般说来，有预谋的危机具有更大的危险性和破坏性。

朝鲜半岛的危机具有多重性质。在朝鲜核危机中，朝鲜、韩国、美国、中国、日本和俄罗斯所涉及到的利益各不相同，严重程度有别，因此采取的危机管理手段也不尽相同，各有各的重点。朝鲜半岛一旦形势紧张、危机升级，它首先关乎的是朝鲜和韩国两个半岛国家的生死存亡，其次是美国和中国的国家利益，再次才是其他周边国家的利益。因此，不同的国家在朝鲜半岛危机过程中采取的危机管理措施不可能相同。

第二节　关联性因素

某些因素尽管起不到决定性作用，但也会在决策过程中切实影响到危机管理的进程。这些因素包括与盟国的关系、国际舆论以及社会价值观等。

一、盟国关系因素

联盟战略在现代国际斗争中的重要性已为实践所证明。世界主要国家纷纷采取结盟战略，或获取安全保障，或达成特殊战略目的，或针对共同敌人。即使像美国这样的经济和军事大国，如果没有广泛的国际联盟，也不能达成自己的战略目的。建立广泛的联盟是超级大国“领导”世界的一个重要手段。然而，盟国关系也是一把双刃剑，在帮助超级大国处理危机的同时，也常常引发国际政治危机，并对大国的危机决策产生影响。美国和苏联在第二次世界大战后卷入的危机与冲突中就有相当一部分源于盟国或盟友。

盟国关系因素对美国危机管理决策与过程的影响主要体现在：首先，盟国关系可能会将美国拖入到危机之中。美国利用盟国和盟友关系为其争夺和维护“世界领导权”服务，但也可能被其盟国或盟友拖入危机。菲尔·威廉姆斯认为，对于大国而言，不但为盟国开“空白支票”等行为是危险的，而且盟国本身就可能带来危机。“超级大国必须完全避免给盟友开‘空白支票’。而且，应该小心谨慎地防止后者把它们拖入到一个无法抽身的地位……危险来源于不正直和顽固的盟友，它们企图使超级大国比原来预期更深地卷入冲突。”①

其次，美国在危机管理中不得不顾忌到盟国的需求。国家行为本身是为了满足自身的利益，然而结盟却将盟国的利益和自己的利益联系起来。有时，盟国的利益与本国的利益相抵触，满足盟国的利益会损害本国的利益，然而罔顾盟国的利益却又会损害联盟关系，大国不得不在其中做出选择。菲尔·威廉姆斯认为：“……与超级大国有紧密结盟关系

---

① Phil Williams, (1976), Crisis Management: Confrontation and Diplomacy in the Nuclear Age, London: Martin Robertson & CO. Ltd, pp. 130 – 132.

的国家主要考虑它们自己的需要、利益和目标，会要求超级大国给以使这个超级大国觉得难以容忍的支持。”①美国是世界上结盟最广泛的国家，联盟战略是美国防务政策的重要组成部分。这个庞大的联盟体系中包括了多边与双边、正式与不正式多种联盟形式，美国在140多个国家与地区驻扎着部队，至今仍对世界上40多个国家负有安全义务。美国在欧洲组成北约，在亚太地区建立了5个双边军事联盟。冷战后的几次“单干”碰壁使美国认识到，自己这个“孤独的超级大国”要实现其全球战略和全球利益，离不开盟国的协助。因此，美国在欧洲推行北约东扩，在亚太强化双边军事同盟体系，试图通过加强对盟国的控制，使这些国家成为其推行全球战略的工具。在东北亚，韩国和日本一样，均是美国重要的盟国。可以说，美国是通过结盟插手东北亚的，因此与韩国和日本的盟国关系对其来说至关重要。

随着世界局势的变化，韩国对于美国驻军的态度产生了微妙的变化，由全力依靠美军变为既依赖美军又排斥美军。韩国为什么会变得越来越“不听话”？这是多种因素共同作用的：其一，韩国对朝政策的转变是影响美国对朝政策的重要因素。自从金大中政府实施“阳光政策”以来，韩国对朝政策发生了质的改变。此前，韩国对朝鲜采取的是完全排斥的敌视态度，实施“阳光政策”之后，两国的民族认同感逐渐增强，尤其是在韩国的青年人当中。基于这种民族认同感，韩国人越来越感到，朝鲜和韩国是一个不能分开的整体，两者一荣俱荣、一损俱损，美军驻扎韩国并不能给朝鲜半岛带来永久和平，相反还成了刺激朝韩双方相互敌视的主要因素，给韩国的安全带来更大的威胁。金大中政府的对朝“阳光政策”，成为美国对朝采取强硬政策的掣肘因素。李明博政府对朝政策尽管强硬，但在很多方面仍旧维护朝鲜，妨碍了美国对朝强硬政策的实施。其二，韩国民族自尊心不断增强是影响美韩军事关系的不利因素。韩国人认为，冷战期间，韩美关系是畸形的，战后美军是以占领军的身

---

① Phil Williams, (1976), Crisis Management: Confrontation and Diplomacy in the Nuclear Age, London: Martin Robertson & CO. Ltd, p. 100.

份进驻朝鲜半岛的。朝鲜战争结束后，美国不仅长期驻军韩国，而且掌握着韩国军队的作战指挥权。冷战结束后，随着韩国经济的发展，韩国国内“自主国防”的呼声日益增高。韩国与美国在很多军事问题上存在不同的见解，韩国一心想发展自己的军事力量，不甘心长期居于被保护的状态。目前，尽管在一切战略层面（例如战略情报侦察、核保护伞等方面）韩军仍需要依赖美军，但韩军已经接管了平时军队指挥权，驻韩美军也在进行调整，以使韩军发挥更大的作用。其三，韩国民众的感情是影响美韩同盟关系的一个重要因素。驻韩美军在首尔占据了很多黄金地段，给韩国民众的生活和工作带来了不便。韩国民众对美军行为极度不满，多次举行游行示威，要求美军撤出韩国，尤其是中青年人对美国更为反感。美国《时代周刊》这样描述：“这代人很年轻，他们没有经历过朝鲜战争，而且几乎记不得韩国为摆脱贫困所做的巨大努力。他们出生在独裁的年代，激烈地反对美国而支持独裁者。很多年轻的韩国人越来越多地把愤怒指向美国而不是朝鲜。他们猜测美国在韩国驻兵是为了自己的安全利益考虑，而这种考虑是以分裂朝鲜半岛为代价的。一方面，他们害怕朝鲜；另一方面，他们也恨美国。”因此，韩国既离不开韩美同盟关系和驻韩美军这层保护伞，又对同盟关系心存不满。

在朝鲜问题上，日本也有自己的考虑。在朝核危机的六方会谈中，日本另出议题，将朝鲜“绑架日本人问题”与朝鲜弃核这一会谈主题搅合在一起，企图借此机会向朝鲜施压，并期望美国能帮助日本解决这一问题。日本的这种做法某种程度上影响了美国与朝鲜的谈判与要价，使本来就十分复杂的核问题变得更加复杂。

美日韩的同盟在朝鲜核危机的考验之下出现了很大的立场分歧。尽管三个国家的目标是一致的，都是遏制朝鲜发展核武器，但是在具体事务的处理上，韩国的立场与中俄更接近，与美国相距甚远。而日本则总是在关键的时刻提出干扰性的“绑架日本人问题”，损害到了美国集中精力解决朝鲜核问题的利益。另外，美国对朝的任何制裁措施都要在一定程度上考虑到韩国的利益、感情与反应，以免破坏目前已经危机重重的韩美同盟关系。尤其是美国的制裁一旦上升到打击层面，势必会受到韩国的强烈反对。

二、国际舆论因素

舆论是危机传播和影响扩大化的主要途径，也是危机处理的一种重要手段。舆论的支持可以帮助向对手施加压力，争取更多的支持者，因此国际舆论因素在某种程度上影响到了危机国家的谈判地位。

国际舆论通常在危机管理中起到以下作用：首先，舆论是道义上的制高点。在危机管理过程中，双方都强调自己是强大而正义的一方，敌人是无理且虚弱的一方。占据“公理”的一方会得到更多的道义和舆论支持，但是到底哪一方占据“公理”，不是自己说了算，国际舆论在其中起到决定性作用。通常，舆论的支持可以使危机中的一方坚定对自己行为正当性的信念，同时给另一方带来舆论压力。所谓合法性，在美国看来包括三个方面：一是符合法律规定，包括国际法和某些国内法以及在联合国等国际组织的授权下采取的行动。利用国际法和联合国授权的行动，既可以证明美国行为的正当性，掩饰其真实意图，将对手置于“非法”地位，又可以让联合国充当调解人或向危机地区派出维和部队。二是符合某些公认的原则或惯例。三是维持长期形成的某种“现状”。美国人一般认为，维持现状一方的合法性高于打破现状的一方。其次，舆论会影响到危机的具体处理过程。媒体是危机传播的主要渠道，向公众传播危机信息也是传媒的责任和义务。国际舆论会在一定程度上影响到危机国家所处的形势和谈判地位。联合国也会根据舆论所暴露出的信息进行裁决，支持其中一方或保持中立。尤其是在信息泛滥的今天，争取国际舆论显得尤其重要。比如，“9·11”事件发生后，国际舆论一面倒地谴责恐怖主义，以至于全球范围内掀起了反恐高潮，建立了反恐联盟，不但压缩了恐怖主义的活动空间，而且打击了恐怖主义的气焰，使恐怖主义处于“老鼠过街，人人喊打”的境地。

美国十分重视国际舆论的因素，并将争取舆论和控制舆论作为危机管理的一项内容。美国政府平时就同各种媒体，尤其是主流媒体建立了战略性的合作关系，在危机处理过程中注意及时公布信息，有效引导舆论，避免陷入被动态势。美国还利用国内和国际舆论，为自己的决策和行动贴上“合法”的标签。然而，在实际行动中，美国往往执行双重标准，抛弃国际法的原有解释，按照符合其既得利益的需要来任意解释其行动的合法性。正如美国学者所指出的：“由于大多数国际法都属于习惯法，其本身不具有国内法那样的强制性，一旦按照国际法行事不符合主权国家利益、降低其讨价还价能力和地位时，主权国家很可能将其抛在一边，转而寻求其他理由证明自身行为的合法性。”① 美国善于在每项行动之前先行展开舆论造势，游说对危机有影响力的国家，使其倾向于支持自己，至少是保持中立。例如，在朝鲜核危机中，美国利用舆论指责朝鲜“出尔反尔”、“违反协定”，但对自己违约却避而不谈。

三、价值观因素

尽管影响危机管理的主要因素是国家利益，而不是价值观和意识形态，但在危机管理过程中，价值观因素仍起到了相当大的影响作用。

首先，价值观因素影响国家实施危机管理的目标。价值观本身就是危机管理的一个目标，意识形态领域的矛盾往往体现在危机管理的实施过程之中，无形之中影响到危机管理的方方面面。其次，价值观因素影响到危机管理的具体实施环节。比如，西方价值观强调实际利益，比较习惯于从微观看问题，因此往往先要求解决一些急迫的具体问题，通过解决问题的不断积累，来建立一个整体的框架。而东方的价值观则强调整体观，往往是先定下一个基调，而对于谈判中细微问题的解决则不是很重视。另外，西方价值观在危机处理中特别重视保护人的生命价值和权利，而东方价值观在重视人身安全的同时，还比较讲究面子和名分。

美国的意识形态与价值观对其国家政策制定具有非常深刻的影响作

① Glenn H. Snyder and Paul Diesing, (1977), Conflict among Nations: Bargaining, Decision Making, and System Structure in International Crises. Princeton, N. J: Princeton University Press, p. 184.

用。从美国立国之初的“天赋人权”，到指导美国19世纪扩张的“天定命运论”，到二战结束后与社会主义阵营长达半个世纪的冷战，再到冷战结束后的今天，美国外交决策中的意识形态色彩一直相当浓厚。美国的价值观以霸权主义、强权政治为基础，片面追求本国或本集团的绝对安全，为实现此目标，不惜损害、威胁他国安全甚至国际社会的整体安全；坚持非友即敌的原则，人为地把一些国家看成对手或敌人，进行防范和遏制；奉行炮舰政策，打着在全球范围内散播“民主与人权”的幌子，干涉别国内政，动辄进行军事打击；不遗余力地强行推行自己的价值观，如果遭遇其他价值观的抵制，甚至不惜兵戎相见。“这些影响美国外交决策的价值观根深蒂固于美国文化之中，当它体现在美国的具体外交政策上时，大多变成了对美国追求自我利益的一种‘堂而皇之’的掩饰或‘振振有词’的解释。”①

在美国对朝外交政策的制定和危机管理的决策上，也充分体现出意识形态和价值观所起到的影响作用。朝鲜半岛是冷战期间美国与苏联意识形态斗争的牺牲品。冷战结束后，“铁幕”与苏联的威胁一同消失，但是朝鲜的政权依然稳固，朝鲜依然是社会主义国家。美国和朝鲜在意识形态上尖锐对立，因此在美国的眼中，朝鲜是其在全球范围内推行“民主”的一大障碍。美国不止一次将朝鲜称为“邪恶轴心”、“暴政前哨”、“最不民主”的国家等。近年来，美国部分保守派势力掌控政府，在参众两院更是几乎控制了相关委员会或小组委员会的领导权。他们一向以反共为己任，认为朝鲜是“践踏人权”的国家，是美国“圣战者”们“征伐的对象”。美国总统布什在其第一任期内的对朝政策就深受这些势力的影响，被批评为“意识形态色彩浓重、被直觉驱使的、缺乏战略性的”。② 尽管后来布什“回到了实用主义的道路上”，但是不能忽略的是，意识形态的确在一定程度上影响了美国对朝鲜的危机管理。

---

① 王晓德：《美国文化与外交》，世界知识出版社2000年版，第11页。

② Michael J. Mazarr，（2007），The Long Road to Pyongyang：A Case Study in Policymaking Without Direction，Foreign Affairs 75（September－October）.

四、国内政治因素

国家决策者在国际政治危机中的决策，将不可避免地受到国内政治的影响。如果国内政治压力大，可迫使决策层不惜一切代价坚持既定的目标和政策，这将使决策者缺乏根据实际情况调整目标的灵活性。但是，国内政治并不是左右危机管理的关键性因素。美国学者菲尔·威廉姆斯指出：“虽然国内政治在任何危机决策分析中不应被忽视，但如果认为其具有决定性的支配作用，那将是误导。”

美国是三权分立国家，国内政治相当复杂，总统的权力受到相当大的制衡。因此，美国的危机决策虽然是由以总统为首的行政部门主要负责，但在一定程度上受到国会、新闻媒体和利益集团等方面的影响。这表现在：第一，国会制衡总统的危机决策。在三权分立的美国政体中，国会与政府形成一种相互平衡与制约的关系。美国总统在提出任何一项对外决策时，都会面临国会的质疑。当危机决策时间紧迫时，国会所起的作用相对较小，很多情况下可以忽略不计。但是，当危机迁延难决时，国会就可以通过召开听证会、通过决议案和限制资金预算等方式，享有参与决策的更大权力。第二，多种与危机无关的国内因素影响到危机决策。这些因素包括迎合某些利益集团的要求、吸引媒体焦点、迎合选民需要等。有的时候媒体充斥着民族主义情绪，迫使政府对外政策和危机决策不得不更具有侵略性；有的时候媒体泄露政府机密，影响政策制定。

具体到美国对朝鲜半岛的危机决策上，由于美国国会议员的政治倾向受党派利益的影响颇大，意识形态色彩浓厚，对朝鲜的态度一般比较极端，常常要求政府对朝鲜采取更加严厉的政策，在危机中不能做出让步。尤其是在选举年，很多国会议员的态度都是比较极端的，表现出好斗情绪。这些因素都在一定程度上影响了美国对朝鲜的危机管理。

第三节　非理性因素

非理性因素包括领导人的风格、心理活动、受到压力后的反应等。由于这些非理性因素的存在，危机管理往往成为一种不断变化、后果不确定的行为。

一、决策偏差因素

从理论上来说，理想的危机决策是“战略理性”或“全面理性”的。然而，“战略理性”必须具备以下四个条件：存在单一的决策机构，能够清晰地表达其主要价值和目标，并以积极和系统的方式加以推进；决策机构由有强烈责任感和在竞争与高度危险的环境中维护国家利益的政治家和官员组成；在开始采取特定的战略之前，决策者必须周密考虑其他国家可能的反应，在计算利弊得失和对手可能反应的基础上做出政策选择；将对外政策置于国内政治之上，即决策者根据理性和逻辑的预测而不是非理性的内部压力来制定决策。

为了在危机中实现理性决策，美国有一套健全的危机管理机制。在国家安全委员会的框架内，美国总统是进行危机决策的唯一单位，能对危机做出迅速反应，同时能够得到国家安全委员会内各个要害部门的情报和决策支持。但在现实中，战略理性在决策过程中受到包括“决策政治”在内各种因素的影响与制约，不可避免地会出现一定的偏差，不可能达到“全面理性”。只要决策者是主观的人，其决策就必然带有主观因素。理查德·内德·勒博在对1898年以后发生的20次危机进行了分析后认为，决策者总是力图保持认识的一致性。如果决策者认为采取行动是必要的，可能会不重视与其实现目标所要采取的行动相抵触的信息，不会理睬那些妨碍其政策成功的人的利益，也不会运用所掌握的资源为那些不重要的利益服务。但是，如果没有国内和战略上的迫切需求，决策者一般不会采取对抗性外交政策，即使这种政策取得成功的希望非常大。[①] 此外，在实际决策过程中，决策者有时也会因偏见和傲慢而犯错误，如夸大威胁或过高估计自己的实力、过低估计他国捍卫自身国家利益的决心等。在危机时刻，决策者还常常要面对信息泛滥和信息不足的复杂混合情况，并常常被要求在很短的时间里做出决策。因此，一国政府在危机中的决策是“理性的、逻辑的推理与非理性的压力和影响的混合物”。[②]

美国学者格伦·佩奇研究了决策中的偏差因素。他对美国政府在朝鲜战争中的危机决策进行了分析，并建立了应用决策理论模型，试图通过数据来核实是什么导致了美国的决策偏差。他认为，研究单个案例所得到的结果只是“低层次的抽象”，可以把朝鲜危机决策看作一个统一的现象，或者把它看作一系列选择形成的过程，这些选择使整个决策“阶段性地发展到一个分析确定的结果”。他的许多结论都是基于他提出的假设而做出的，这些假设描述的是以下各种因素之间的关系：决策群体的性质、价值观所受到的威胁、领导人的作用、决策者对信息的需求、以往做出反应的方式、做出积极反应的共同意愿、争取国际支持的努力等等。[③] 佩奇的研究成果在近期受到了很高的评价。

二、领导决策风格因素

人是危机决策的主体，对危机的决策是一个人为的过程，因此涉及到许多不确定的因素。心理压力、外界影响以及领导人个人的作风、喜好、性格、倾向和决策风格等主观因素会影响到危机的走向，从而使危机的不确定性增强。

---

① ［美］詹姆斯·多尔蒂、小罗伯特·普法尔茨格拉夫，阎学通译：《争论中的国际关系理论》（第五版），世界知识出版社 2003 年版，第 633 页。

② Phil Williams，（1976），Crisis Management：Confrontation and Diplomacy in the Nuclear Age，London：Martin Robertson & CO. Ltd，p. 65.

③ ［美］詹姆斯·多尔蒂、小罗伯特·普法尔茨格拉夫，阎学通译：《争论中的国际关系理论》（第五版），世界知识出版社 2003 年版，第 624 页。

这种不确定性在朝鲜半岛危机管理中得到了充分体现。在朝鲜半岛处理危机过程中，即使做了大量的磋商调解工作，也未必会促使危机按照预先设计的方向发展；即使危机能够按照设计的方向发展，也可能出现反复，甚至功亏一篑。这与朝鲜半岛的地缘性、历史性、战略性地位等密切相关，但朝鲜半岛危机的主要当事方——美国和朝鲜的决策者也在其中起到了关键性作用。

美国的决策者是以总统为首的一个决策集团，其中总统所起的作用是决定性的。美国人认为，国际危机决策其实只有一个真正的决策者，即总统。但美国总统不是终身制，是要换届的；而且每位总统都会有不同的执政理念和风格，不一定会延续或继续执行前任总统的政策。这从克林顿和小布什两位总统的执政特点可见一斑。克林顿总统执政时对朝鲜采取的是“遏制+接触”的政策，即“胡萝卜+大棒”政策。而小布什执政之初，认为前任对朝政策太温和，没能起到遏制朝鲜的作用，因此对朝政策转为强硬，一再以言语刺激朝鲜，称朝鲜支持恐怖主义，是“无赖国家”、“暴政前哨”等，这些刺激政策是导致第二次朝核危机爆发的主要因素之一。对于小布什的决策风格，美国学者认为，他是典型的“西部牛仔”作风，在管理朝鲜核危机时，其个人行为、直觉和反应常常反映在整个决策进程中——这可能创造机会，也可能带来危险。[①] 美国新任总统奥巴马是民主党人和第一位黑人总统，执政风格与布什相去甚远：在意识形态和实用主义上更突出实用主义，在软实力和硬实力上更突出软实力，在单边主义和多边主义上更突出多边主义，在遏制防范与接触合作上更突出接触合作。但是，由于综合因素的作用，这并不预示着奥巴马将做出比布什更多的让步。奥巴马挑选参议员希拉里·克林顿为国务卿，前北约司令詹姆斯·琼斯为总统国家安全事务助理，留任国防部长罗伯特·盖茨，这些外交人员个性鲜明，都是所谓的“鹰派”。在朝鲜问题上，这些“鹰派”很可能不会做出比布什时期更大的

① Michael J. Mazarr，(2007)，The Long Road to Pyongyang：A Case Study in Policymaking Without Direction，Foreign Affairs 75 (September－October).

让步。但是，美国也有评论认为，“在重要的政策问题上，琼斯、盖茨和希拉里并不比奥巴马更强硬，他们实际上只是象征意义上的‘鹰派’而已”。[①] 他们也十分重视盟友关系与外交手段，都希望采取深入细致的外交措施，并不完全是人们想象中的“鹰派”，因此也有望在朝鲜问题上采取实用的方式。经过一段时期执政后，奥巴马政府对朝政策日益清晰，采取“战略忍耐”政策，不急于解决朝鲜问题，而是对朝置之不理，等待其自行崩溃并在其中寻找机遇。

朝鲜的决策者是最高领导人金氏家族。金正日性格刚强，行事很有主见，但却没有定章，外界不止一次将他评论为“出尔反尔、缺乏诚信”，但也评论他“驾驭周边形势的手段一贯巧妙而且惊人，是一位聪明的战略专家，很会控制自己的权力”。他惯于打擦边球，在朝鲜处于比较被动的形势下大玩“战争边缘”策略，他到底想将朝鲜半岛危机引领向何处，更是个未知数。在2002年布什把朝鲜、伊朗和伊拉克并列为“邪恶轴心”时，金正日很快以第二次朝鲜核危机进行反击，并且成功地迫使布什在第二任期改变了强硬立场，转而与朝鲜谈判。韩国也转变到了金正日一直期盼的立场，即保持稳定的政权，避免灾难性崩溃。2006年，金正日领导下的朝鲜在重压下进行了核试验，震惊了世界。2009年，金正日领导下的朝鲜又在美国和日本声称要进行拦截的高压下，用自行研制的火箭成功进行了卫星发射试验。金正恩在其父过世后接掌最高权力，基本承袭了其父“战争边缘”的对外策略，并且由于年轻气盛，在某些方面有过之而无不及。金正恩上台后已经进行了两次核试验和三次卫星发射活动。如果外界做出有弗其面子的举措，金正恩甚至可能采取更激进而不理性的措施。媒体评论说：“全世界仍低估这位朝鲜亲爱的领袖，但他可以引起朝鲜半岛战争，这是很有可能的，即使这场战争将以他政权的结束而告终。”

---

① 《奥巴马挑选了一支出人意料的鹰派团队》，美国《时代》周刊2008年11月26日。

三、心理影响因素

在危机管理中，决策者不可避免地会受到各种心理因素的影响。在危机局势下，决策者内心会感受到很大的压力，从而产生紧张情绪，表现为激动、惧怕、焦虑、挫败感和内心冲突等心理状态。随着紧张局势的不断加剧，不同的个体可能会采取不同的行为，包括攻击行为、后退行为或逃避行为，甚至引发神经官能症等等。这些心理因素会对决策者产生影响，减弱其理性分析的能力，使其犹豫不决、患得患失、对建议缺乏决断能力。通常人们有以下五种应付决策风险的基本模式：无条件坚持、无条件改变、防卫性规避、过分敏感和警醒。过高或过低的紧张感都可能导致不良的危机决策方式，紧张感不足可能产生无条件坚持或无条件改变，紧张感过高则可能造成防卫性规避或过分敏感。戴维·辛格和马丁·帕琴等人指出，在紧张和焦虑的情况下，决策者可能不会按照被称为理性的效用标准行事，[①] 因此需要更多地关注决策者个性中的非理性和半自觉因素。[②]

动机决策论在研究动机对危机行为及对决策者决策的影响的同时，也研究了心理因素对危机决策的影响。格伦·斯奈德将决策者的动机区分为目的性动机和原因性动机。其中，目的性动机是出于决策者有意识的自觉，是能够被清楚地解释和说明的。决策者为实现国家目标而做出的决策就属于这一类型。而原因性动机则是无意识的或者半自觉的动机或冲动，它源于决策者以往的生活经历、内在的价值取向和不同的利益需求。因此，多数决策理论家认为，了解决策者的教育背景、宗教信仰、重要的生活经历、接受的专业训练、身心健康状况、国外经历和参加过的政治活动等等个人背景，有助于理解决策者的价值观和其决策的深层动机。

---

① Singer, International Influence, pp. 428 – 430.

② Martin Patchen, (1963), Decision Theory in the Study of National Action, Journal of Conflict Resolution, LVII, June 1963, pp. 165 – 169.

由此可见，掌握危机决策心理对于危机的决策活动十分重要。为了有助于决策者调适心理，美国经常有针对性地进行危机对策模拟活动。危机对策模拟是以政治、军事因素为主，综合考虑危机时期政治、军事、社会、心理和经济等因素交叉影响的对抗模拟。它可以起到一种政策实验室的作用，使决策者深刻体会到在危机条件下的决策风险、紧张气氛、时间压力和可能面临的各种机会与陷阱，是提高危机决策水平，使决策者认识危机管理中可能存在的各种心理或组织障碍的重要方式。

第六章／美国对朝鲜半岛危机的预想

美国国防部在2008年国防战略中这样描述朝鲜的威胁："朝鲜对东北亚地区的安全构成了严重挑战。朝鲜政权还对美国等负责任的国际利益攸关方造成了核扩散和导弹扩散方面的严重担忧。该政权以武力威胁大韩民国，以导弹威胁邻国。此外，朝鲜的非法活动，如伪造美国货币和贩毒，以及残暴对待本国人民，也造成了不稳定。"[①] 这些描述反映了美国对朝鲜的担忧。2013年5月，美国国防部又首次发布了年度《朝鲜军力与安全发展报告》,[②] 并将报告的非密内容公布于众，称朝鲜"依然在东北亚对美国构成最严峻的安全威胁"。根据美国国防报告、军事形势报告和对朝作战计划，美国对朝鲜半岛可能发生的危机有多种不同类型的预想。其中有些危机是现实存在的，有些危机则是可能发生的。

第一节　朝鲜半岛的现实危机

现实危机是指朝鲜半岛地区现实存在的、造成局势持续紧张的危机，包括朝鲜核危机、导弹危机和敌对行动可能导致的局部冲突等。

---

① 美国国防部网站，http：//www. defenselink. mil/。

② 同上。

一、朝鲜核导危机

美国认为，金正恩统治下的朝鲜寻求成为被国际社会认可的拥核国，现阶段不太可能牺牲核力量和导弹技术来换取与西方世界外交关系正常化以及寻求经济恢复与繁荣等其他利益。[①] 因此，几乎可以肯定的是，在金正恩领导下，朝鲜还会继续进行核试验和导弹试射以切实提高朝鲜的核威慑力。朝鲜半岛局势还将随着朝核试和远程发射活动而起落。美国前常驻联合国代表约翰·博尔顿声称："朝鲜现在是，今后仍将是对美国、我们的友邦和盟国的一个威胁，只要它保留着核武器。朝鲜民主主义人民共和国具有一项无可比拟的纪录，就是撕毁承诺，向其他无赖国家扩散危险的技术……因此，解决核问题的唯一切合实际的方式就是消灭这个政权本身。"[②]

朝鲜每次实施核试验或远程发射活动，都是导致半岛局势异常不稳的导火索。"卫星发射—联合国谴责/半岛局势紧张—核试验—联合国制裁决议/半岛局势紧张升级"，几乎已成为朝鲜半岛局势升高的一个范式。从朝鲜核导问题出现的时机可以看出，其出现与半岛残存的冷战格局有关。进入20世纪90年代，苏联的解体、两极格局的彻底瓦解以及朝俄、朝中关系的降温，使朝鲜面临的压力骤然增大。朝核导问题的根本原因是冷战后地区力量平衡的打破，导致朝鲜出现了根深蒂固的不安全观，并选择以拥核作为国家安全的保障。拥核的朝鲜并未打破地区力量的平衡，而是使半岛达成了一个脆弱的力量平衡。

---

① 美国防部：《2012年度朝鲜军力与安全发展报告》第二章"朝鲜战略解读"。

② 《美国利益在线》2008年10月30日刊登的美国前常驻联合国代表约翰·博尔顿与美国负责东亚和太平洋事务的助理国务卿凯利的文章《三八线上的僵持局面》。

表 6—1 朝鲜核试验和远程发射活动统计表

时间	事件
1998 年 8 月 31 日	朝鲜第 1 次发射卫星，朝称之为“光明星 1 号”，美称之为“大浦洞”Ⅰ型
2006 年 7 月 5 日	朝鲜第 1 次发射远程导弹，美称之为“大浦洞”Ⅱ型（联合国安理会因此通过 1695 号决议①）
2006 年 10 月 9 日	朝鲜第 1 次核试验（联合国安理会通过 1718 号决议）
2009 年 4 月 5 日	朝鲜第 2 次发射卫星，朝称之为“光明星 2 号”
2009 年 5 月 25 日	朝鲜第 2 次核试验（联合国安理会通过 1874 号决议）
2012 年 4 月 13 日	朝鲜第 3 次发射卫星，朝称之为“光明星 3－1 号”
2012 年 12 月 12 日	朝鲜第 4 次发射卫星，朝称之为“光明星 3－2 号”，是朝第 1 次卫星发射成功（联合国安理会通过 2087 号决议）
2013 年 2 月 12 日	朝鲜第 3 次核试验（联合国安理会通过 2094 号决议）
2016 年 1 月 6 日	朝鲜第 4 次核（氢弹）试验
2016 年 2 月 7 日	朝鲜第 5 次发射卫星，朝称之为“光明星 4 号”，卫星发射成功（联合国安理会通过 2270 号决议）

回顾朝鲜核试验和远程发射活动的历程可以发现，2006 年朝鲜第一次核试后，进行远程发射和核试验的频率明显增高。在利比亚卡扎菲政府崩溃之前，朝鲜对自己能否在国际社会的压力下成功发展核武器存有疑虑。这一时期，朝鲜放弃核武器换取各方尤其是美方承诺不颠覆朝政权并提供经济补偿的可能性尚存在。但从第一次核试后，朝鲜发展核武器进入了新的一章，拥核信心高涨，同时核政策渐渐成形。2006 年以来，朝鲜已经进行了 4 次核试验、6 次远程发射活动，并且声称要讲核试年例化。2012 年，朝鲜修改宪法，将自己定位为“核拥有国”。2013 年 3 月 31 日和 4 月 1 日，朝鲜又接连召开劳动党中央委员会全体会议和

① 决议案内容见附录。

最高人民会议第12届7次会议，正式确立了“经济建设和核武建设并进”的国家发展路线。从主观上看，朝鲜现政权完全弃核的可能性几乎已不复存在，金正恩继承了其父的理念，将核遏制力视为其政权的安全保障，不可能放弃核发展，同时以核试相胁又是向美施压的有力筹码。从客观上看，朝鲜虽已进行了4次核试验，但尚未解决核武器弹头化、小型化问题，有继续进行核试的客观需求。因此，美国判断认为，“朝鲜将继续进行核试验和导弹试射”。①

二、其他激烈的举动可能导致的小规模冲突危机

除上述现实危机外，朝鲜可能采取的一些其他举动也可能导致地区局势紧张，引发危机：第一，违反人道主义的举动，如派遣暗杀人员等。第二，显示实力与挑衅姿态的举动，如出动战斗机逼近韩国领空侦察监视等。据韩国军方透露，2008年2月25日韩国新政府上台以来，朝鲜战机多次出现在朝韩陆地和海上边界上空。韩国国防部密切监控有关举动，认为朝鲜是故意制造在海上、天空和地面的紧张局势。第三，冷却与韩国关系的举动，包括驱逐开城工业园区的工作人员等。2009年1月17日，朝鲜强硬宣布与韩国进入“全面对抗”状态，1月30日宣布单方面废除与韩国签订的停止政治、军事对抗全部协议，并称朝韩处于“战争边缘”，这些举动使半岛处于紧张态势之中。朝鲜当局如对局势感到不满，可能还会不断采取这些举动，导致地区局势持续紧张。

第二节　潜在的危机

潜在危机是现阶段尚未发生，但今后有可能发生的危机。某些潜在的危机一旦爆发，将会严重危及美国在朝鲜半岛的核心利益，进而危害

---

① 美国防部：《2012年度朝鲜军力与安全发展报告》第三章“军队现代化目标与趋势”。

美国的东北亚战略和全球战略，或者将美国再度卷入朝鲜半岛的战火之中。根据公开资料显示，美国认为这种性质严重的潜在危机主要有以下几种：

一、朝鲜可能实施以统一为目的的大规模进攻

一国主动挑起危机，一般是在实力占据绝对优势，并认为如果危机失控，即便是发动战争也可以较小的代价赢得战争的情况下发生的。

冷战结束后，朝韩军力对比发生了根本的变化。根据韩国国防部2015年1月发布的两年一次的《国防白皮书（2014年版）》统计，朝鲜现役总兵力为120万人，其中陆军102万人，拥有坦克和装甲车6800辆以上、野战炮8600余门、火箭炮5500余门、地对地导弹发射装置100余部，这些部队多数沿非军事区部署，隐藏于几千个加固的地下设施内。海军共6万人，装备各型舰艇820艘，包括潜艇70艘、战斗舰艇430艘、两栖登陆舰艇260艘、水雷战舰艇20余艘、支援/辅助舰只40艘。空军11万人，拥有各型飞机1650余架，其中作战飞机820余架、侦察监视飞机30余架、直升机300架、运输机330余架、教练机170余架。预备役部队总规模达到770万人，动员对象年龄在14—60岁之间，约占朝鲜总人口的30%，其中教导队60余万人，为核心预备战力，战时可用于补充正规部队，平时按正规军标准进行训练；工农赤卫队570余万，红色青年近卫队100余万人，准军事部队40余万人。① 大规模杀伤性武器方面，朝鲜经过对乏燃料棒的多次处理，提炼了40余千克用于制造核武器的钚，正在进行铀浓缩活动，核武器小型化能力或已达到一定水平；朝鲜实战部署“飞毛腿B”、“飞毛腿C”、“劳动”和“舞水端”导弹，具备可以直接打击朝鲜半岛、日本和关岛等周边地区的能力，研发的“KN-08”型导弹具备可以打击美本土的能力；朝鲜还贮备有2500—5000吨的化学武器，具备独立培养和生产炭疽菌、天花、霍乱等生物武

---

① 韩国国防部：《国防白皮书（2014年版）》第一章第三节“朝鲜局势及军事威胁”。

器的能力；[①] 另据美国国务院《2015 年世界军事开支和武器转让》报告估计，朝鲜 2002—2012 年军费支出年均为 40 亿美元，占年均 GDP（170 亿美元）的 23.5%，已然位居世界第一。[②] 虽然朝鲜人民军数量庞大，但事实上，美国对朝军的评估结论是“力量衰弱，后勤保障短缺，武器装备陈旧且训练不足”。[③] 朝鲜的战车是“20 世纪 50 年代生产的”；超过 60% 的作战飞机是 1949—1953 年间制造的米格，均无法用于夜间作战，而由于燃油紧张，有的几年都未经飞行训练，“大部分飞机技术落后，防空指挥控制结构僵化”。[④] 据《文化日报》报道，朝鲜现在连常规武器的维护、保养和补充都很困难，3 年来近 30 艘潜水艇一直停泊，已无法再用于实战部署。韩国媒体称，朝鲜海军舰艇中相当一部分属超期服役，几乎失去战斗力。朝鲜的战争物资只能使用 1—3 个月，如果没有追加采购和外部支援，很难进行长期作战。[⑤]

与朝鲜相比，韩国现役总兵力并不多，根据韩国国防部《国防白皮书（2014 年版）》统计，韩国总兵力 63 万人。陆军 49.5 万人，拥有坦克和装甲车 5100 辆以上，野战炮 5600 余门、火箭炮 200 余门、地对地导弹发射装置 60 余部。海军共 7 万人，包括 2.9 万余名海军陆战队员，装备各型舰艇 160 余艘，包括潜艇 10 余艘、战斗舰艇 110 艘、两栖登陆舰艇 10 艘、水雷战舰艇 10 余艘、支援/辅助舰只 20 艘。空军 6.5 万人，拥有各型飞机 1340 余架，其中作战飞机 400 余架、侦察监视飞机 60 余架、直升机 690 架、运输机 50 余架、教练机 160 余架。预备役部队总规模 310 万人。[⑥] 从双方军事实力对比来看，朝鲜兵力和装备量均为韩国的 2 倍，占据数量上的优势。但是，韩国近年来引进西方国家的先进装

---

① 韩国国防部：《国防白皮书（2014 年版）》第一章第三节“朝鲜局势及军事威胁”。

② 美国“多维新闻”网站 2016 年 1 月 7 日载美国务院《2015 年世界军事开支和武器转让》报告。

③ 美国防部：《2013 年度朝鲜军力与安全发展报告》第四章“朝鲜军队的规模、部署及能力”。

④ 同上。

⑤ 韩国国防部：《国防白皮书（2014 年版）》第一章第三节“朝鲜局势及军事威胁”。

⑥ 韩国国防部：《国防白皮书（2014 年版）》附录 1“朝韩军事力量及经济指标对比”。

备，主战飞机是从美国引进的 F－15、F－16 以及韩国自行改造的 KF－15、KF－16 等三代机，主战舰艇吨位也较朝鲜大得多，在质量上居上风。据韩国国防部统计，2013 年韩国国民生产总值是朝鲜的 42.6 倍，人均 GDP 是朝鲜的 20.8 倍，贸易总额是朝鲜的 146.5 倍，[①] 工业生产能力与技术水平都领先于朝鲜。据美国国务院《2015 年世界军事开支和武器转让》报告估计，与朝鲜军费支出年均占 GDP 的 23.5% 相比，韩国年均军费支出仅占年均 GDP 的 2.5%，但总体规模为 260 亿美元，是朝年均军费支出的 6 倍以上，[②] 而这一实力对比还不包括驻扎在韩国的近 4 万美军及其先进的武器装备。因此，从军事战略来看，随着综合国力的增强，韩国已把 20 世纪 80 年代以前的消极防御战略调整为进攻性防御战略，朝鲜则因各种因素而将其进攻性军事战略调整为防御战略。

基于上述对比，朝鲜已经失去了军事实力上的优势。但是，美国长期将朝鲜视为“反复无常”、“难以预测”、不受国际行为规则约束的国家，并认定朝鲜是东亚地区稳定与安全的最大威胁，可能使美国卷入大规模地区战争。驻韩美军司令于 2000 年向国会作证时声称，“尽管遭受经济危机，朝鲜的军事力量反而变得更大、更强、更接近并且更致命”。[③] 2000 年 9 月，美国国防部在向国会提交的《朝鲜半岛军事形势报告》中罗列了一系列所谓的朝鲜“军事威胁”，概括如下：（1）朝鲜百万地面部队构成进攻力量的中坚，在战争最初的几个小时内可每小时向韩国发射 50 万发炮弹。（2）朝鲜导弹库存有 500 枚各型“飞毛腿”导弹，将继续生产“劳动”导弹。朝鲜正在研制多级推进导弹，目标是“部署能打到美国本土的导弹系统”。（3）朝鲜特种部队有 10 万之众，能同时打击韩国前沿和后方目标。（4）朝鲜生产了 5000 吨各型化学战剂，并有生产和部署生物武器的能力。（5）朝鲜核武器发展计划令人

---

① 韩国国防部：《国防白皮书（2014 年版）》附录 1“朝韩军事力量及经济指标对比”。

② 美国“多维新闻”网站 2016 年 1 月 7 日载美国务院《2015 年世界军事开支和武器转让》报告。

③ The korea research institute for strategy, (2001), The Strategic Balance in Northeast Asia, Printed in Korea by the Dongjin Publishing Co., Seoul, pp. 42－43.

担忧。

按照美国的逻辑，朝鲜可能率先向韩国发动全面进攻。2000年美国国防部报告中指出，朝鲜从未放弃武力统一朝鲜半岛的企图，仍在非军事区160公里的范围内部署了70万军队、8000门大炮和2000辆坦克。[①]美国国防大学战略研究所高级研究员罗纳德·蒙塔皮尔托指出，"朝鲜对韩国采取军事行动是不大可能的，但也不能排除，不能说这种事情不会发生，只能说是减少了发生的机会"。美国和平组织主任帕奇克·克罗尼恩认为，"对于朝鲜经常讲的事情，我们不能掉以轻心"。[②] 2013年5月，美国国防部又在首次发布的年度《朝鲜军力与安全发展报告》中称，"朝自1948年建国以来，一直期望统一朝鲜半岛，并认为将美军从朝鲜半岛驱逐出去能够实现该目标……朝鲜持续寻求核技术、核力量以及远程弹道导弹计划，其最终目标是攻击美国本土"，[③]"朝鲜在前沿阵地部署大量军力可在无警告的情况下对韩国发动攻击，具备对韩造成严重破坏的能力"，[④]着力渲染朝鲜军事威胁。美国国防部的报告和这两位朝鲜问题专家的看法，实际上代表了美国政府和学术界的主流看法。

美国制订的朝鲜半岛基本作战计划——5027作战计划想定认为：朝鲜将越过"三八线"，对韩国发动全面进攻，试图武力统一朝鲜半岛。朝鲜的战略意图是在战争初期以迅雷不及掩耳之势向韩国发动突然袭击，争取在韩国完成军队调动和美国援军到达朝鲜半岛之前，部分或者全部占领韩国。其军事战略的主要目标是在战争开始后30天之内统一整个朝鲜半岛。

美韩联军司令部认为，朝鲜人民军100万地面部队之中约70%的地面部队——约60个师或旅部署在平壤—元山一线以南的地区，空军820架作战飞机中有50%部署在前线机场，海军430艘水面战舰和70艘潜

---

① The korea research institute for strategy, (2001), The Strategic Balance in Northeast Asia, Printed in Korea by the Dongjin Publishing Co., Seoul, p. 42.

② 陈龙山主编：《朝鲜半岛问题研究文集（三）》，吉林省朝鲜·韩国研究学会1999年版，第74页。

③ 美国防部：《2012年度朝鲜军力与安全发展报告》概要。

④ 美国防部：《2012年度朝鲜军力与安全发展报告》第三章"军队现代化目标与趋势"。

艇中的50%部署在接近韩国的前线基地。[①] 因此，如果朝鲜想对韩国发起突然袭击，根本无需大规模调动军队，并且其远程火炮可以直射韩国首都首尔。朝鲜人民军完全有能力在韩国得不到有效预警的情况下实施突然袭击。美国1974年制订的5027作战计划虽经多次修改，但有关朝鲜进攻的前半部分的基本设想始终没有做大的改动。时至今日，美国从来没有放弃在朝鲜半岛打一场大战、恶战的准备。但是，美国和韩国也有许多人认为，目前朝鲜已调整了军事战略，没有实力也没有意图谋求武力统一，不大可能再“发动”一次朝鲜战争。而美国对朝鲜威胁的言论，更大程度上是美国推行全球战略的需要，企图借此证实驻韩美军的重要性和必要性，为美国加强在韩国的前沿军事存在寻找借口。

二、朝鲜可能崩溃

美国等西方国家认为，朝鲜崩溃的危机一旦发生，势必将极大地影响朝鲜半岛的稳定，彻底改变东北亚的战略格局。美国认为，朝鲜崩溃是“软着陆”，可能有利于美国，可以兵不血刃地消除朝鲜这个“无赖国家”的威胁和“核隐患”；但也可能给美国在朝鲜半岛的利益带来不确定性甚至不利的影响。美国必须预做充分准备，以便继续在该地区保持最大的影响力，使形势向有利于美国的方向发展。

美国曾经不止一次预言过朝鲜的崩溃，但这些预言都落空了。华盛顿国际战略研究中心副主任泰勒早在1998年就表示，“朝鲜政权不用一年就会垮台，但我不知道它怎样垮台，是不流血的革命呢？还是真正的流血革命呢？还是一些饥饿的人起来搞无政府主义，像阿尔巴尼亚一样呢？朝鲜政权要不垮台，除非你们中国人增加援助”。[②] 从他的预言到今天，近20年过去了，朝鲜依旧保持稳定。

---

① 美国防部：《2013年度朝鲜军力与安全发展报告》第四章“朝鲜军队的规模、部署及能力”。

② 陈龙山主编：《朝鲜半岛问题研究文集（三）》，吉林省朝鲜·韩国研究学会1999年版，第76页。

美国智库认为，朝鲜崩溃是过程也是结果，分为两种形式：政权崩溃和政府崩溃，政权崩溃可能是政府崩溃过程的一个环节。政权崩溃的情况下，金氏家族被推翻，新的领导人掌控朝鲜，这些人很可能来自军队。国家控制机制和组织尽管会受损，但大部分可保留，新上任的国家领导人倾向肃清高级政府官员，以心腹取而代之。政府崩溃的情况下，金氏家族政权败落或被推翻，同时没有任何个人或组织能够组建新的中央政府，派系不断发展，都试图控制朝鲜部分地区①。引发朝鲜崩溃的不稳定因素包括：

一是朝鲜的经济困境。由于长期遭受美国及其盟国的经济制裁，加上国防开支过大等因素，朝鲜国民经济徘徊不前，粮食不足问题日益严重。由于多年的投资不足、缺乏备用资金和管理不到位，朝鲜的工业资本库存几乎无法补救。大规模军事开支占用了投资和民众消费所需的资源。工业和电力产值多年停滞，还不如1990年之前的水平。即便朝鲜经济要维持在当前“仅能维持生计”的水平，也仍旧需要其他国家的帮助。朝鲜缺乏电力、区域供暖以及足够的煤炭，即便平壤也会发生停电，其他地区电力供应不足现象更加严重。根据韩国银行推算，朝鲜国民经济自1990年出现－3.7%的增长率后，到1998年已经连续9年负增长。近年来，朝鲜经济仍呈停滞态势。比经济倒退更为严重的问题是粮食产量不足，粮食短缺问题严重，民生无法保证。据美国兰德公司的报告以及韩国统一部对朝经济指标的统计，朝鲜农业正处于危机模式之中，生产的粮食供给仅能维持生计或低于维持生计的水平，人民长期处于营养不良和生活条件贫乏的困境。联合国粮食计划署称，朝鲜有2300万人口，一年至少需要500万吨粮食。然而即使是丰收年份，朝鲜粮食产量也只能达到这个数目的85%，差不多每年至少需要外援100万吨。如果赶上灾害年份，粮食供应缺口要大得多。朝鲜城市居民每天的粮食配给是250克，远低于联合国粮食计划署建议的每天550—590克的粮食摄取量。此外，朝鲜还面临能源电力短缺等问题。长期的经济困难严重影响

---

① 《做好朝鲜政权可能崩溃的准备》，美国兰德公司报告，2013年9月。

了朝鲜人民的生活。这些限制使实质上的改善变得不太可能，同时产生了可能引发灾难性失败的巨大震动的潜在性。

二是朝鲜领导层问题。美国兰德公司认为，朝鲜前领导人金正日拥有一个非常坚固的领导地位，已经肃清了所有已知对手，并以忠诚为最重要的因素来建立朝鲜的领导层。但金正日于2011年底去世，使朝鲜政府高层的坚固领导能力丧失，并为朝鲜可能发生政府崩溃创造了条件。乍一看，金正日第三子金正恩的继任好像进行得很顺利，他被确立为军队最高司令官、国防委员会第一委员长、劳动党第一书记，但其过于年轻，缺乏在朝鲜担任重要职位的经验，继任后采取的在党政军高层大规模“换血”的做法也过于激进。因此，兰德公司认为，“导致朝鲜政府崩溃的一条道路将涉及金正恩遭受暗杀”，这将在朝鲜创造一种非常艰难的局势。中央领导人的消亡可能会导致产生两个或更多的派系，每个派系都可能会控制朝鲜一部分国土，一些国土可能会陷入无政府状态，内战可能随之发生，导致朝鲜政府最终崩溃。

三是朝鲜控制体系的削弱。美国和西方国家一直认为，朝鲜靠高压统治，目前控制体系已经出现了受损的迹象。兰德公司报告指出，越来越多的证据显示，金氏家族正在输掉朝鲜内部的宣传斗争，超过一半的民众收听国外的新闻，基层的讽刺正在“撕掉皇帝的新装”，精英层中甚至产生了不满的情绪。2004年，俄塔斯社披露金正日的一些肖像被从公众场所撤掉。美国《华尔街日报》发表社论指出，平壤政权内部正在进行肃清或发生了宫廷政变，而日本高级官员则表示应该考虑到朝鲜将要发生一场政变的可能性。虽然事实证明这些媒体的猜测是没有根据的，但这显示了外界对朝鲜统治脆弱性的共识。按照美韩情报机关的分析，“朝鲜内部的虚弱已经达到极点，十分类似1989年夏天东德难民大量涌入西德使馆之前的情形，即表面上维持稳定，但内部却已极其松动，一夜之间倒塌已并非危言耸听”。

冷战结束后，美国一直在等待着朝鲜的政权自行崩溃。美国人认为，“一个即将崩溃的政权倾向于惊慌失措，做出非理性的行动。因此，朝鲜越虚弱，就越危险”。[①] 美国兰德公司认为，“朝鲜政权正在走下坡路，其崩溃是必然的，只是一个时间问题”。朝鲜政权如果真的崩溃，将会给半岛形势带来无法回避的动荡。然而，从目前来看，朝鲜政局虽有不稳定因素，但在相当长的时间内还看不出崩溃的迹象。近年来朝鲜政局稳定，对外适度开放，出现了一些积极的变化。

三、可能出现大批难民潮

大批难民潮的出现等“人道主义危机”也是美国所预想的危机之一。除了政权崩溃外，美国制订的应对朝鲜政局生变的5029计划还假想了其他四种“突发事态”：发生大规模骚乱，居民大规模逃离朝鲜，叛军夺取核武器及生化武器等大规模杀伤性武器，发生大规模自然灾害时展开人道主义援助行动。美国认为，一旦朝鲜内部局势恶化，朝鲜可能会出现普遍的社会骚动。届时如果朝鲜当局不能及时控制局面，数百万朝鲜难民会涌向韩国、中国、俄罗斯和日本。美国兰德公司援引韩国经营者协会的一份报告预测，如果朝鲜政权突然崩溃，将会有多达365万人从朝鲜进入韩国。即使保守估计，也会有多达161万朝鲜人进入韩国。届时，朝鲜半岛的局势有可能陷入无法预测的混乱。

四、小规模边境冲突可能升级为大规模战争

朝鲜半岛容易发生冲突的危险地域，主要集中在两条分界线附近地域、海域及其上空：一条是“三八线”；另一条是“北方限界线”。三八线是朝鲜和韩国双方认可的陆上边界线；“北方限界线”则是美国和韩国单方面划定的海上分界线，朝鲜一直未予以认可。

三八线两侧的较量。冷战结束后，三八线两侧的军事对峙依然紧张，并多次出现小规模冲突和交火事件。根据停战协议，在三八线南北两侧

---

① Robert D. Kaplan，When North Korea Falls.

各两公里的非军事区区域内，巡逻的朝军、韩军和驻韩美军都不应该配备机枪等重武器。但是从双方交火情况看，谁也没有遵守这一协定，双方哨所均配备了机枪。1995 年 10 月，美韩宣布恢复联合军事演习；12 月，韩国和朝鲜军队相继进入“戒备状态”。1996 年 3 月 29 日，朝鲜人民武装力量部第一副部长金光振声称，“半岛的停战即将达到极限……现在的问题不是会不会爆发战争，而是何时发动”，韩国随即宣布将对朝情报监视由 3 级提高到 2 级。同年 4 月 7 日，韩国总统金泳三下令军队“全面戒备”。1997 年 6 月 20 日，朝鲜指控韩国军队向朝方发射炮弹。同年 7 月 16 日，朝韩军队在三八线附近交火达 23 分钟。2001 年 11 月 27 日，朝韩军队在三八线附近发生交火。2003 年 7 月 17 日，朝军和韩军在三八线附近互相射击，朝鲜打了 4 枪，韩国回了 17 枪。2005 年 10 月 28 日，朝韩军队再度在三八线两侧发生交火。2006 年 7 月 31 日晚，韩国士兵和朝鲜士兵在三八线附近短暂交火，没有人员伤亡。2007 年 8 月 6 日，韩国士兵和朝鲜士兵在三八线附近发生交火约 10 分钟，没有人员伤亡。2015 年 8 月 4 日，三八线韩方一侧发生两次爆炸，导致两名韩国士兵身受重伤，韩军认为此次事件系朝鲜所为，为此重启对朝心理战广播，8 月 20 日双方又实施了火炮互射，一度剑拔弩张。

“北方限界线”附近海域的较量。朝鲜战争结束后，朝韩双方曾经多次在“北方限界线”附近海域发生冲突，使这片海域成为朝韩之间最为敏感和复杂的地区之一。1953 年 8 月，美联军司令部单方面划定朝韩海上分界线“北方限界线”，规定：分界线的东海岸线由朝鲜半岛东方陆军军事分界线尽头向东海（即日本海）延伸 218 英里，西海岸线由西方陆军军事分界线尽头向西海（即黄海）延伸 42.5 英里，将朝鲜半岛的大青岛、小青岛、延坪岛、白翎岛和隅岛均纳入韩国管辖区域。朝鲜一直拒绝承认美国单方面划定的这条“北方限界线”，并自行制定了宽度为 50 海里的军事区域。在朝鲜看来，越过“北方限界线”并不违反任何协定。韩国舰艇常年在“北方限界线”附近巡逻，而朝鲜也经常派警备艇逼近“北方限界线”进行巡逻监视，因此双方很容易在这一区域制造摩擦事件。1996 年 9 月 18 日，一艘朝鲜潜艇越过“北方限界线”，在韩国东海岸附近水域搁浅，艇上26人登岸，被韩方击毙24人，其余1人被捕，1人失踪。事后，朝方称此系潜艇故障所致，韩方则指控为“军事挑衅”，形势一度十分紧张。1997年6月5日发生朝、韩巡逻艇交火事件，朝鲜人民武装力量部发表声明，指责美韩策划战争，表示准备进行“决战”。1998年6月22日，在韩国东部海岸附近的一艘小型船只上发现9名朝鲜突击队员的尸体；7月12日，在韩国东部海岸海滩上发现一名朝鲜蛙人的尸体；11月20日，韩国海军在将一艘朝鲜间谍艇驱逐到江华岛附近的朝鲜领海时向朝鲜间谍艇开枪示警；12月18日，韩国海军击沉一艘朝鲜间谍潜艇，同时在朝鲜半岛东部日本海上发现一名蛙人的尸体。1999年6月15日，朝韩南北双方海军发生了正面冲突，一艘朝鲜炮艇被击沉，数艘遭到重创，约30人阵亡。2002年6月29日，朝韩海军发生第二次正面冲突，两国军舰在黄海延坪岛水域激烈交火，一艘韩国高速艇被击沉，包括艇长在内的4人死亡，22人受伤，1人失踪。2003年5月29日，朝鲜指责韩国派军舰侵入朝鲜领海。朝鲜警告说，如果韩国军舰继续侵入朝鲜海域，那么将导致无法挽回的严重后果。韩国否认了朝鲜的这一指责，并敦促朝鲜“立即停止对韩国领海的入侵”。同年6月1日，韩国海军巡逻艇向越过“北方限界线”的数艘朝鲜渔船进行了警告性射击。2010年3月26日，韩国“天安号”护卫舰在朝韩西部前沿海域沉没，46人死亡，韩国指责为朝鲜所为，朝鲜予以否认。11月23日，朝韩又在西部前沿延坪岛互相实施火炮射击，双方都有数人伤亡。朝鲜“北方限界线”附近海域的冲突事件，数次导致双方海陆空三军进入高度戒备状态。

空中的冲突。根据朝鲜官方统计，美国和韩国侦察机近年来对朝鲜侦察频繁，平均每个月达到150—170余架次，其中2007年上半年达到1100余架次。执行侦察任务的包括韩军的RC－800、RF－4C等型侦察机，驻韩美军的U－2型高空战略侦察机、RC－12型战术侦察机，以及从海外基地起飞的RC－135型战略侦察机、EP－3型电子侦察机等，活动内容包括空中监视、照相、电子侦察等，活动区域为三八线一带和朝鲜东、西海岸地区上空。由于美国经常对朝鲜实施抵近侦察，朝鲜半岛空域险情不断。1994 年 12 月 17 日，一架美军侦察直升机进入朝鲜领空，被当即击落，飞行员 1 名死亡、1 名被扣留。经过 10 余天的谈判，美朝达成协议，朝方释放了扣留的美军飞行员，化解了一场危机。2003 年 3 月 4 日，美国侦察机再度遇到险情，朝鲜 4 架歼击机在日本海上空拦截 1 架美国 RC-135 型侦察机，并一度将侦察机锁定为攻击目标，但并未开火，随后飞离。在此过程中，朝鲜歼击机最近时距美军侦察机只有 15 米。

三八线和“北方限界线”附近无小事，因为这是朝鲜和韩国双方陈兵百万的敏感地区。美国认为，这种小规模的交火，如果得处理不好，会引发连锁反应，成为大规模冲突的导火索。

五、战争边缘政策可能失控

所谓战争边缘政策，即以战争相威胁，主张“站在强制性讨价还价行动与相互冲突之间的门槛上和战争的边缘，甚至跨过门槛向对方施加压力”，迫使对手让步以获得利益。在朝鲜半岛，敌对的美朝双方均在使用这一策略。总体比较，朝鲜因为比美国和韩国感受到了更大的压力，所以在外交和军事力量运用上更需要技巧。韩国战略研究所认为，“朝鲜喜欢采用战争边缘政策。使用军事力量与美国谈判和要价，这是它一贯的伎俩”。[①] 金正恩执政后，一方面需要美国的安全保证，需要外界的粮食和能源援助；另一方面也不愿单方面让步，更不愿屈从美国。因此，朝鲜尽可能地运用“战争边缘”策略与美国周旋，进进退退，虚虚实实，力图保全面子，获得更多实惠。

美国研究机构认为，朝鲜采用的“战争边缘”策略，首先是坚决发展核武器。不管美国及周边国家怎样强烈反对，采取多少遏制方式，签订多少协议，朝鲜仍旧是“你谈你的主义，我发展我的核武器”，并最

---

① The korea research institute for strategy, (2001), The Strategic Balance in Northeast Asia, Printed in Korea by the Dongjin Publishing Co., Seoul, p. 333.

终在众多大国的眼皮下成功进行了 4 次核试验。其次是不讳言战。朝鲜经常把战争放在嘴上，动辄就称要“以血还血、以牙还牙”，并多次明确表示，美国的任何军事行动，不管是封锁、单纯的空中打击还是导弹拦截，对朝鲜而言都是全面战争行为，朝鲜都将被迫以全部战争手段对抗，显示其不惜一战甚至勇于打核战争的决心，用以警告并吓阻美国的施压及随后可能采取的行动。目前，朝军兵力众多，训练有素，实力很强，因此朝鲜发出的战争威胁不容忽视。

在实际行动上，朝鲜也表现得十分强硬。1998 年 3 月 13 日，朝鲜突然向各国驻朝使节通报，宣布全国进入“战时动员状态”，原因是朝鲜受到了来自日本、美国和韩国“越来越大的军事威胁”。2003 年 2 月 24 日，朝鲜向日本海发射导弹；25 日晚，发表声明要求朝鲜军队和国民做好战争准备，抵御美国随时可能发动的军事打击；《劳动新闻》随后发表文章称，如美对朝鲜进行攻击，将“演变成一场核战争”。2009 年 4 月 5 日，在美日的重压下，朝鲜用“银河 2 号”三级运载火箭发射了“光明星 2 号”试验通信卫星；朝鲜人民军总参谋部宣称，任何试图拦截朝鲜“卫星”的举动都将被视为“宣战”，朝鲜将以“最猛烈手段”予以报复。2016 年 1 月朝核试后，朝鲜人民武力部第一副部长卢光哲威胁称，“如韩美继续侮辱朝鲜最高尊严，对朝鲜领土进行侵犯，朝鲜将展开报复圣战”。

杜勒斯认为，“到边缘而不进入战争的能力是一门必需的艺术。如果不能掌握它，将无法避免进入战争。如果试图躲开它或因害怕而不敢走到边缘，将导致失败”。菲尔·威廉姆斯提出，“在采取战争边缘政策的同时需要显示和解的姿态，必须强调共同利益，并将危机中相互冲突的利益降于次要地位”。朝鲜深谙此道，一方面显示强硬，不惜走向边缘；另一方面表现出弹性，懂得在必要的时候让步。例如，朝鲜在成功进行核试验后，承诺不首先使用核武器，在任何情况下不转移相关手段和技术，愿意用“不核试换不军演”等；充分利用美国与韩国之间的矛盾，利用韩国民众的民族亲情、和平愿望和反美情绪，分化美国的战争力量，同时利用中、俄、日等周边国家现实的、潜在的矛盾和利益冲突，推动国际环境朝有利于自己的方向变化。

迄今为止，朝鲜的战争边缘政策一直是较为成功的。金正恩效仿其父金正日，把握了强硬与弹性的节奏，善于打“擦边球”，不断挑战美国的底线。针对朝鲜的“玩火”行动，美国不止一次表现出强硬的姿态，但又不想为此发动战争。在朝鲜半岛这样一个全球军队密度最大的“火药桶”上，任何一点“玩火”行为都可能引发难以估量的后果。韩美已经针对朝鲜的“挑衅”行为制订了共同应对局部挑衅等打击朝“挑衅源头”的报复性作战计划。美朝双方如稍有不慎，可能会因“擦枪走火”而引起对方的错误判断，最终导致一场严重的武装冲突。

第七章／美国对朝鲜半岛的危机管理目标、手段与模式

朝鲜半岛危机有多种类型和样式，针对不同的危机，具体管理方式也各不相同。但是，美国在朝鲜半岛危机管理中，有一些目标是既定的，一些手段是惯用的，一些模式是固定的。总结归纳这些相同点，对于研究朝鲜半岛危机管理具有一定的意义。

第一节　危机管理的目标

无论是应对什么类型的危机，美国在朝鲜半岛实施危机管理的深层次目的不外乎以下四个：

一、防核、防扩散

“9·11”事件后，防止核武器和大规模杀伤性武器扩散，在美国全球战略中占据的位置越来越重要。美国目前的实力无人能及，即便出现能与之抗衡的战略对手，也是几十年以后的事情，并且战略对手到底是哪个国家还不能确定，而大规模杀伤性武器的扩散是客观存在的，是对美国明确的威胁。因此，美国在战略目标上将遏制大规模杀伤性武器扩散作为头等重要的大事，这反映在近年来发布的总统咨文、国防战略和国防报告等许多官方文件上。

美国人认为，核武器扩散会对美国安全产生诸多不利影响：一是一

些目前尚不对美国本土安全构成威胁的国家有可能把美国本土作为其战略核力量的打击目标；二是可能为恐怖主义分子所利用；三是掌握核武器的国家可能因缺少高级指挥控制系统和惧怕其核武器受到敌方打击而贸然使用核武器；四是不同政治文化背景的国家对于什么是“不可接受的损失”有不同理解，从而会削弱美国威慑战略的有效性；五是地区核战争会造成严重的环境问题；六是美国的盟国以色列、日本和韩国会成为核打击目标，有可能把美国拖入战争；七是抵消了美国的常规优势；八是严重干扰了美国在海外使用武力的决心，并限制了其规模和方式；九是迫使美国投入更多的资源发展战区和战略防御体系；十是冷战后某些地区强国发展核武器以对大国进行讹诈。美国前国防部长佩里和前国防部高官卡特指出，“……一旦这些武器（核、生、化武器）落入敌对势力、叛乱集团、非法政权或恐怖分子手中，美国将重新面临冷战时期如同苏联给美国带来的那种 A 类威胁”。[①]

对此，美国采取了一系列防范措施，包括推动《纳恩—卢加尔法案》，与俄罗斯及其他原苏国家进行双边防扩散谈判，以及推动“防扩散安全倡议”。从 20 世纪 80 年代末到 90 年代初，美苏（俄）裁军与军控实现了两个过渡，即从限制某类武器的最高限额到削减某类武器的已有数量、从限制某类武器的数量到全部消除某类武器。美国军控政策的侧重点，由冷战时期向上平衡以寻求战略稳定转为冷战后向下平衡以取得相对战略优势，由寻求军控协议转变为确保军控实施。在继续促使原苏联地区各国裁减和销毁核武器的同时，将重点从裁军转向军控，力争防止核生化武器和导弹技术在发展中国家扩散。从防止武器扩散发展为防止武器技术、资源和人员的扩散；从防扩散发展到“反扩散”，对发展大规模毁伤武器的国家施加政治压力，实行经济制裁甚至军事打击。

美国认为，朝鲜半岛是核武器和其他大规模杀伤性武器可能扩散的危险地域。冷战后，该地区已发生了 2 次核危机，朝鲜已经进行了 4 次

---

① Ashton B. Carter and William J. Perry, (1998), Preventive Defense-A New Security Strategy for America, pp. 15 - 16.

核试验。因此，防核、防扩散是美国在朝鲜半岛实施危机管理所要达成的首要的、最直接的目标。

二、稳定战略格局

稳定战略格局，就是要在全球范围内遏制可能挑战美国的新兴大国，防范可能危害美国国家安全利益的新的战略联盟的出现。具体到东北亚地区，就是要防止地区大国崛起，遏制中国和俄罗斯，控制日本和韩国，保持美国在该地区的传统影响力。在此背景下，美国极其重视朝鲜半岛的军事战略价值，把朝鲜半岛看作遏制中国“岛屿锁链”的重要环节，是向亚洲大陆进攻的“战略据点”和“主要前哨阵地”，[①] 以及其在东北亚与俄罗斯、中国等“地缘战略棋手”下棋时的“地缘战略支轴”。[②] 因此，美国不会允许任何危机破坏有利于自己的战略格局。

对于美国来说，朝鲜半岛首先是制衡中国的重要阵地。美国对中国的日益强大十分警觉，认为中国有可能走向敌对，而不是在国际体系中以合作的方式发挥作用。美国前国防部长佩里和前国防部高官卡特指出，“今天中国正在崛起为一个太平洋地区的经济、政治和军事大国，从而与其他太平洋大国，尤其是美国和日本发生了利害冲突。如果中国的崛起脱离了美国的轨道，中国将成为21世纪危及美国生存和国际安全的A类威胁”。[③] 为了防止这种“A类威胁”再度出现，美国认为对中国仅仅接触并保持警觉是远远不够的，必须对崛起中的中国形成一种遏制和包围态势才能防患于未然。而朝鲜半岛在美国对中国的包围圈中起到了最接近、最积极的作用，是遏制中国最理想的战略基地。因此，美国一方面继续增强韩国的军事能力，另一方面在经济上竭力扶持韩国，使其战

---

① ［美］兹比格纽·布热津斯基，刘晓明译：《竞赛方案：进行美苏竞争的地缘战略纲领》，中国对外翻译出版公司1998年版，第53页。

② ［美］兹比格纽·布热津斯基，中国国际问题研究所译：《大棋局：美国的首要地位及其地缘战略》，上海人民出版社1998年版，第55页。

③ Ashton B. Carter and William J. Perry，（1998），Preventive Defense-A New Security Strategy for America，p. 16.

略力量不断上升，借以平衡中国的影响，压缩中国的战略空间，防范与遏制中国的崛起。由于上述因素，冷战结束后，朝鲜半岛在美国全球战略中的地位不但依旧稳固，而且更加重要。迄今为止，美国在东北亚地区建立了呈三线配置的军事基地体系：第一线基地由驻韩美军基地构成；第二线基地由日本的三泽和横日空军基地构成；第三线基地由美国关岛和夏威夷军事基地构成。在这一基地体系中，驻韩美军基地作为美国在东北亚军事力量的指挥中枢和保障中心，是美国东北亚一线军事基地的轴心。

同时，美国在朝鲜半岛还隐藏着制衡和遏制日本再度成为军事大国的意图。美国前国务卿布热津斯基在《大棋局》一书中反复指出，正是韩国同美国的密切联系，使美国能够不在日本本土过多驻军而保护日本，从而使日本不会成为一个独立和重要的军事大国。美国必须继续留驻在朝鲜半岛。如果美国撤离韩国，美日联合防务的形式也会改变，日本将不得不在军事上更加自立。美国单方面撤军不但可能引发新的战争，而且很可能标志着美国在日本的军事存在的结束。最可能的后果是，日本将迅速地重新武装起来，并因此导致整个地区的动荡。①

美国是朝鲜半岛现存格局的策划者和既得利益者，保持朝鲜半岛现状符合美国的国家利益，因此美国不可能主动和无条件地改变现存战略格局。美国是以既得利益来衡量国际关系的。不论是何种形式的朝鲜半岛统一，甚至是以韩国为主的和平演变，都未必受到美国的欢迎，除非能够保证统一后的朝鲜半岛不受周边大国的影响，完全倒向美国，继续为美国的全球战略服务。正如布热津斯基所指出的，“一个统一的、没有美军驻扎在领土之上的朝鲜很可能首先在中日之间搞某种形式的中立，然后，部分地受虽残存却仍强烈的反日情绪的驱动而逐渐地倾向中国，或者被置于中国的政治影响范围之下，或者进入某种更加微妙的敬服中国的范围。到那时将出现这样的问题：日本是否依然愿意充当美国力量

---

① ［美］兹比格纽·布热津斯基，中国国际问题研究所译：《大棋局：美国的首要地位及其地缘战略》，上海人民出版社 1998 年版，第 63、72、247 页。

在亚洲的唯一基地。因此而造成的美国远东军事活动范围的任何收缩，都将使维持稳定的欧亚大陆力量均势更加困难”。[①]

三、维系同盟关系

维系同盟关系是美国达成其全球战略目标，实现国家利益的一个重要手段。美国认为，亚太地区的稳定依赖于美国在该地区的军事同盟与驻军。因此，美日、美韩同盟是美国亚太地区安全的基石。其中，美韩同盟被认为是战后美国的双边军事联盟中有关法律最多、体制最为健全、作战指挥系统最为完备的同盟。有的学者甚至将韩国与英国并称为美国在欧亚大陆两端的两个“核心盟友”。[②] 因此，在朝鲜半岛，美国不会允许任何危机破坏其在该地区业已形成的成熟的同盟关系。

美国在韩国驻扎了陆、海、空三个军种的部队，兵力最多时曾达 32 万人，后缩减为 3.7 万人，现已撤走步二师的一个旅，估计人数已不足 3 万，计划最终调整为 2.5 万人。根据驻韩美军调整的整体规划，驻韩美军基地数量将由 41 个减少到 26 个，汉江以北的驻韩美军将在 2011 年以前全部迁至汉江以南，以“把美军从对手的大炮射程内拉出来”。调整后的驻韩美军，其行动范围将不仅限制在朝鲜半岛，而要放眼至整个东北亚。

虽然韩国国内不止一次出现反对驻韩美军的高潮，美国学术界也对冷战结束后美韩同盟的作用出现过争论，有些学者甚至提出了诸如从韩国全部撤军或将驻韩美军变成维和部队的设想，[③] 然而这些观点从来没有成为美国战略界的主流观点。美国仍坚持维护与韩国的军事同盟关系，在半岛陈列重兵，因为朝鲜半岛对美国而言极具军事战略

---

① ［美］兹比格纽·布热津斯基，中国国际问题研究所译：《大棋局：美国的首要地位及其地缘战略》，上海人民出版社 1998 年版，第 248 页。

② 参见李小华：《美国联盟体系的层次分析》，《现代国际关系》1999 年第 11 期。

③ Nicholas Eberstadt, (2002), Our Other Korea Problem, The National Interest, Fall 2002, p. 117.

价值。

首先，与韩国的军事同盟有利于维持美国在该地域的影响力。美国是在朝鲜半岛唯一拥有驻军的大国，美韩军事同盟关系是美国主导朝鲜半岛局势和发挥特殊影响的主要工具。因此，美国一直试图操控半岛局势的发展，控制朝鲜半岛和平进程，以便不使这一进程影响到美国亚太战略的整体部署，同时对朝鲜和韩国保持战略压力，尽可能长期保持军事存在。

其次，与韩国的军事同盟有利于遏制周边其他大国。美国极力阻止中国对朝鲜半岛事务影响力的上升，力求保持目前在东北亚地区形成的对美国相对有利的大国之间的安全平衡。美国认为，美韩同盟关系是防范中国迅速崛起成为一个经济、政治和军事大国的有力遏制手段。美国在韩国的大量驻军，对中国起到了最接近、最积极的作用。因此，美国对于韩国与中国加强军事合作的任何动向都感到不快。韩国国防部长官李相熹曾公开表达了这样的担忧："美国对让中国接触韩国一起投入作战行动的军事系统持消极态度……我们不希望因为这个问题引起韩国和美国的不和。"①

再次，与韩国的军事同盟有利于维护该地区其他重要的同盟关系。美国和日本的同盟关系同样是美国亚太战略的基石。美国必须考虑朝鲜半岛统一后美日同盟关系的去向和韩日关系的走向。美国战略界认为，即使"将来某一天由于朝鲜垮台或者被美韩征服，朝鲜半岛实现了统一，美国仍需保持紧密的美韩关系，并继续在朝鲜半岛驻扎美军，因为这样可以使韩国放弃研制核武器的计划，防止韩日之间重新出现紧张关系，避免只是'单独地'在日本驻扎大批美军"；② 并且认为，一个统一的朝鲜即使允许美军继续驻留下来，也会把朝鲜民族利益置于美国利益之上，将奉行灵活的对外政策，从而使驻韩美军地位更显难堪。因此，美国最关心的问题不是朝鲜半岛的民主化进程，而是无论局势如何变化

---

① 韩国国防部长官李相熹 2008 年 8 月 28 日会见韩国记者时的发言。

② ［美］理查德·哈斯：《"规制主义"——冷战后美国全球新战略》，新华出版社 1999 年版，第 82 页。

都要在该地区维持驻军，以保证其全球军事部署的平衡，为其全球战略服务。

汉斯·摩根索认为，联盟中利益分配的理想状况应该是各成员互惠，联盟成员所做的贡献应相当于各自得到的利益。如果联盟成员国权力平等，而且联盟所服务的各成员的利益一致，那么这一理想状况将最接近于实现。在这种情况下，各成员国等量的资源与相等的动力是相称的，都为同一个利益服务。另外一种利益分配的极端情况是利益的片面分配，一方得到最大的份额，另一方却承受大部分负担。假如这种联盟旨在保护受益国的领土完整和政治统一，那么它与保证条约便无区别。互相补充的利益最容易导致这种利益分配的不成比例，因为互补利益本来就是有实质利益的，各自利益的估量和互相比较很容易受到主观解释的歪曲。一方明显的权力优势必然会增大这种主观解释的偏差。这样，联盟中利益的分配很可能就是权力分配的反映，政策的确定也是权力分配的反映。一个强国往往会迫使弱小的盟国在利益和政策上按自己的意愿行事。在美韩同盟中，双方明显有自己的利益考虑：韩国要求安全保障，美国要求战略利益。由于韩国是弱势一方，美国更为关注自身的战略利益，其目的是为了实现自己权利和利益的最大化。因此，韩国往往不得不违背自己的意愿，根据美国的要求重新定义美韩同盟关系，将美韩同盟关系的目的“从威慑朝鲜改为维持地区稳定”① ——驻韩美军将不再仅局限于朝鲜半岛的防卫，而将突破半岛范畴覆盖整个东北亚；其遏制的对象也不再仅是朝鲜，还包括周边的不确定因素和可能崛起的其他大国；其活动半径将有可能扩大到台湾一带。同时，通过对驻韩美军的缩减和重新部署，驻韩美军将不再承担非军事区的防御任务，主要承担后续反攻的责任，美军在是否介入的问题上将享有更大的灵活性。这就是美韩为什么会在危机管理过程中出现一些严重分歧的原因。

① Los Angeles Times, October 28, 2000.

四、预防地区冲突

美国人认为，对于美国这样一个战略利益遍布全球的超级大国来说，地区冲突就意味着带来动荡，而结果多半会损害美国及其盟国的利益。因此，美国对其势力所能影响的很多地区都予以关注，时刻防备着这些地区发生的任何危机演变为地区冲突，尤其是朝鲜半岛地区。

朝鲜半岛历来是世界性的战略要地，是各大国必争的大陆与海洋的“边缘地带”，是世界上最不稳定、最容易爆发冲突的地域之一，是“不稳定弧形地带”的一个组成部分。美国政府在《四年防务审查报告》和《2002 年美国国防报告》中明确提出：“从中东到东北亚有一个广阔的不稳定弧形地带”；① 并认为，冷战结束后，虽然苏联的威胁消失了，但朝鲜半岛仍处于冷战状态，是世界上最可能发生冲突和战争的地域之一。在该地区已经发生的危机及可能发生的危机类型异常繁多，有爆发全面大战、国家政权内部崩溃、爆发边境冲突、核危机和导弹危机升级等诸多可能发生及正在持续发展的危机。从朝鲜战争结束至今，朝韩之间的小规模边境冲突几乎每年都会发生，大一点的危机则隔年或隔上几年就会出现。从 1993 年朝鲜核危机以来，朝鲜始终处于国际社会的焦点关注之中。朝鲜半岛核问题目前仍是热点问题，无法排除事态发生变化的可能性。朝鲜和韩美两方仍然重兵对峙，严阵以待。朝鲜半岛仍旧是世界上最可能爆发战争的地域之一。

为了防止朝鲜半岛发生严重的冲突，美国有针对性地采取了多种预防性防务措施，主要包括：第一，通过前沿部署部队、防务合作和安全援助，以及与盟国军队共同训练和演习，以显示军事力量和控制地区局势，防止出现危及美国安全利益的不稳定因素。美国与韩国和日本建立了牢固的军事同盟，并在韩国有数万驻军，与韩国每年举行大量联合军事演习以提高联合作战能力。一旦发生战争，美国驻守在日本和关岛附

① 《2002 年美国国防报告》，军事谊文出版社 2002 年版，第 13 页。

近的军队还可以迅速增援，在短时间内就形成对敌优势兵力。第二，与非敌非友的地区大国建立联系，发展合作关系，以防止其变为敌国。美国利用中俄两国同朝鲜的特殊关系，不断要求中俄两国发挥“大国影响力”，试图利用中俄给朝鲜施压，防范朝鲜的激烈举动。第三，广泛宣传美国式的民主与价值观，稳定地区局势。美国多次提出朝鲜人权问题，激烈批判朝鲜的政权，在朝鲜半岛地区广泛宣传美国的民主理念和价值观念，企图拉近地区人民的感情，稳定地区局势。这些都是美国防范地区危机形成与升级的预防性战略措施。当然，在某种形势下，如果地区冲突不可避免或危机管理完全失效，美国也有可能主动出击，成为挑起地区冲突的一方，对朝鲜发动先发制人的军事打击。

第二节　危机管理的手段

美国实施危机管理，较其他国家而言，有更多的手段选择。美国可以综合运用如经济制裁、外交孤立、军事封锁、演习威慑等手段，还可以利用盟国甚至操纵联合国进行施压和制裁，处理朝鲜半岛发生的危机。由于核心利益很少受到威胁且拥有相对充分的手段，美国能够在半岛危机中享有更大的政策选择余地，即便危机最终走向战争，美国也确信自己可以通过战争达成战略目的。

一、外交手段

外交谈判是危机管理最基本的手段之一。冷战结束后，为了控制朝鲜半岛局势，有效预防和管理危机，美国在对朝鲜施加外交压力的同时展开了一系列双边与多边的外交接触与谈判行动。主要手段如下：

（一）双边接触

一是双边谈判。在冷战结束后至第二次朝鲜核危机之前的这段时间，与朝鲜直接进行双边接触是美国实施危机管理的主要手段。1993 年第一次朝鲜核危机和 1998 年朝鲜导弹危机，美国都是通过同朝鲜进行多轮双边谈判得以缓解危机的。第二次朝鲜核危机出现后，美国虽然最初采取了强硬的姿态，声称不与朝鲜进行双边谈判，但还是在六方会谈框架内与朝鲜进行了双边接触，最终通过先双边谈判敲定条件、再回到六方会谈框架内的方式解决问题。

二是高层访问。高层访问分为官方访问和私人访问两种。其中，以私人身份进行访问往往能打破危机僵局，起到奇效。第一次朝鲜核危机中，在美朝双方互不让步、都声称要以战争解决危机的危急时刻，美国前总统卡特以个人身份访朝，与金日成举行了会谈，使一触即发的战争得以避免。不久，美朝便签署了“核框架协议”，化解了第一次核危机。在 1998 年朝鲜导弹危机发展到最严重之际，美国派遣前国防部长佩里访问朝鲜，向金正日转交了克林顿总统的亲笔信，并与金永南等其他朝鲜军政要人进行了会谈，阐释了美方对朝的“一揽子接触政策”，再次将朝鲜半岛从战争的边缘拉了回来。

（二）多边谈判

一是四方会谈。四方会谈是美国与朝鲜进行多边外交接触的最初尝试。1996 年 4 月，美国总统克林顿与韩国总统金泳三共同提议举行由朝鲜、韩国、美国和中国四国参与的四方会谈，其主要目的是讨论在朝鲜半岛建立一个新的和平机制以取代朝鲜战争停战协定。在四方会谈框架内，有关各方成立了“设立和平机制小组委员会”和“缓和紧张小组委员会”，为南北双方提供了相互接触见面的机会，对缓和半岛紧张局势起到了一定的促进作用。

二是三方会谈。第二次朝鲜核危机发生后，美国拒绝与朝鲜进行双边会谈和接触。为了缓解危机，2003 年 4 月在中国的主持下，中国、朝鲜和美国在北京举行了三方会谈，打破了持续半年多的核危机僵局。

三是六方会谈。北京三方会谈后，为进一步缓和朝鲜半岛紧张局势和解决朝鲜核危机，中国主动出面进行斡旋，共促成了六轮六方会谈，先后促使各方达成了《落实共同声明起步行动》《落实共同声明第二阶段行动》等重要文件，有效缓解了危机。其间，朝鲜曾经中断六方会谈，并进行了核试验，引起了世界各国的强烈反应，一致谴责朝鲜实施核试验，要求朝鲜放弃核武器和核计划，立即无条件重返六方会谈。随后，经过有关各方的努力，六方会谈重启并召开了数次会议，在会谈框架内朝鲜答允弃核以换取援助和美国对朝政策的改变。随后，朝鲜炸掉了冷却塔，美国将朝鲜从“支持恐怖主义国家”中除名，会谈取得了卓著的成果。但从 2008 年起，六方会谈长期陷入停滞，特别是在 2010 年“天安号”事件和延坪岛炮击事件发生后，美韩提出要对朝鲜重返六方会谈设置先决条件，朝鲜则先是声称六方会谈“已经死亡”，后又提出要在六方会谈中讨论核管理问题而不是永久性弃核问题，目前六方会谈已经陷入困境。

（三）外交遏制与联合施压

一是外交遏制。美国认为，实施危机管理必须接触与遏制并举。这一危机管理理念同样反映在外交手段中。克林顿政府时期，美国对朝实施的外交接触就是接触加遏制。布什政府上台之后，美国对朝政策中遏制手段更加突出，外交手段也更多地用来对朝施压。小布什认为，前任总统的对朝政策“不可思议地帮助朝鲜走出了即将崩溃的困境”，并试图单纯通过遏制朝鲜达成解决危机的目的。2001 年，美国认定朝鲜为 7 个支持恐怖主义国家的其中之一。2002 年 12 月，美国以朝鲜违反日内瓦协议为由宣布停止向朝鲜提供重油。2003 年第二次朝鲜核危机爆发后，美国拒绝同朝鲜直接对话，力图通过威慑和压力迫使朝鲜单方面让步。2005 年 1 月，美国国务卿赖斯在国会作证时将朝鲜与其他 5 个国家并称为“暴政前哨”。2005 年 11 月，美国提出朝鲜涉嫌伪造美元问题，并以国内法为由宣布对朝鲜进行金融制裁。虽然小布什最终又走回了克林顿的老路，重新重视对朝接触，但美国政府对朝鲜的遏制和施压从来就没有停止。

二是联合施压。美国不但自己向朝鲜施加压力，还鼓动韩国和日本与其统一立场，共同向朝鲜施压。为此，美国对韩国的“阳光政策”非常不满。美国还充分利用中国的特殊影响力对朝鲜施压。同时，美国充分利用国际组织，鼓动国际原子能机构将朝鲜核问题提交给联合国安理会使之“国际化”，并提出了“防扩散安全倡议”。美国前国防部长阿斯平称：“核武器和其他大规模毁伤武器连同弹道导弹技术的扩散，也许是美国、美国驻在各战区的部队及其盟国所面临的最紧迫的威胁。为解决这个问题，我们提出了反扩散防务计划，该计划改变了国防部对待核扩散问题的看法，把它当作真正的、现实的军事威胁。”[①] 目前，有不少国家在美国的鼓动下加入了其主导的防扩散安全倡议，并举行了多次联合演习。而美国利用这一倡议，多次对朝鲜在公海上的船只进行拦截和检查。

二、经济手段

美国作为全球最大的经济体，经常将经济手段运用到危机管理之中。在朝鲜半岛危机管理中，美国的外交手段是接触加遏制，经济手段则是援助加制裁。

（一）经济援助

美国长期将经济援助作为影响其他国家决策的一种手段。第二次世界大战后，美国主要根据国会1951年和1954年通过的《共同安全法》进行对外援助，其中包括直接军事援助、防御支持援助、技术援助、经济援助和总统临时基金等，每年支出40亿—50亿美元。1961年，美国国会又通过了《对外援助法》，该法成为美国对外援助的纲领性文件。《对外援助法》在第一章开头就着重申明了经济援助要维护美国人民的“自由和安全”，要帮助消灭落后国家的“无知”。[②] 可见，美国经济援助的真正目的是“帮助把那些独立的，然而同时也是不发达的、贫穷的国家，争取到我们这边来”。[③] 美国评价自身经济援助的效果是基于“经济

---

① 1993年12月7日美国防部长阿斯平在国家科学院的讲话。

② 美国1961年《对外援助法》（《公法87—195》）。

③ ［美］密尔顿·弗里德曼：《对外经济援助：手段与目标》。

援助在这些国家中所产生的政治影响是否促进了民主与自由”。[①]

随着世界经济的发展和冷战的结束，美国提高了对外援助的额度，每年对外援助达到100多亿美元。其中，2004年美国政府的对外援助总额为197亿美元。美国前总统克林顿曾经抱怨援助金额太少，“我们每年应该对外援助600亿美元，对于2万亿美元的政府预算来说，这真的算不了什么。这比发动一场战争要便宜得多……花钱来构建一个拥有更多的合作者、更少的恐怖分子、更大的经济增长的可能性以及更加繁荣的世界并不昂贵”。[②] 可以看出，美国充分认识到了援助所能起到的作用。

在朝鲜半岛，美国一直将韩国作为援助的对象，对朝鲜的援助则是从冷战后开始的。1995—2005年，美国通过世界粮食计划署共向朝鲜提供了200万吨粮食援助。其中，在1998年朝鲜发射“大浦洞”Ⅰ型导弹和朝鲜金仓里可疑地下核设施所引起的危机中，美国对朝鲜坚持以对话为主解决危机。经过多轮谈判，双方在1999年3月17日达成协议，朝鲜同意接受核查，并确定重新开始有关导弹问题的谈判日期。作为回报，美国为朝鲜提供60万吨的粮食援助，并允许非政府组织为朝鲜提高土豆产量提供技术援助。但在2005年第二次朝鲜核危机发展到一定阶段之后，美国中止了对朝鲜的粮食援助。

2008年5月，随着第二次朝鲜核危机的缓和，美国宣布再次对朝鲜提供粮食援助，将其作为对朝鲜的一种鼓励。美国决定在2008年5月至2009年5月间向朝鲜提供50万吨食物援助，其中40万吨通过联合国下属的世界粮食计划署提供，另外10万吨由美国非政府组织提供。此外，美国参议院投票表决通过的2008财年追加预算法案，其中包括：对朝提供1500万美元的经济援助资金，同时追加5300万美元作为朝鲜宁边核设施去功能化的代价，向朝鲜提供重油的购买资金；[③] 为了支持朝鲜核设施去功能化和弃核，建议布什总统对朝鲜不适用《戈兰修正案》（《The Glenn Amendment》）法令。该法令规定，禁止向实施核试验的国

---

① ［美］密尔顿·弗里德曼：《对外经济援助：手段与目标》。

② 法新社2006年9月7日报道。

③ 环球时报2008年5月23日。

家和地区进行政府预算支援。除了经济援助外，美国政府还在推进向电力严重不足的朝鲜国内医院提供发电机等项目。美国国际开发署通过美慈组织等民间团体向朝鲜各地区医院提供数百万美元的发电机，还将维修朝鲜各地医院陈旧的配电设施。

（二）经济制裁

美国人认为，制裁比外交手段更能削弱被制裁国的经济和军事能力，同时还可避免直接使用武力的风险，可进可退。美国在实施朝鲜半岛危机管理中多次采取了对朝制裁的行动。美国认为这些“变相的防务”可使美国“减少流血和开支”，同时更有利于达成危机管理的目的。

1950 年，美国根据《敌国贸易法》的精神制定了《外国资产管理条例》，开始对朝鲜实施了长达半个多世纪的经济制裁。冷战后，美国根据危机管理的实际情况对条例进行了或多或少的修改。例如，2000 年 6 月，美国总统克林顿决定缓解对朝鲜经济制裁力度，允许美国恢复向朝鲜进口及出口大多数商品，允许交换消费品、农产品和原材料，并在两国之间开通直接通航服务，以改善美朝关系，鼓励朝鲜放弃远程导弹试射，配合危机管理进程。但是，并不是所有的限制都得以解除，美国仍然限制对朝出口军用设备和任何可能用于军事目的的双重用途技术，并继续反对国际金融机构向朝鲜提供贷款。

2006 年初，美国提出朝鲜涉嫌伪造美元问题激怒了朝鲜，朝鲜宣布无限期中止六方会谈，第二次朝鲜核危机进入危急阶段。美国为了对朝鲜施压，以澳门汇业银行为朝鲜非法印制假美钞和洗钱为由对朝鲜加强了经济制裁，对《外国资产管理条例》追加了一条规定：禁止美国公民拥有、租赁甚至驾驶挂有朝鲜国旗的任何船只。2006 年 10 月朝鲜进行核试验后，美国立即联合日本向联合国安理会正式提交了对朝鲜进行强力制裁的议案，最终安理会决议禁止联合国成员国与朝鲜进行大型常规武器、导弹或者与大规模杀伤性武器相关物资、奢侈品等的交易。2007 年初，美国再次对《外国资产管理条例》进行了追加，规定美国公民不允许在朝鲜登记购买任何船只，也不允许帮助船只获得悬挂朝鲜国旗的许可。为此，朝鲜每年的损失可能将不少于100万美元。美国财政部在《敌国贸易法》的基础上又为《国外资产控制条例》增加了一条新的规定：除了某些条文不对美国公司的外国分支机构产生限制作用之外，其他条文对所有美国公民、永久居留者都一样有效，无论他们身处何方。一旦违反，可能遭受最长10年的刑期，或者是高达100万美元的公司罚款和25万美元的个人罚款。按照现行的《外国资产管理条例》，在未提前通知或者得到外国资产管理局批准的情况下，朝鲜出产的货物不可以进口到美国，无论是直接或是通过第三国间接的途径。对朝鲜的出口货物必须获得美国商务部或者其他机构的批准。在金融方面，2000年6月16日冻结的朝鲜账号和资产都无法解冻，但之后的其他交易都是允许的，前提是必须符合《外国资产管理条例》2000年6月19日修订之后的规定。

解除制裁则意味着在危机管理中的适当让步、鼓励和示好。2008年6月，美国总统布什发表声明称，随着朝鲜提交核计划申报清单，美国将朝鲜从支恐国家名单中删除，同时终止对朝实施的《敌国贸易法》。布什表示，“对朝适用《敌国贸易法》已经不再符合美国的国家利益，将终止对朝适用根据《外国资产管理条例》《贸易管理条例》及相关总统决议等实施的《敌国贸易法》”。解除对朝适用《敌国贸易法》后，据称将使1400万美元的朝鲜资产得以解冻。但是，今后如果朝鲜半岛出现其他危机或者核危机再度升级，美国很可能再度挥舞制裁武器向对手施压。2016年朝鲜再度核试后，除联合国制裁决议外，美国还单独出台了对朝制裁决议。

三、军事手段

在朝鲜半岛的危机管理中，美国的军事手段绝不仅仅用于施压，还起到谈判筹码与威慑的作用，同时也可能是危机发展到一定程度的最终解决手段。针对朝鲜半岛各种可能的危机，美国可以使用的军事手段包括演习、增兵、威慑、封锁、外科手术式打击或全面打击等。

随着高技术武器装备的发展，美国运用军事手段更具有选择性、灵活性、可操作性。美国可以动用海空力量对朝鲜边界附近某地区进行军事封锁；对朝鲜的核设施可以使用远程轰炸机万里奔袭，也可以用中远程导弹实施精确打击和摧毁。为此，美国制订了多个作战计划和预案，其中有防御性质的，也有挑衅性和进攻性的。按照美军作战计划的编号规则，直接为半岛制订的作战计划多以“50××”命名（50代表太平洋总部）。美军5026、5027、5029等作战计划对朝鲜起到了一定的威慑作用。

（一）外科手术式打击计划——5026作战计划

1993—1994年，克林顿政府制订了对朝鲜实施外科手术式打击的5026应急作战计划。计划要求在非常短的时间（2天）内实施完毕，其主要目的是摧毁朝鲜核设施，从根本上解决朝鲜核问题。为防止或最大程度削弱朝鲜的反击能力，美军在打击核设施的同时，还打击其他关节点，“必要时”对朝鲜境内多达900个关键目标实施精确打击。这些目标包括朝鲜大规模杀伤性武器设施、指挥控制中心、防空雷达、导弹阵地、炮兵阵地和坦克部队。美军参与这一作战计划的兵力大致为：部署在关岛的B-52型和B-1B型战略轰炸机，部署在韩国的F-117型隐形战斗机、F-15E型和F-16型战斗机，另外还有约15艘舰艇组成的两个航空母舰打击群。据美国公开文章透露，就在计划制订后不久的2003年美韩联合演习中，美军先后向朝鲜半岛部署了50架F-15E型战斗机，在关岛部署了B-1B型和B-52型战略轰炸机以及F-117隐形战斗攻击机，有能力向朝鲜境内的617—756个点投射750枚精确制导导弹和联合攻击弹药。此外，美军还可以通过巡洋舰、驱逐舰和潜艇向朝鲜发射导弹，从而使得打击数目增加到800—944个。

（二）大规模防御作战计划——5027作战计划

5027作战计划是美国在朝鲜半岛的基本作战计划。该计划于1974

年制订，按规定每两年进行一次修订，迄今为止已经根据朝鲜半岛形势的变化修订了多个版本。5027 作战的基本设想是朝鲜率先越过三八线，对韩国和驻韩美军发动大规模战争，试图以武力统一朝鲜半岛。因此，对美国而言，5027 计划是防御性质的。

该计划设想，朝鲜对韩国的进攻将分为三个阶段：第一个阶段是突破三八线，彻底摧毁韩国前线部队；第二个阶段是封锁首尔，巩固既得战果；第三个阶段是摧毁韩国剩余的部队，伺机占领整个朝鲜半岛。根据 5027 作战计划，对首尔以北地区韩军发起第一攻击波的将是朝鲜人民军第 1、第 2、第 4 和第 5 军，其目标是“将三八线韩军就地全歼”。朝鲜人民军第 3、第 6、第 7、第 8 军和首都卫戍军将随后执行诸项任务，具体包括：歼灭纵深部署的韩军，迂回包抄后撤的韩军，后备队负责保卫平壤，特种战部队执行对韩国的骚扰任务。进攻部队将分成三个梯队进攻韩国：第一梯队由前线部队组成，其任务是对三八线发起步兵攻击，突破韩军防线；第二梯队由机械化和装甲部队组成，其任务是彻底摧毁韩国前线部队；第三个梯队也由机械化和装甲部队组成，其任务是追歼溃逃韩军。进攻韩国的三条主要通道为：开城—文山；楚山谷道；朝鲜半岛的东海岸。而朝鲜的核武装在整个攻击阶段将摆出恫吓态势，吓阻美军和其他国家武装力量的介入。

按照 5027 作战计划，美军除了动用驻韩美军的全部力量外，还将从关岛、日本和美国本土等地调集超过 50 万的兵力，与韩军共同组成超过 100 万兵力的联军，顶住朝鲜人民军的进攻。美、韩军队作战总体上将分为战略防御和战略反攻两个阶段：第一个阶段是战略防御阶段，目的是坚守汉城，以空中打击和地面火力消耗敌人，挫败朝鲜进攻部队的主力并使其遭受重大损失，待增援部队到达后发动战略反攻；第二个阶段为战略反攻阶段，在开战 90 天左右，首先将朝鲜军队推回至军事分界线以北，然后越界向北推进，占领平壤后视情推进至鸭绿江一线，最终占领朝鲜全境，更替朝鲜政权。计划设想，如果朝鲜没有外国支援，美韩联军最短 45 天、最长 4 个月就能打赢第二次朝鲜战争。

表 7—1　5027 作战计划的历史演变①

计划编号	新内容
5027－94	反攻越过三八线攻占平壤：1994 年，美军太平洋总部对 5027 作战计划进行了首次大修改，第一次将反攻的界限越过了三八线。美国空中力量在反攻行动之前将对朝军发动空中打击，海军陆战队远征部队、第 82 空降师和韩国多个陆军师将从朝鲜半岛东海岸向朝鲜元山方向发动突击。随后，韩国两栖作战部队将在元山实施登陆，两个方向的进攻部队迅速向平壤开进，意在攻入平壤后会师
5027－98	全面入侵推翻朝鲜政权：5027－98 作战计划进一步把重点移到进攻朝鲜上，企图在反攻后一直打到朝鲜最北端边境鸭绿江、图们江，推翻金正日政权。另一个令人瞩目的变化是：美韩军可以对朝鲜的军事基地，特别是远程火炮和空军基地实施先发制人的打击；甚至可以抢在韩国遭到攻击之前，在朝鲜有进攻韩国迹象时就对朝目标发动攻击
5027－00	参战部队增多：2000 年修改的计划中，考虑到朝鲜已经拥有大规模杀伤性武器，美国在 90 天时间里至少要向朝鲜半岛派出 69 万作战部队、160 艘战舰和 1600 架各型战机。而 20 世纪 90 年代初，这个计划需要 48 万美军
5027－02	先发制人突袭朝鲜核设施：2002 年修改的计划受到“9·11”事件的影响。新计划重点强调先发制人的打击，也就是说美军可以在不跟韩国商量的情况下突袭朝鲜的核设施和生化武器研究阵地
5027－04	在朝鲜半岛部署导弹防御系统：2004 年修改的计划中，为应付朝鲜导弹威胁，制定了部署弹道导弹防御系统的内容。一旦朝鲜半岛发生军事冲突或核危机，美军将在朝鲜半岛部署至少 3 套导弹防御系统。这一系统由阿拉斯加的设施、“宙斯盾”舰的导弹拦截装置和机载激光仪组成

① 5027 作战计划来源为美国全球安全网站，http：//www. globalsecurity. org/military/ops/oplan－5027. htm。

续表

计划编号	新内容
2007 年修订新计划	核威胁下的作战：朝鲜进行核试验后，2007 年美国与韩国军方紧急修订新的作战计划。最大的变动是捕捉朝军的核武器动态，可能使用钻地炸弹来摧毁朝鲜深埋地下的核设施，从而将朝核武器消灭在“可能启用”状态之前。新的朝鲜战争是以有核武器为后盾的朝鲜突然对韩国发动闪电进攻开始的。由于驻韩美军的南移，韩军的重点将由以往的支援作战改为防御作战。韩军将独立拼死抵抗 20 天，为美军全面动员争取时间。新作战计划不一定继续延续 5027 系列的命名

（三）应对朝鲜政局突变——5029 作战计划

5029 作战计划制订之初被称为概念计划，是克林顿政府于 1999 年制订的，当时的目的是应对“朝鲜可能在经历 1996—1997 年的危机后崩溃”。由于韩国政府对这一计划持消极态度，该计划当时未能成为正式的作战计划。2003 年末，韩美两国参联会主席达成一致，决定将概念计划修订为作战计划，但具体的军事对策一直没有形成。2006 年朝鲜进行核试验成功后，美韩再次修订 5029 作战计划，以防朝鲜突然政权崩溃。自从李明博执政后，韩国政府对 5029 作战计划的态度开始转向积极。据韩国媒体引用政府有关人士的话称，“李明博政府上台后开始了将原来的 5029 概念计划纳入军事力量运用的作战计划”。2008 年，西方媒体上有关朝鲜最高领导人金正日“健康出现问题”的传闻不断，美韩军方开始加紧为“金正日下台”做军事准备。2008 年 10 月，在华盛顿举行的第 40 次韩美年例安保协议会上，美国国防部长盖茨向韩国建议将 5029 概念计划升级为作战计划，以便为朝鲜政局发生剧变做好军事准备，并表示“美国已经做好向韩国提供支援（实施 5029 计划）所需战斗力的准备”。韩国政府有关人士声称，“目前可以认为韩美已经达成了对作战计划的协议”。

根据美国军方披露，5029 作战计划假想了 5 种“突发事态”：一是政变政权崩溃；二是发生大规模骚乱；三是居民大规模逃离朝鲜；四是叛军夺取核武器及生化武器等大规模杀伤性武器；五是发生大规模自然灾害时展开人道主义援助作战。如果朝鲜面临诸如政权崩溃的混乱局势，除了驻扎在韩国的2.5万驻韩美军外，美国还将派遣更多的力量进入朝鲜应付非常状态。美海军第七舰队在朝鲜半岛将执行两项主要任务：一是帮助韩国抵御朝鲜可能发动的入侵；二是“进入朝鲜并在朝鲜帮助恢复秩序”，实际插手朝鲜的内部事务。《世界新闻报》援引分析人士的话指出，从美海军的作战思想、第七舰队的实力及其在朝鲜半岛周边的部署情况来看，第七舰队未来将可能采取“威慑、封锁、出兵”三大连环招式插手朝鲜内部事务，最终以“防止大规模杀伤性武器扩散”及“保护侨民”为由实施登陆作战，推翻朝鲜政权，抢占有利态势。2008 年 9 月 25 日，美军“华盛顿”号核动力航空母舰进驻日本，加强了第七舰队的实力。2015 年，美军“里根”号核动力航空母舰代替“华盛顿”号成为常驻日本的航母。

（四）心理战计划——5030 作战计划

5030 作战计划是美国前任国防部长拉姆斯菲尔德力主制订的，由美军太平洋司令部司令托马斯·法戈将军和五角大楼的高级规划人员负责起草。其实质是“心理战”，也被称为东北亚版本的“颜色革命”，目的是通过破坏朝鲜军队的稳定兵不血刃地推翻金正日政权。

5030 计划刻意模糊了战争状态与和平状态之间的界限，给予美军战区指挥官在战争开始前进行大规模兵力调动和开展迷惑敌人行动的权力，以期耗尽朝鲜有限的资源，制造恐慌，增加朝鲜军队的压力，拖垮其军队，施展攻心术，迫使朝军将领阵前倒戈，促使朝鲜百姓思想混乱，最终达到推翻金正日政权的目的。据美国媒体透露，该计划作战草案规定：一是美国的 RC－135 战略侦察机频繁地抵近朝鲜空域进行侦察，迫使朝鲜战机不停地升空拦截，从而消耗其本来就十分匮乏的燃料；二是突然举行长达数周的军事演习，迫使朝鲜武装力量潜入地下掩体内，把储藏的大量粮食、水和其他资源统统消耗殆尽。此外，该计划还建议美军采取以前从未列入作战计划的各种战术手段，诸如扰乱朝鲜的金融网络、散发虚假的信息、传递假情报等。

（五）与盟军的联合作战计划——5055 作战计划

该联合作战计划由美国于 2002 年与日本自卫队共同制订并签署，是“9·11”事件后美日两国签署的第一个现行作战计划。计划设想，驻韩美军与朝鲜军队发生激烈冲突，日本自卫队全面介入，不仅对美军进行战斗支援，而且与朝鲜特工和特种兵直接作战。其中，日本自卫队“参战”项目主要包括以下 5 个方面：一是为美军提供作战支援。支援的范围进一步扩大，可以与美军进行情报交换，还能直接搜索和救助遇袭美军。其作用更似战斗预备队。二是为美军提供战时补给。自卫队三军分别成立补给本部，其中以海上自卫队为主。三是保护美军的日本至韩国补给线。美国国防部官员认为，朝鲜目前是亚洲拥有潜艇数量最多的国家之一，在美朝交战的情况下，朝鲜潜艇可能通过布设水雷等方式封锁日韩海上运输通道，同时发射鱼雷威胁美军航母。日本自卫队战时则要担负保护补给线的任务。四是对日本的战略目标进行保护。美军认为，战时朝鲜很可能发射导弹攻击日本。而日本全国有包括驻日美军基地、核电站、议会大楼、广播电台和港口等在内的 135 处重要设施需要保护。五是与朝鲜特种部队作战。朝鲜有多达 12 万人的特种部队。美军十分重视对付朝特种部队。日本自卫队的任务是在朝鲜特工通过渗透登陆日本时向事发区域迅速派兵。

据《读卖新闻》报道，出于对“金正日健康问题”和朝鲜半岛局势突然恶化的担心，为应对朝鲜半岛可能的突发情况，从 2006 年底开始美国和日本进一步磋商修改联合作战计划。2008 年 11 月，美国和日本修订并细化了联合作战计划，进一步明确了战时的分工、操作流程等细节问题。主要确认了 10 个方面的内容：一是选定了在战争期间美军可以使用的日本机场、港口；二是日本政府在战争期间进行空中管制的方式方法等；三是明确负伤美军士兵的治疗和运送问题，日本提供医疗支援的相关计划；四是日本政府处理战俘方式方法；五是调整美军和日本自卫队优先利用的电磁频谱；六是明确美军遭受化学、生物、放射性物质、核武器攻击时的应对策略；七是日美两国共同享有对方的战争情报；八是日方优先维护美方使用的防卫设施；九是日美双方在后方补给问题上相互支持；十是关于阵亡战士和失踪士兵的处理问题。在此基础上，日本政府同意根据战争的程度和规模，将日本本土约30个民间机场、港口提供给美军使用；明确各省厅在医疗支援、电波使用、生化核武器攻击等问题上的分工。

除了上述作战计划之外，美国与韩国以“阻止朝鲜半岛爆发战争，加强联合作战准备”为目的，每年协同举行多次大型演习，其中较大规模的演习包括“乙支·焦点透镜”指挥所演习和“阿尔索伊·鹞鹰”联合演习等。此外，美国的战略和战术侦察机、电子侦察船等经常抵近朝鲜领空和近海进行侦察活动。

第三节　危机管理的模式与特点

美国政府根据国家利益、全球战略、实力对比和危机性质等主要因素，并综合考虑到盟国关系、国内政治和国际舆论等相关因素，采取了不同于以往的朝鲜半岛危机管理模式：既结合了朝鲜半岛的特殊地域特性，又没有脱离自身危机管理的理念和模式；既受到以往危机管理方式和手段的影响，又根据危机的不同而有所变化。

一、“谨慎施压”加“廉价妥协”的讨价还价模式

当前，朝鲜核危机和导弹危机等并没有超出美国容忍的底线。因此，根据非零和博弈的理念，美国承认局中人均可在某种程度上从危机中获得好处，交替运用外交谈判和军事威慑手段，谨慎施压，廉价妥协，力求以最小的让步获取最大的利益。

（一）谨慎施压

谨慎施压意味着美国对朝鲜半岛危机管理的目标是有限的，不能威胁到对方的核心价值体系，不能过于羞辱对方，不能采取所有高压手段。美国在面对实力相差不太悬殊的对手或是对称型危机时，常常采取这种危机管理模式。用佩里的话来讲，就是“说话的语气要温和，但要辅以大棒”。[①] 美国认识到了朝鲜的好战性和朝鲜为维持政局面临的安全困境。对于朝鲜这个对手，美国决策层认为，持之以恒的协调对话和施压双管齐下，要比威胁或无效的制裁措施更有用。对美国的利益来说，采取较为严厉的手段不是最佳路线，因为严厉的策略可能会更加失灵。首先，美国单独不可能做到。没有韩国和中国等重要国家的合作，美国单独实施一条更加严厉的路线不会产生作用。其次，美国利益会受损。如果美国勉强反其道而行之，会在这个地区损害与其他国家的关系。因此，美国认为，持之以恒的决心以及与盟国和伙伴国的合作，要比鼓噪的讲话、威胁或者采取无效的制裁措施更有利于美国的利益。军事行动可能会给美国的盟友韩国造成损害，是一项恶劣的选择。[②] 六方会谈是美国运用谨慎施压的主要手段。正如美国前助理国务卿詹姆斯·凯利所指出的，“六方会谈依然对美国有利，也应该成为新一届行政当局政策的一部分”。

（二）廉价妥协

廉价妥协意味着美国虽然不能拒绝给朝鲜任何好处，但好处将尽量少。美国认为自己在谈判中占据主动地位，因此廉价的妥协方案是可行的。美国人认为，朝鲜的国际生存空间有限，它对自己的安全环境深感恐惧。为确保本国的意识形态和政治制度，改善其所面临的恶劣的政治

---

① Ashton B. Carter and William J. Perry, （1998）, Preventive Defense-A New Security Strategy for America, pp. 95 – 97.

② 关于美国政府的这一观点，详情可见《美国利益在线》10月30日刊登的美国负责东亚和太平洋事务的助理国务卿凯利的文章《三八线上的僵持局面》。

环境，朝鲜必须同美国进行交往，改善与美国的关系。并且认为，冷战后朝鲜的一系列“非理性”行为的目的，可能就是为了寻找一个同美国进行直接交往的理由，使国家渡过经济和政治难关。因此，朝鲜采取一些威胁性举动，美国反而会将这些举动看作希望谈判的信号。尽管美国对于做出任何让步都是不情愿的，但为了解决核危机，美国必须做出一定的妥协。

（三）交易策略

美国学者应用事件数据法研究了20场国际危机后认为，在恫吓、交易和绥靖三类讨价还价策略中，交易式的讨价还价策略是成功率最高的。这种策略始终对双方的外交努力采取开门态度，以减少双方死锁在相互恫吓的升级危险之中，同时又坚定地表明己方的决心，以避免示弱或在危机的关键阶段表现出犹豫不决，是一种将实力与交易并用的最佳混合策略。[①] 美国认识到，既不能采取完全依赖升级威胁和恫吓式讨价还价策略，也没有必要采取安抚式的绥靖策略，对朝鲜只能采取交易式的讨价还价策略。但是，美国与朝鲜进行交易又面临国内政治的压力，因此实际策略是将外交与让步分为两码事：在外交上，对朝鲜始终坚持“全面的、可核查的、不可逆转的销毁核设施”的原则立场；同时为了换取朝鲜承诺放弃发展核武器，美国做出让步，向朝鲜提供少得可怜的经济补偿和援助，在口头上将朝鲜从支持恐怖主义国家名单中除名。这是美国可能做出的唯一妥协。从理论上说，这一举动将让朝鲜有资格从国际金融机构获得援助。但美国国务院官员指出，这一举动只是象征性的，朝鲜仍然遭受着诸多的制裁。

二、审时度势和手段灵活的策略运用

美国针对不同性质的危机制订并实施各种不同的处置方案。对于冲

---

① 转引自胡平：《国际冲突分析与危机管理研究》，军事谊文出版社1993年版。

突型的危机，美国重在预防。一旦预防失败，在做好充分准备的基础上果断动用军事手段，迅速实施干预行动。对于内乱型的危机，美国重在塑造。危机发生后，不排除动用军事手段，但主要以政治干预为主，采取拉一派压一派的方式，扶植亲美政权。美国根据利益需求，灵活采取不同的手段：或极力拉地区内所有国家介入；或极力拉盟国共同介入；或选择自己单干。

对付朝鲜核危机和导弹危机，美国已经形成了一套比较成熟的管理模式。危机管理有一种延续效应，以往的管理模式将会影响到当前和未来的管理模式。可以预期，如果危机形势不发生大的变化，美国将不会脱离这种危机管理的历史轨迹。因此，如同克林顿政府所采取的以对话和接触为主的对朝政策以及布什政府的以多方协调解决朝鲜问题的政策一样，未来美国政府对朝鲜核危机和导弹危机不大可能脱离这一范式。布什政府在第一任期内为解决朝核危机，曾经奉行了一种强硬路线，后来事态发展证明这条路线是失败的，不得不又回到克林顿的老路上来。未来美国政府在吸取前任政府的经验教训后将继续保持对朝鲜压力，即：维持朝鲜半岛的军事存在，加强备战，优化军事装备，不断进行军事演习，加速发展战区导弹防御系统，联合朝鲜周边国家影响朝鲜；同时加强与朝鲜的接触，保留外交解决的渠道。但是，如果朝鲜核危机和导弹危机进一步升级，美国很有可能按照美军5026作战计划，对朝鲜核及导弹设施等重要目标实施外科手术式的军事打击。

对付朝鲜发生大规模骚乱或内部政权崩溃，美国制订了5029应急作战计划，专门用来应付这种类型的危机。根据新闻媒体透露出的作战计划细节，美国将可能采取“威慑、封锁、出兵”三个步骤，以“防止大规模杀伤性武器扩散”和“保护侨民”为由实施登陆作战，推翻朝鲜政权。

对付大规模军事冲突，美国的5027作战计划进行了详尽的规划。美国将全力出兵，除动用驻韩美军的全部力量外，还将从关岛、日本和美国本土等地调集超过50万的兵力，与韩军共同组成总数超过100万兵力的联军，顶住朝鲜人民军的进攻，首先将朝鲜军队推回至军事分界线以北，然后越界向北推进，占领平壤，尔后视情推进至鸭绿江一线，最终占领朝鲜全境，更替朝鲜政权。

对付朝鲜渗透及其他挑衅性危机，受美国陆军委托，兰德公司研究制定了《朝鲜半岛危机控制非作战行动想定》。该想定提出，一旦朝鲜利用军事威慑、渗透和外交压力等手段压制韩国行动自由，美国应采取既定的危机管理措施。并指出，“美国必须在东北亚维持强大的军事和经济存在，与韩国保持密切的盟国关系，坚决控制危机局势，制止进一步升级为全面敌对行动”，“防止爆发一场代价高昂的战争，维持现行派驻和准备前往韩国的美军部队之态势，制止任何第三方利用危机牟取私利”。美军向韩军提供军事情报，协助其正确地沿非军事区部署军队，有效阻止朝鲜进一步渗透。美军部署部分空军部队和少量地面部队，用以坚定韩国信心，并以此明确表示美国决心履行对韩国的承诺。另外，在美军保护之下，一些重大经济合作项目开始运作，进一步实现美国在韩国的长期利益，防止任何破坏行为的发生。为避免危机升级，部署在该地区的美军保持低姿态，仅充当韩军顾问并提供援助，不参加任何作战行动。有意忽略朝鲜的激烈言辞，避免危机成为首要新闻。但如果朝鲜发动进攻，美国绝对不退缩。

三、动用武力解决危机的可能性

如果危机中的一方决心通过战斗寻求成功，或敌对各方宁可战斗也不愿妥协，则战争难以避免。由于受到不确定因素的影响，不能排除美国转而诉诸武力以解决危机的可能性。

对此，美国官员不止一次说过，他们希望通过外交途径解决朝鲜危机，但拒绝排除采取军事行动的可能性。长期以来，美国一直将朝鲜视为地区威胁的焦点，并对朝鲜展开包围以及军事、外交、经济三重遏制，“9·11”事件后尤甚。2001 年，美国无视朝鲜明确反对恐怖主义的立场，将朝鲜划为支持恐怖主义国家之一，称朝鲜“不可信赖”。2002 年，美国总统在《国情咨文》中将朝鲜称为“邪恶轴心”之一，认为朝鲜可能向恐怖主义分子提供大规模杀伤性武器，指称“朝鲜政权是由导弹和大规模杀伤性武器武装起来的”，美国“决不允许世界上最危险的政权用世界上毁灭性最大的武器来威胁我们”。同年，美国国防部在《核态势回顾》报告中，把朝鲜列为美国可能进行核打击的目标之一；美国总统在西点军校讲话和白宫发表的《美国国家安全战略报告》中，把包括朝鲜在内的所谓“邪恶轴心”国家作为“先发制人”战略可能打击的重点目标。美国“鹰派”人士普遍认为，解决朝核危机的唯一方式就是消灭朝鲜政权。

美国对朝发动军事打击，并不仅仅停留在纸上谈兵的威胁阶段。据美国前国防部长回忆，1994 年第一次朝核危机爆发后，美国已经做好对朝鲜进行核攻击的所有准备，直到攻击命令发出一小时前才紧急撤回。而对于这一决定，美国的盟友韩国居然被蒙在鼓里，完全不知情。对此，韩国学者颇有微辞，称“一场足以令南北朝鲜所有民众毁于一旦的核战争，美国竟能片面地、稀松平常地发动，实在令我们毛骨悚然。虽说我们是一个丧失军事主权的国家，美国怎能不与我国政府、国民做任何的协商，就如此随意发动呢？……现在我们处于一种非常紧张的状态，根本无法知道美国什么时候会展开一场致命的战争”。① 2003 年，第二次朝核危机爆发后不久，韩国总统卢武铉在韩国电视台表示，“在韩国进行总统竞选的时候，美国政府内一些拥有高层职务的官员曾考虑过入侵朝鲜的可能性”。与此相呼应的是，以“鹰派”著称的美国时任国防部副部长沃尔福维茨在向国会作证时表示，“如果朝鲜敢于对韩国和日本发动战争的话，美国将使用一切手段，就像对伊拉克一样，（对朝鲜）进行毁灭性打击”。他还声称美国将花费巨资提高驻韩美军的战斗力，并催促韩国大幅增加军费，以应付可能的战争。

美国不但有进攻朝鲜的准备和企图，还有进攻朝鲜的具体军事计划，并且计划不止有一个版本。其中，5026 作战计划和 5030 作战计划均是对朝鲜实施主动进攻的作战计划。5055 联合作战计划是在美国与朝鲜开

① ［韩］洪根洙：《朝鲜半岛统一的障碍》，《天涯》杂志 2000 年第 6 期，第 33—34 页。

战后发挥日本自卫队作用的计划。此外，美国军方还有许多进攻朝鲜的备选方案，包括比较温和的海上封锁方案和非常极端的利用驻韩美军直接发动侵略推翻朝鲜现政权的方案等。

美国一旦动用武力，势必令半岛局势变得非常险恶，给朝鲜带来毁灭性打击。但是，这种可能性并不很大，至少不是美国的首选。在国际危机中，有的危机最终是以军事手段解决的，例如伊拉克危机、阿富汗危机。但在朝鲜半岛，战争不符合相关任何一方的利益。打一场新的朝鲜战争，朝鲜和韩国会面临毁灭性打击，中国、俄罗斯和日本的战略环境会急剧恶化，而美国也将承担严重的军事和政治后果。因此，尽管美国和朝鲜不断威胁要使用武力，但这都是双方实行“战争边缘”政策而采取的策略，实质是以威胁换取对方的让步，在实际行动上，双方都为对手留有余地，都没有付诸实施的决心和必要。因此，朝鲜半岛目前应对危机的方式还是以外交斡旋为主。六方会谈是应对朝鲜核危机的成熟机制，今后在应对其他类型的危机上也可以发挥作用。美国已经在设想，在朝鲜政局发生变化或其他变动的情况下，将六方会谈作为一个处理危机的有力平台。

在当前朝鲜核危机问题上，美国也是以外交手段解决为主，军事手段尚无必要。首先，朝鲜愿意在国家安全得到保障的情况下放弃核武器，朝鲜半岛无核化完全可以通过和平手段达到。其次，为朝鲜提供安全保障对美国没有任何损失，而作为朝鲜半岛无核化的补偿性经济援助也很廉价，加上韩国、中国、俄罗斯和日本的分担，摊派到美国头上的没有多少。第三，东北亚的军事存在是美国全球战略部署的重要一环，而“朝鲜的威胁”是美国军事存在的重要依据。如果真的用军事手段强行改变朝鲜政权的性质，对美国的全球战略部署未必有利，接下来美国很可能被迫从朝鲜半岛撤军，所以其暂时还不想改变现有格局。第四，如果动用军事手段，美国也占不到什么便宜。朝鲜军事实力较强，加上现已可能拥有核武器。美国在朝鲜战争中的经历，也使得其担心战争损失过大。第五，美国深陷伊拉克战争和阿富汗战争，对朝鲜暂时腾不出手。伊拉克战争看似容易，美国迅速推翻萨达姆政权，但随后的后续作战和重建耗尽了美国的精力和金钱，计划中的撤军也困难重重，美国无力再发动一场规模更大、损失更大的朝鲜战争。第六，美国的盟国韩国和日本都不会赞成其动用军事手段，尤其是韩国。日本担心一旦开战，朝鲜会将导弹攻击的目标对准日本，同时也担心统一后的韩国对日本的经济大国地位构成挑战。韩国一旦陷入战争，不但从民族情感上说过不去，而且势必成为战争的最大牺牲品。因此，在和平解决朝核问题的可能性还没有彻底消失之前，美国要单方发动对朝鲜的军事打击，日本不一定会赞成，而韩国则肯定会极力反对。第七，联合国两大常任理事国中国和俄罗斯会坚决反对美国采取任何军事行动。由此可见，朝鲜半岛由冷战变为热战，仍存在很大的制约性。

附　录

一、联合国第1695（2006）号对朝制裁决议案[①]

安全理事会，

回顾其1993年5月11日第825（1993）号决议和2004年4月28日第1540（2004）号决议，

铭记维护朝鲜半岛和整个东北亚的和平与稳定至关重要，

重申核生化武器及其运载工具的扩散对国际和平与安全构成威胁，

严重关切朝鲜民主主义人民共和国（朝鲜）发射弹道导弹，因此类系统具有用来运载核、化学或生物有效载荷的潜力，

深感关切的是，朝鲜违反了它关于维持暂停导弹发射的保证，

还表示关切的是，朝鲜未经适当提前通报，因而危及民用航空和海运，

严重关切朝鲜表示近期可能还要发射弹道导弹，

又表示希望以和平和外交方式解决这一局势并欢迎安理会成员及其他会员国通过对话促进全面和平解决，

回顾朝鲜曾于1998年8月31日在未经提前通报本地区各国的情况下，发射了一枚用导弹推进的物体，落入日本附近水域，

对朝鲜宣布退出《不扩散核武器条约》，并不顾其《不扩散核武器

① 联合国网站，http：//www. un. org/。

条约》(《条约》)义务和国际原子能机构(原子能机构)保障监督义务，声称发展核武器，表示痛惜，

强调实施中国、朝鲜、日本、大韩民国、俄罗斯联邦和美国2005年9月19日发表的《共同声明》至关重要，

申明这些发射危害该地区和域外的和平、稳定与安全，特别是鉴于朝鲜宣称它已经研发了核武器，

根据其维护国际和平与安全的特别职责采取行动：

1. 谴责朝鲜于当地时间2006年7月5日发射多枚弹道导弹；

2. 要求朝鲜暂停所有与弹道导弹计划有关的活动，并就此重新做出其原先关于暂停发射导弹的承诺；

3. 提请所有会员国，按照本国的法律授权和立法，并遵循国际法，警惕并防止向朝鲜导弹或大规模杀伤性武器计划转让导弹和导弹相关物项、材料、货物和技术；

4. 提请所有会员国，按照本国的法律授权和立法，并遵循国际法，警惕并防止从朝鲜采购导弹和导弹相关物项、材料、货物和技术，以及向朝鲜转移与朝鲜导弹或大规模杀伤性武器计划有关的任何金融资源；

5. 强调，特别是向朝鲜强调，需要表现出克制，不要采取任何可能加剧紧张局势的行动，继续通过政治和外交努力解决不扩散关切；

6. 强烈敦促朝鲜立即无条件重返六方会谈，迅速实施2005年9月19日《共同声明》，特别是放弃一切核武器和现有核计划，早日重返《不扩散核武器条约》和国际原子能机构保障监督；

7. 支持六方会谈，呼吁尽早恢复六方会谈，并敦促所有参与方加紧努力，全面实施2005年9月19日《共同声明》，以期以和平方式实现可核查的朝鲜半岛无核化，维护朝鲜半岛和东北亚的和平与稳定；

8. 决定继续处理此案。

二、联合国第1718 (2006) 号对朝制裁决议案[①]

安全理事会，

回顾其以往各项相关决议，包括第825（1993）号决议、第1540（2004）号决议，尤其是第1695（2006）号决议以及2006年10月6日的主席声明（S/PRST/2006/41），

重申核、生物和化学武器及其运载工具的扩散对国际和平与安全构成威胁，

严重关切朝鲜民主主义人民共和国（朝鲜）声称已于2006年10月9日进行一次核武器试验，这一试验对《不扩散核武器条约》和旨在加强防止核武器扩散全球机制的国际努力构成的挑战，以及对该区域内外的和平与稳定造成的危险，

表示坚信应该维护防止核武器扩散的国际机制，并回顾，根据《不扩散核武器条约》，朝鲜不能具有核武器国家的地位，

痛惜朝鲜宣布退出《不扩散核武器条约》并谋求发展核武器，

还痛惜朝鲜已拒绝无条件地重返六方会谈，

认可中国、朝鲜、日本、大韩民国、俄罗斯联邦和美国于2005年9月19日发表的《共同声明》，

强调朝鲜回应国际社会的其他安全和人道主义关切的重要性，

表示深为关切朝鲜声称进行的试验已加剧该区域内外的紧张局势，认定因此存在对国际和平与安全的明显威胁，

根据《联合国宪章》第七章采取行动，并根据第四十一条采取措施：

1. 谴责朝鲜声称于2006年10月9日进行的核试验，公然无视安理会各项相关决议，尤其是第1695（2006）号决议和2006年10月6日的主席声明（S/PRST/2006/41），其中包括这一试验将招致国际社会的普

---

① 联合国网站，http：//www. un. org/。

遍遣责并将明显威胁国际和平与安全；

2. 要求朝鲜不再进行任何核试验或发射弹道导弹；

3. 要求朝鲜立即收回其退出《不扩散核武器条约》的宣告；

4. 还要求朝鲜重返《不扩散核武器条约》和国际原子能机构（原子能机构）的保障监督，并强调《不扩散核武器条约》所有缔约国都需要继续履行其条约义务；

5. 决定朝鲜应暂停所有与弹道导弹计划相关的活动，并就此重新做出其原先关于暂停发射导弹的承诺；

6. 决定朝鲜应以完全、可核查和不可逆的方式放弃所有核武器和现有核计划，严格按照《不扩散核武器条约》对缔约方适用的义务和国际原子能机构（原子能机构）保障监督协定的条款和条件（IAEA INF-CIRC/403）行事，并向原子能机构提供超出这些规定范围的透明措施，包括让原子能机构接触它要求和认为需要接触的人员、文件、设备和设施；

7. 又决定朝鲜应以完全、可核查和不可逆的方式放弃现有的其他所有大规模杀伤性武器和弹道导弹计划；

8. 决定：

（a）所有会员国应防止经由本国领土或本国国民，或使用悬挂本国国旗的船只或飞机，直接或间接向朝鲜提供、销售或转让下列物项，不论它们是否源于本国领土：

（一）《联合国常规武器登记册》所界定的任何作战坦克、装甲战斗车、大口径火炮系统、作战飞机、攻击直升机、军舰、导弹或导弹系统，或包括零部件在内的相关材料，或由安全理事会或下文第 12 段设立的委员会（委员会）认定的物项；

（二）S/2006/814 号和 S/2006/815 号文件清单列出的所有物项、材料、设备、货物和技术，除非委员会在本决议通过 14 天内，在同时考虑到 S/2006/816 号文件清单的情况下修订或完成其规定，以及安全理事会或委员会认定的可能有助于朝鲜的核相关、弹道导弹相关或其他大规模杀伤性武器相关计划的其他物项、材料、设备、货物和技术；

（三）奢侈品；

（b）朝鲜应停止出口上文（a）（一）项和（a）（二）项所述的一切物项，所有会员国应禁止本国国民从朝鲜，或使用悬挂本国国旗的船只或飞机，采购此类物项，不论其是否源于朝鲜领土；

（c）所有会员国应防止本国国民，或从本国领土向朝鲜转让，或从朝鲜国民或其领土接受转让，任何与提供、制造、维修或使用上文（a）（一）项和（a）（二）项所述物项相关的技术培训、咨询、服务或援助；

（d）所有会员国都应根据其各自法律程序，立即冻结本决议通过之日或其后任何时间，在本国领土内的，由委员会或安全理事会指认参与或包括用其他非法手段支持朝鲜核相关、其他大规模杀伤性武器相关和弹道导弹相关计划的人或实体，或代表其行事或按其指示行事的人或实体，直接或间接拥有或控制的资金、其他金融资产和经济资源，并确保本国国民或本国领土内的任何人或实体不向此类人员或实体提供或为其利益而提供任何资金、金融资产或经济资源；

（e）所有会员国都应采取必要措施，防止委员会或安全理事会指认的对朝鲜的核相关、弹道导弹相关和其他大规模杀伤性武器相关计划的政策负责，包括支持或推动这些政策的人及其家属入境或过境，但本段的规定绝不强迫一国拒绝本国国民入境；

（f）为确保本段的要求得到遵守进而防止非法贩运核、生物或化学武器及其运载工具和相关材料，呼吁所有会员国根据本国当局和立法的规定并遵循国际法采取合作行动，包括需要时对进出朝鲜的货物进行检查；

9. 决定上文第8段（d）项的规定不适用于经相关国家认定的下列金融或其他资产或资源：

（a）基本开支所必需，包括用于支付食品、房租或抵押贷款、药品和医疗、税款、保险费及水电费，或专门用于支付合理的专业服务费和偿付与提供法律服务有关的费用，或国家法律规定的按惯例置存或保管冻结的资金、其他金融资产和经济资源应收取的费用或服务费，但相关国家须先将酌情授权动用这类资金、其他金融资产和经济资源的意向通知委员会，且委员会在收到该通知后5个工作日内未做出反对的决定；

（b）非常开支所必需，但条件是相关国家已先将这一认定通知委员会并得到了委员会的批准，或

（c）司法、行政、仲裁留置或裁决的对象，在此情况下，这些资金、其他金融资产和经济资源可用来执行留置或裁决，但该留置或裁决须是在本决议通过之日前做出的，受益人不是上文第8段（d）项所述人员或安全理事会或有关委员会指明的人或实体，且相关国家已将其通报了委员会；

10. 决定上文第8段（e）项规定的措施不适用于以下情况：委员会逐案认定，出于人道主义需要，包括为履行宗教义务之目的，此类旅行是合理的，或委员会认为给予豁免将推进本决议的目标；

11. 吁请所有会员国自本决议通过之日起30天内向安全理事会报告为有效执行上文第8段规定而采取的步骤；

12. 决定根据其暂行议事规则第二十八条，成立一个由安理会全体成员组成的安全理事会委员会，以开展下列工作：

（a）设法向所有国家，尤其是生产或拥有上文第8段（a）项所述物项、材料、设备、货物和技术的国家，索取关于它们为有效执行本决议第8段规定的措施采取行动的信息，以及安理会在这方面可能认为有用的其他任何信息；

（b）审查据称违反本决议第8段规定的措施的信息，并采取适当行动；

（c）审议要求享受上文第9和第10段规定豁免的申请，并做出决定；

（d）确定为上文第8段（a）（一）和第8段（a）（二）项之目的，需要列入的其他物项、材料、设备、货物和技术；

（e）指认受上文第8段（d）项和第8段（e）项规定措施约束的其他个人和实体；

（f）颁布必要的准则，以协助执行本决议规定的措施；

（g）至少每90天向安全理事会报告工作，并提出意见和建议，特别

是关于如何加强上文第 8 段规定措施的效力；

13. 欢迎和进一步鼓励所有有关国家做出努力，加紧外交努力，不采取任何可能加剧紧张局势的行动，推动早日恢复六方会谈，以期迅速落实中国、朝鲜、日本、大韩民国、俄罗斯联邦和美国于 2005 年 9 月 19 日发表的《共同声明》，实现可核查的朝鲜半岛无核化，维护朝鲜半岛及东北亚的和平与稳定；

14. 吁请朝鲜立即无条件地重返六方会谈，努力迅速落实中国、朝鲜、日本、大韩民国、俄罗斯联邦和美国于 2005 年 9 月 19 日发表的《共同声明》；

15. 申明安理会将不断审议朝鲜的行动，并准备审议上文第 8 段所列措施是否适当，包括届时视朝鲜遵守本决议各项规定的情况，根据需要，加强、修改、中止或解除这些措施；

16. 强调，如果有必要采取补充措施，则须进一步做出决定；

17. 决定继续积极处理此案。

三、联合国第 1874 (2009) 号对朝制裁决议案[①]

安全理事会，

回顾其以往各项相关决议，包括第 825（1993）号决议、第 1540（2004）号决议、第 1695（2006）号决议，尤其是第 1718（2006）号决议以及 2006 年 10 月 6 日和 2009 年 4 月 13 日的主席声明（S/PRST/2006/41 和 S/PRST/2009/7），

重申核、生物和化学武器及其运载工具的扩散对国际和平与安全构成威胁，

表示极为关切朝鲜民主主义人民共和国（朝鲜）于 2009 年 5 月 25 日（当地时间）违反第 1718（2006）号决议进行的核试验，这一试验对《不扩散核武器条约》和旨在加强防止核武器扩散全球机制以备举行

① 联合国网站，http：//www. un. org/。

2010年《不扩散核武器条约》审议大会的国际努力构成的挑战以及它对区域内外和平与稳定带来的危险，

强调安理会一致支持《不扩散核武器条约》和加强《条约》各方面的承诺以及促进核不扩散和核裁军的全球努力，并回顾，根据《不扩散核武器条约》，朝鲜在任何情况下都不能享有核武器国家的地位，

痛惜朝鲜宣布退出《不扩散核武器条约》并谋求发展核武器，

再次强调朝鲜回应国际社会其他安全和人道主义关切的重要性，

还强调本决议制定的措施无意对朝鲜平民造成不利的人道主义影响，

表示极为关切朝鲜进行的核试验及导弹活动进一步加剧了该区域内外的紧张局势，认定继续存在着对国际和平与安全的明显威胁，

重申所有会员国维护《联合国宪章》宗旨和原则的重要性，

根据《联合国宪章》第七章采取行动，并根据第四十一条采取措施：

1. 最严厉谴责朝鲜于2009年5月25日（当地时间）进行的核试验，此举违反并公然无视安理会相关决议，特别是第1695（2006）号和第1718（2006）号决议以及2009年4月13日安理会主席声明（S/PRST/2009/7）；

2. 要求朝鲜不再进行任何核试验或使用弹道导弹技术进行发射；

3. 决定朝鲜应暂停所有与弹道导弹计划相关的活动，并就此重新做出其原先关于暂停导弹发射的承诺；

4. 要求朝鲜立即全面遵守安全理事会相关决议，特别是第1718（2006）号决议规定的义务；

5. 要求朝鲜立即收回其退出《不扩散核武器条约》的宣告；

6. 还要求朝鲜早日重返《不扩散核武器条约》和国际原子能机构（原子能机构）的保障监督，铭记《不扩散核武器条约》缔约国所享有的权利和义务，强调《不扩散核武器条约》所有缔约国均需继续履行其条约义务；

7. 呼吁所有会员国履行第1718（2006）号决议规定的义务，包括与第1718（2006）号决议所设委员会（“委员会”）依照2009年4月13

日安理会主席声明（S/PRST/2009/7）所做关于指认的义务；

8. 决定朝鲜应以完全、可核查和不可逆的方式放弃所有核武器和现有核计划并立即停止所有相关活动，严格履行《不扩散核武器条约》订立的缔约方义务以及国际原子能机构（原子能机构）保障监督协定的条款和条件（IAEA INFCIRC/403），向原子能机构提供超出这些规定范围的透明措施，包括让原子能机构接触其可能要求和认为接触的人员、文件、设备和设施；

9. 决定第1718（2006）号决议第8（b）段规定的措施也应适用于所有武器及相关材料，并适用于与供应、制造、维护或使用相关武器或材料有关的金融交易、技术培训、咨询、服务或协助；

10. 决定第1718（2006）号决议第8（a）段规定的措施也应适用于所有武器及相关材料，并适用于与供应、制造、维护或使用相关武器（轻小武器及相关材料除外）相关的金融交易、技术培训、咨询、服务或协助，呼吁各国对直接或间接向朝鲜供应、销售或转让小武器或轻武器的活动保持警惕，还决定各国应在向朝鲜销售、供应或转让小武器或轻武器前至少5天通知委员会；

11. 呼吁所有国家根据本国所有权力和立法并遵循国际法，在其掌握的情报可提供合理理由令人相信船只所载货物中包含第1718（2006）号决议第8（a）、8（b）或8（c）段或本决议第9或10段禁止供应、销售、转让或出口的物项时，在其领土内，包括在海港和机场检查所有进出朝鲜的货物，从而确保这些规定得到严格执行；

12. 呼吁所有会员国在其掌握的情报可提供合理理由令人相信船只所载货物中包含第1718（2006）号决议第8（a）、8（b）或8（c）段或本决议第9或10段禁止供应、销售、转让或出口的物项时，征得船旗国同意，在公海检查所涉船只，从而确保这些规定得到严格执行；

13. 呼吁所有国家配合依照第11和12段进行的检查，并决定如果船旗国不同意在公海进行检查，则船旗国应指示船只驶往适当、方便的港口，由当地主管当局根据第11段进行所需检查；

14. 决定授权并要求所有会员国以不违反其根据安全理事会相关决

议，包括第1540（2004）号决议所规定义务，不违反《不扩散核武器条约》、1997年4月29日《关于禁止发展、生产、储存和使用化学武器及销毁此种武器的公约》和1972年4月10日《禁止细菌（生物）及毒素武器的发展、生产和储存以及销毁这类武器的公约》缔约国任何义务的方式，扣押和处置在根据本决议第11、12或13段进行检查时查出的第1718（2006）号决议第8（a）、8（b）或8（c）段或本决议第9或10段禁止供应、销售、转让或出口的物项，还决定所有国家均应配合进行此种行动；

15. 要求任何会员国如根据本决议第11、12或13段进行货物检查，或根据本决议第14段扣押并处置货物，须迅速向委员会提交包括有关检查、扣押和处置相关细节的报告；

16. 要求任何会员国在没有获得船旗国同意根据本决议第12或13段提供合作的情况下，迅速向委员会提交包括有关细节的报告；

17. 决定会员国在其掌握的情报可提供合理理由令人相信朝鲜船只所载货物中包含第1718号决议第8（a）、8（b）或8（c）段或本决议第9或10段禁止供应、销售、转让或出口的物项时，应禁止本国国民或从本国领土向这些船只提供加油服务，例如提供燃料或补给，或其他船舶服务，除非此种服务系出于人道主义目的所必需或相关货物已接受检查并视必要予以扣押和处置，强调本段措施无意影响合法的经济活动；

18. 呼吁会员国除了履行其根据第1718（2006）号决议第8（d）和（e）段承担的义务外，防止提供可能有助于朝鲜进行核、弹道导弹或其他大规模杀伤性武器相关计划或活动的金融服务，防止向、通过或从其领土，或向或由其国民或依据其法律组建的实体（包括海外分支机构），或在其领土上的人员或金融机构转移任何可能有助于这类计划或活动的金融或其他资产或资源，包括冻结其领土上现有或今后进入其领土的，或受其管辖的或今后受其管辖的与这类计划或活动有关的任何金融或其他资产或资源，并依据本国所有权力和立法规定加强监测，以阻止一切此类交易；

19. 呼吁所有会员国和国际金融和信贷机构不再承诺向朝鲜提供新

赠款、金融援助或优惠贷款，但与平民需求直接相关的人道主义和发展用途或为推进无核化所需者不在此限，并呼吁各国提高警惕，减少当前的援助承诺；

20. 呼吁所有会员国不向对朝贸易提供公共金融支持（包括批准向参与对朝贸易的本国国民或实体提供出口信贷、担保或保险），目的在于避免此类金融支持被用于朝鲜核、弹道导弹或其他大规模杀伤性武器相关计划或活动；

21. 强调所有会员国执行第1718（2006）号决议第8（a）（三）和8（d）段时，根据《维也纳外交关系公约》，不应影响驻朝外交使团活动；

22. 呼吁所有会员国在本决议通过后45天内，并在其后应委员会的要求，向安全理事会报告其为有效执行第1718（2006）号决议第8段及本决议第9和10段所述规定以及本决议第18、19和20段所定金融措施而采取的具体行动；

23. 决定第1718（2006）号决议第8（a）、（b）和（c）段所定措施同样适用于核供应国集团的核及核两用品转让准则和控制清单（INFCIRC/254/Rev. 9/Part 1a 和 INFCIRC/254/Rev. 7/Part 2a）中所列的物项；

24. 决定调整第1718（2006）号决议第8段及本决议规定的措施，包括将有关实体、物项和个人列名，指示委员会开展上述工作并于本决议通过后30天内向安全理事会提出报告，并进一步决定，如委员会未采取行动，安全理事会将在收到所述报告后7天内完成调整措施；

25. 决定委员会应加紧努力，通过制订工作计划，推动所有会员国全面执行第1718（2006）号决议、2009年4月13日主席声明（S/PRST/2009/7）和本决议，该工作计划涵盖执行、调查、联络、对话、协助与合作，将于2009年7月15日前提交安理会，此外委员会还应接收和考虑会员国根据本决议第10、15、16和22段提交的报告；

26. 要求秘书长与委员会协商，任命一个由最多7名专家组成的小组（“专家小组”），首次任期一年，在委员会指导下履行以下职责：（a）

协助委员会执行第1718（2006）号决议规定的职责和本决议第25段规定的任务；（b）收集、检查并分析由各国、联合国相关机构和其他利益方提供的有关第1718（2006）号决议和本决议所定措施执行情况的信息，特别是不执行的情况；（c）就安理会、委员会或会员国的行动提出建议，供其改进执行第1718（2006）号决议和本决议规定措施时参考；并且（d）至迟于本决议通过后90天内向安理会提交一份关于专家小组工作的中期报告，并至迟于其任期终止前30天向安理会提交一份载述其结论和建议的最终报告；

27. 敦促所有国家、相关联合国机构和其他相关方与委员会及专家小组全面合作，尤其是提供关于执行第1718（2006）号决议和本决议所定措施的任何信息；

28. 呼吁所有会员国保持警惕，防止在本国领土内或由本国国民对朝鲜国民进行可能有助于朝鲜进行扩散敏感核活动和开发核武器运载系统的学科的专门教学或培训活动；

29. 呼吁朝鲜尽早加入《全面禁止核试验条约》；

30. 支持和平对话，呼吁朝鲜立即无条件地重返六方会谈，敦促六方会谈成员加紧努力，以全面、迅速落实中国、朝鲜、日本、大韩民国、俄罗斯联邦和美国于2005年9月19日发表的《共同声明》以及2007年2月13日和2007年10月3日发表的共同文件，以可核查方式实现朝鲜半岛无核化，维护朝鲜半岛及东北亚的和平与稳定；

31. 承诺以和平、外交和政治方式解决当前局势，欢迎安理会成员及其他会员国努力通过对话方式推动和平、全面的解决方案，并避免采取可能使紧张局势升级的任何行动；

32. 申明安理会将继续审议朝鲜的行动，并随时准备审核第1718（2006）号决议第8段及本决议相关段落所列措施的适当性，包括根据朝鲜遵守第1718（2006）号决议和本决议相关条款的情况，视需要加强、修改、暂停或解除这些措施；

33. 强调如有必要采取补充措施，须由安理会进一步做出决定；

34. 决定继续积极处理此案。

四、联合国第2087（2013）号对朝制裁决议案①

安全理事会，

回顾其以往相关决议，包括第825（1993）、第1540（2004）、第1695（2006）、第1718（2006）、第1874（2009）和第1887（2009）号决议，以及2006年10月6日（S/PRST/2006/41）、2009年4月13日（S/PRST/2009/7）和2012年4月16日（S/PRST/2012/13）的主席声明，承认所有国家根据国际法、包括安全理事会相关决议规定的限制，享有开发和利用外层空间的自由，

1. 谴责朝鲜2012年12月12日使用弹道导弹技术进行发射，违反了第1718（2006）和第1874（2009）号决议；

2. 要求朝鲜不再使用弹道导弹技术进行进一步发射，停止其弹道导弹计划的所有相关活动以遵守第1718（2006）和第1874（2009）号决议，并就此重新确认以前做出的暂停导弹发射的承诺；

3. 要求朝鲜立即全面遵守第1718（2006）和第1874（2009）号决议为其规定的义务，包括：以完全、可核查和不可逆的方式放弃所有核武器和现有核计划；立即停止所有相关活动；不使用弹道导弹技术进行进一步发射，不进行核试验或进一步挑衅；

4. 重申第1718（2006）和第1874（2009）号决议中的现有制裁措施；

5. 回顾第1718（2006）号决议第8段规定的并经第1874（2009）号决议修改的有关措施，认定：

（a）第1718（2006）号决议第8（d）段规定的措施应适用于附件一和二开列的个人和实体，第1718（2006）号决议第8（e）段规定的措施应适用于附件一开列的个人；和

（b）第1718（2006）号决议第8（a）、8（b）和8（c）段规定的措施应适用于INFCIRC/254/Rev. 11/Part 1 和 NFCIRC/254/Rev. 8/Part2

① 联合国网站，http：//www. un. org/。

和 S/2012/947 开列的物项；

6. 回顾第 1874（2009）号决议第 18 段，呼吁会员国为此提高警惕，包括监测本国国民、在本国境内的人、金融机构和依据本国法律同朝鲜金融机构或代表这些机构组建的其他实体（包括海外分支机构）的活动，或代表朝鲜金融机构、包括其海外分支机构、代表、代理人和附属机构或按其指示行事者的活动；

7. 指示第 1718（2006）号决议所设委员会就有船只在船旗国批准进行检查后拒绝接受检查，或在悬挂朝鲜国旗的船只拒绝根据第 1874（2009）号决议第 12 段接受检查的情况发出《协助执行说明》；

8. 回顾第 1874（2009）号决议第 14 段，进一步回顾各国可根据第 1718（2006）、第 1874（2009）号决议和本决议的规定扣押和处置物项，并进一步澄清，各国处置的方式包括，但不限于，销毁、使其无法使用、储存或转移至原产国或目的地国以外的其他国家处置；

9. 阐明，第 1718（2006）和第 1874（2009）号决议规定的措施禁止转让任何物项，如果交易的相关国家拥有情报提供合理理由令人相信，被指认的个人或实体是该物项的发货方、预期接收方或协助进行该转让；

10. 呼吁尚未报告为执行第 1718（2006）和第 1874（2009）号决议采取的措施的会员国提交报告，鼓励其他会员国提交其他关于执行第 1718（2006）和第 1874（2009）号决议规定的信息，如果有此信息的话；

11. 鼓励国际机构采取必要步骤，确保所有涉及朝鲜的活动都符合第 1718（2006）和第 1874（2009）号决议的规定，进一步鼓励相关机构就其可能涉及这些决议规定的与朝鲜相关的活动，同委员会进行接洽；

12. 痛惜违反第 1718（2006）和第 1874（2009）号决议规定的措施的行为，包括使用大量现金以躲避制裁，强调安理会对来自或去往朝鲜，或通过各国领土供应、销售或转让有助于第 1718（2006）和第 1874（2009）号决议禁止的活动的物项感到关切，并强调各国在这方面采取适当行动的重要性，呼吁各国对那些为被指认个人或实体工作或按其指示行事的人在本国领土入境或过境一事，保持警惕和克制，指示委员会评估已报告的违反决议行为并酌情采取行动，包括对协助躲避制裁或违反第 1718（2006）

和第1874（2009）号决议规定的个人和实体进行指认；

13. 强调包括朝鲜在内所有国家采取必要措施的重要性，以确保不得应朝鲜、或朝鲜境内的任何人或实体，或按第1718（2006）和第1874（2009）号决议指认的人或实体，或任何通过或者为这些人或实体索赔的人的请求，对因第1718（2006）和第1874（2009）号决议规定的措施而无法执行的合同或其他交易，提出索赔；

14. 重申安理会希望以和平、外交和政治方式解决当前局势，欢迎安理会成员及其他会员国努力通过对话推动和平、全面的解决，并着重指出，要避免采取任何可能使紧张局势升级的行动；

15. 重申支持六方会谈，呼吁恢复六方会谈，敦促参加会谈的所有各方加紧努力，以全面、迅速落实中国、朝鲜、日本、大韩民国、俄罗斯联邦和美国于2005年9月19日发表的《共同声明》，以和平方式实现可核查的朝鲜半岛无核化，维护朝鲜半岛及东北亚的和平与稳定；

16. 呼吁所有会员国全面履行它们根据第1718（2006）和第1874（2009）号决议承担的义务；

17. 再次强调，所有会员国在执行第1718（2006）号决议第8段（a）三和（d）时，应根据《维也纳外交关系公约》，不影响驻朝鲜外交使团活动；

18. 着重指出，第1718（2006）和第1874（2009）号决议规定的措施无意对朝鲜平民造成不利的人道主义后果；

19. 申明安理会将继续审议朝鲜的行动，并愿意根据朝鲜的遵守情况，视需要加强、修改、暂停或解除有关措施，并就此表示决心在朝鲜再次进行发射或核试验时，采取重要行动；

20. 决定继续积极处理此案。

附件一

旅行禁令/资产冻结

1. PAEK CHANG—HO

a. 说明：高级官员和朝鲜空间技术委员会卫星控制中心负责人。

b. 别名：Pak CHANG – HO Paek Ch'ang-Ho

c. 识别资料：护照：381420754；护照签发日期：2011 年 12 月 7 日；护照到期日期：2016 年 12 月 7 日；出生日期：1964 年 6 月 18 日；出生地点：朝鲜开城

2. CHANG MYONG-CHIN

a. 说明：西海卫星发射场总负责人、2012 年 4 月 13 日和 12 月 12 日进行发射的发射中心的负责人。

b. 别名：Jang Myong-Jin

c. 识别资料：出生日期：1966 年；其他出生日期：1965 年

3. RA KY'ONG-SU

a. 说明：Ra Ka'ong-Su 是端川商业银行（Tanchon Commercial Bank）的官员。他以此身份协助该银行进行交易。委员会 2009 年 4 月指认端川银行是朝鲜负责销售常规武器、弹道导弹和用于组装和生产这些武器的相关物品的主要金融实体。

4. KIM KWANG-IL

a. 说明：Kim Kwang-il 是端川商业银行的官员。他以此身份协助该银行和 Korea Mining Development Trading Corporation（KOMID）进行交易。委员会 2009 年 4 月指认端川银行是朝鲜负责销售常规武器、弹道导弹和用于组装和生产这些武器的相关物品的主要金融实体。委员会 2009 年 4 月对 KOMID 进行了指认，该公司是朝鲜的主要军火商和弹道导弹和常规武器相关物品和装备的主要出口商。

附件二

资产冻结

1. 朝鲜空间技术委员会

a. 说明：2012 年 4 月 13 日和 2012 年 12 月 12 日，朝鲜空间技术委员会通过卫星控制中心和西海发射场进行了朝鲜的发射。

b. 别名：朝鲜空间技术委员会；朝鲜空间技术司；空间技术委员会；KCST

c. 地点：朝鲜平壤

2. East Land Bank

a. 说明：朝鲜的金融机构 East Land Bank 为军火制造商和出口商青松联营公司［青松公司，Green Pine Associated Corporation（Green Pine）］与武器有关的交易提供便利和其他协助。East Land Bank 与青松公司积极合作，以躲避制裁的方式进行资金转账。在 2007 年和 2008 年，East Land Bank 为涉及青松公司和伊朗金融机构（包括国民银行和赛帕银行）的一些交易提供便利。安全理事会在第 1747（2007）号决议指认赛帕银行为伊朗弹道导弹计划提供支持。委员会在 2012 年 4 月对青松公司进行了指认。

b. 别名：Dongbang 银行；TONGBANG U'NHAENG；TONGBANG BANK

c. 地点：PO Box 32，BEL Building，Jonseung-Dung，Moranbong District，Pyongyang，DPRK

3. KOREA KUMRYONG TRADING CORPORATION

a. 说明：朝鲜矿业发展贸易公司的别名，用于开展采购活动。委员会 2009 年 4 月对朝鲜矿业发展贸易公司进行了指认，该公司是朝鲜的主要军火商和弹道导弹和常规武器相关物品和装备的主要出口商。

4. TOSONG TECHNOLOGY TRADING CORPORATION

a. 说明：朝鲜矿业发展公司是 Tosong Technology Trading Corporation 的母公司。委员会 2009 年 4 月对朝鲜矿业发展贸易公司进行了指认，该公司是朝鲜的主要军火商和弹道导弹和常规武器相关物品和装备的主要出口商。

b. 地点：朝鲜平壤

5. KOREA RYONHA MACHINERY JOINT VENTURE CORPORATION

a. 说明：Korea Ryonbong General Corporation 是 Korea Ryonha Machinery Joint Venture Corporation 的母公司。委员会 2009 年 4 月对 Korea Ryonbong General Corporation 进行了指认，该公司是一家国防企业集团，专门负责为朝鲜国防工业进行采购，并为该国的与军事有关销售提供协助。

b. 别名：CHOSUN YUNHA MACHINERY JOINT OPERATION COM-

PANY; KOREA RYENHA MACHINERY J/V CORPORATION; RYONHA MACHINERY JOINT VENTURE CORPORATION

c. 地点：Central District，Pyongyang，DPRK；Mangungdae-gu，Pyongyang，DPRK；Mangyongdae District，Pyongyang，DPRK

6. LEADER（HONG KONG）INTERNATIONAL

a. 说明：代表朝鲜矿业发展公司协助货运。委员会2009年4月对朝鲜矿业发展贸易公司进行了指认，该公司是朝鲜的主要军火商和弹道导弹和常规武器相关物品和装备的主要出口商。

b. 别名：Leader International Trading Limited

c. 地点：香港德辅道中173号南丰大厦1610室

五、联合国第2094 (2013) 号对朝制裁决议案①

安全理事会，

回顾其以往相关决议，包括第825（1993）、第1540（2004）、第1695（2006）、第1718（2006）、第1874（2009）、第1887（2009）和第2087（2013）号决议，以及2006年10月6日（S/PRST/2006/41）、2009年4月13日（S/PRST/2009/7）和2012年4月16日（S/PRST/2012/13）的主席声明，

重申核、生物和化学武器及其运载工具的扩散对国际和平与安全构成威胁，

再次强调朝鲜回应国际社会其他安全和人道主义关切的重要性，

表示极为关切朝鲜民主主义人民共和国（朝鲜）于2013年2月12日（当地时间）违反第1718（2006）、第1874（2009）和第2087（2013）号决议进行的核试验、这一试验对《不扩散核武器条约》和旨在加强防止核武器扩散全球机制的国际努力构成的挑战以及它对区域内外和平与稳定带来的危险，

---

① 联合国网站，http：//www. un. org/。

关切朝鲜正在滥用《维也纳外交和领事关系公约》赋予的特权和豁免权，

欢迎金融行动特别工作组关于与扩散相关的定向金融制裁的新建议7，敦促会员国采用特别工作组建议7的解释性说明和有关指导文件，以有效实行与扩散相关的定向金融制裁，

表示极为关切朝鲜正在进行的核相关和弹道导弹相关活动进一步加剧该区域内外的紧张局势，认定继续存在着对国际和平与安全的明显威胁，

根据《联合国宪章》第七章采取行动，并根据《宪章》第四十一条采取措施：

1. 最严厉谴责朝鲜违反并公然无视安理会的相关决议于2013年2月12日（当地时间）进行的核试验；

2. 决定朝鲜不应使用弹道导弹技术进行进一步发射，不应进行核试验或进一步挑衅；

3. 要求朝鲜立即收回其退出《不扩散核武器条约》的宣告；

4. 还要求朝鲜早日重返《不扩散核武器条约》和国际原子能机构的保障监督，铭记《不扩散核武器条约》缔约国享有的权利和义务，强调《不扩散核武器条约》所有缔约国均需继续履行其条约义务；

5. 谴责朝鲜正在进行的所有核活动，包括铀浓缩活动，指出所有这些活动都违反第1718（2006）、第1874（2009）和第2087（2013）号决议，重申安理会的决定，即朝鲜应以完全、可核查和不可逆的方式放弃所有核武器和现有核计划并立即停止所有相关活动，严格履行《不扩散核武器条约》订立的于缔约方义务以及国际原子能机构《保障监督协定》（IAEA INFCIRC/403）的条款和条件；

6. 重申安理会关于朝鲜应以完全、可核查和不可逆的方式放弃其他所有大规模杀伤性武器和弹道导弹计划的决定；

7. 重申，第1718（2006）号决议第8（c）段规定的措施适用于第1718（2006）号决议第8（a）（一）和8（a）（二）段和第1874（2009）号决议第9和10段禁止的物项，决定第1718（2006）号决议第8（c）段规定的措施也适用于本决议第20和22段，注意到这些措施也

适用于中介或其他中介服务，包括在其他国家安排提供、维修或使用违禁物项，或向其他国家供应、销售或移交或从其他国家出口违禁物项；

8. 还决定第1718（2006）号决议第8（d）段规定的措施也应适用于本决议附件一和二所列个人和实体、代表他们或按其指示行事的个人或实体、由他们拥有或控制、包括以非法方式拥有或控制的实体，还决定，第1718（2006）号决议第8（d）段开列的措施适用于代表已经被指认的个人和实体或按其指示行事的个人或实体、由他们拥有或控制、包括以非法方式拥有或控制的实体；

9. 决定第1718（2006）号决议第8（e）段规定的措施也适用于本决议附件一所列个人和代表他们或按其指示行事的个人；

10. 决定第1718（2006）号决议第8（e）段规定的措施和第1718（2006）号决议第10段规定的豁免也适用于各国认定代表被指认个人或实体或按其指示行事的个人，或协助规避制裁或违反第1718（2006）、第1874（2009）、第2087（2013）和本决议的规定的个人，还决定，如果此人是朝鲜国民，则各国应根据适用的本国法律和国际法，将其驱逐出境以便遣返回朝鲜，除非为履行司法程序需要留在境内或留在境内完全是为了医疗、安全或其他人道主义目的，但本段的规定不应妨碍朝鲜政府代表前往联合国总部履行联合国公务的过境；

11. 决定会员国除了履行根据第1718（2006）号决议第8（d）和（e）段承担的义务外，应防止提供可能有助于朝鲜的核或弹道导弹计划，或有助于第1718（2006）、第1874（2009）、第2087（2013）号决议或本决议禁止的其他活动，或有助于规避第1718（2006）、第1874（2009）、第2087（2013）号决议或本决议规定的措施的金融服务，防止向、通过或从本国领土，或向或由本国国民或依据本国法律组建的实体（包括海外分支机构），或在本国领土上的人员或金融机构，转移任何可能有助于这些计划或活动的金融或其他资产或资源（包括大笔现金），包括冻结本国领土上现有或今后进入本国领土的，或受其管辖的或今后受其管辖的与这些计划或活动有关的任何金融或其他资产或资源，并根据本国权力和立法加强监测，以防止一切此类交易；

12. 呼吁各国采取适当措施，禁止朝鲜银行在本国领土开设新的分行、附属机构或代表处，还呼吁各国禁止朝鲜银行同其管辖范围内的银行进行新的合营、获取这些银行的股权或同其建立或保持代理关系，以防止提供金融服务，如果其有情报提供合理理由令人相信这些活动有助于朝鲜的核计划或弹道导弹计划，或有助于第 1718（2006）、第 1874（2009）、第 2087（2013）号决议和本决议禁止的其他活动，或有助于规避第 1718（2006）、第 1874（2009）、第 2087（2013）号决议或本决议规定的措施；

13. 呼吁各国采取适当措施，禁止本国领土内或受其管辖的金融机构在朝鲜开设代表处或附属机构或银行账户，如果其有情报提供合理理由令人相信这些金融服务有助于朝鲜的核计划或弹道导弹计划和第 1718（2006）、第 1874（2009）、第 2087（2013）号决议和本决议禁止的其他活动；

14. 关切向朝鲜移交的大笔现金可被用来规避第 1718（2006）、第 1874（2009）、第 2087（2013）号决议和本决议规定的措施，阐明所有国家都应对移交现金、包括随身携带现金过境、进出朝鲜采用本决议第 11 段规定的措施，以确保这些大笔现金的移交不会有助于朝鲜的核计划或弹道导弹计划或第 1718（2006）、第 1874（2009）、第 2087（2013）号决议或本决议禁止的其他活动，也不会有助于规避第 1718（2006）、第 1874（2009）、第 2 087（2013）号决议或本决议规定的措施；

15. 决定所有会员国都不向对朝鲜贸易提供金融支持（包括为参与此类贸易的本国国民或实体提供出口信贷、担保或保险），如果这种金融支持有助于朝鲜的核计划或弹道导弹计划或第 1718（2006）、第 1874（2009）、第 2087（2013）号决议或本决议禁止的其他活动，或有助于规避第 1718（2006）、第 1874（2009）、第 2087（2013）号决议或本决议规定的措施；

16. 决定所有国家在有情报提供合理理由令人相信货物中有第 1718（2006）、第 1874（2009）、第 2087（2013）号决议或本决议禁止供应、销售、转移或出口的物项时，都应检查在其境内或在其境内过境的源于朝鲜或运往朝鲜，或由朝鲜或其国民或代表它们行事的个人担任中介或给予协助的所有货物，以确保这些规定得到严格执行；

17. 决定如果船只在船旗国批准进行检查后拒绝接受检查，或悬挂朝鲜国旗的船只拒绝根据第1874（2009）号决议第12段接受检查，所有国家都应拒绝让其进入本国港口，除非为接受检查、发生紧急情况或返回出发港口需要进港，还决定，船只拒绝让其进行检查的国家应立即向委员会报告此事；

18. 呼吁各国在有情报提供合理理由令人相信飞机上载有第1718（2006）、第1874（2009）、第2087（2013）号决议或本决议禁止供应、销售、转移或出口的物项时，不让飞机从其领土起飞、在其领土降落或飞越其领土，但紧急降落不在此列；

19. 请所有国家向委员会提交为规避制裁或违反第1718（2006）、第1874（2009）、第2087（2013）号决议或本决议规定，把朝鲜飞机或船只转让给其他公司的信息，包括飞机、船只或轮船重新命名或登记的信息，请委员会广泛分发这一信息；

20. 决定第1718（2006）号决议第8（a）和8（b）段规定的措施也适用于本决议附件三开列的物项、材料、设备、货物和技术；

21. 指示委员会最迟在本决议通过后12个月内并在其后每年审查和更新第2087（2013）号决议第5（b）段所述清单中的物项，并决定，如果委员会届时还没有采取行动更新这一信息，安全理事会将采取行动，在其后30天内进行更新；

22. 呼吁并允许所有国家防止通过本国领土或由本国国民，或使用悬挂其船旗的船只或飞机，向朝鲜直接或间接供应、出售或转让任何物项，无论该物项是否源于其领土，如果它们认定这些物项有助于朝鲜的核计划或弹道导弹计划、第1718（2006）、第1874（2009）、第2087（2013）号决议或本决议禁止的活动，或有助于规避第1718（2006）、第1874（2009）、第2087（2013）号决议或本决议规定的措施，指示委员会就如何适当执行本项规定发出《协助执行说明》；

23. 重申第1718（2006）号决议第8（a）（三）段为奢侈品规定的

措施，阐明“奢侈品”包括但不限于本决议附件四开列的物项；

24. 呼吁各国加强对朝鲜外交人员的警惕，以防止他们协助朝鲜的核计划或弹道导弹计划或第1718（2006）、第1874（2009）、第2087（2013）号决议和本决议禁止的其他活动，或协助规避第1718（2006）、第1874（2009）、第2087（2013）号决议或本决议规定的措施；

25. 呼吁所有国家在本决议通过后90天内并在其后接获委员会要求时，向安全理事会报告它们为有效执行本决议的规定采取的具体措施，请第1874（2009）号决议设立的专家组同其他联合国制裁监测组合作，继续努力协助各国及时编写和提交这些报告；

26. 呼吁所有国家提供它们掌握的不遵守第1718（2006）、第1874（2009）、第2087（2013）号决议或本决议规定措施的情事的信息；

27. 指示委员会有效处理违反第1718（2006）、第1874（2009）、第2087（2013）号决议和本决议决定的措施的情事，指示委员会另外指认应受第1718（2006）、第1874（2009）、第2087（2013）号决议和本决议规定措施限制的个人和实体，决定委员会可按第1718（2006）号决议第8（d）和8（e）段规定的措施指认个人和按第1718（2006）号决议第8（d））段规定的措施指认实体，如这些个人和实体协助朝鲜的核计划或弹道导弹计划或第1718（2006）、第1874（2009）、第2087（2013）号决议或本决议禁止的其他活动，或协助规避第1718（2006）、第1874（2009）、第2087（2013）号决议或本决议规定的措施；

28. 决定第1718（2006）号决议第12段规定的委员会的授权适用于第1874（2009）号决议和本决议规定的措施；

29. 回顾按第1874（2009）号决议第26段设立了一个接受委员会领导的专家组，以开展该段规定的工作，决定将经第2050（2012）号决议延长的专家组的任期延长到2014年4月7日，还决定，这一任期应适用于本决议规定的措施，表示安理会打算在本决议通过后12个月内审查该任期并就其进一步延长采取适当行动，请秘书长设立一个最多有8名专家的小组，并为此采取必要的行政措施，请委员会同专家组协商，调整专家组提交报告的预定时间；

30. 强调包括朝鲜在内的所有国家采取必要措施的重要性，以确保不得应朝鲜，或朝鲜境内的任何人或实体，或按第1718（2006）、第1874（2009）、第2087（2013）号决议或本决议规定的措施指认的人或实体，或任何通过或者为这些人或实体索赔的人的请求，对因本决议或以往各项决议规定的措施而无法执行的合同或其他交易，提出索赔；

31. 着重指出，第1718（2006）、第1874（2009）、第2087（2013）号决议和本决议规定的措施无意对朝鲜平民造成不利的人道主义后果；

32. 强调所有会员国执行第1718（2006）号决议第8（a）（三）和8（d）段时，根据《维也纳外交关系公约》，不应影响驻朝鲜外交使团活动；

33. 表示承诺以和平、外交和政治方式解决当前局势，欢迎安理会成员及其他国家努力通过对话方式推动和平、全面的解决方案，避免采取任何可能使紧张局势升级的行动；

34. 重申支持六方会谈，呼吁恢复六方会谈，敦促参加会谈的所有各方加紧努力，以全面、迅速落实中国、朝鲜、日本、大韩民国、俄罗斯联邦和美国于2005年9月19日发表的《共同声明》，以和平方式实现可核查的朝鲜半岛无核化，维护朝鲜半岛及东北亚的和平与稳定；

35. 重申维护朝鲜半岛和整个东北亚的和平与稳定至关重要；

36. 申明安理会将继续审议朝鲜的行动，并愿意根据朝鲜的遵守情况，视需要加强、修改、暂停或解除这些措施，并就此表示决心在朝鲜再次进行发射或核试验时，采取进一步重要行动；

37. 决定继续处理此案。

附件一

旅行禁令/资产冻结

1. YO'N CHO'NG NAM（a）说明：朝鲜矿业发展贸易公司（Korea Mining Development Trading Corporation，KOMID）首席代表。委员会2009年4月对KOMID进行了指认，该公司是朝鲜的主要军火商和弹道导弹和常规武器相关物品和装备的主要出口商。

2. KO CH'O 'L-CHAE（a）说明：朝鲜矿业发展贸易公司（Korea

Mining Development Trading Corporation，KOMID）副首席代表。委员会2009年4月对KOMID进行了指认，该公司是朝鲜的主要军火商和弹道导弹和常规武器相关物品和装备的主要出口商。

3. MUN CHO'NG-CH'O'L（a）说明：MUN CHO'NG-CH'O'L是端川商业银行的官员。他以此身份协助该银行进行交易。委员会2009年4月指认端川银行是朝鲜负责销售常规武器、弹道导弹和用于组装和生产这些武器的相关物品的主要金融实体。

附件二

资产冻结

1. 第二自然科学院

（a）说明：第二自然科学院是一个国家组织，负责研究和开放朝鲜的先进武器系统，包括导弹，并可能包括核武器。第二自然科学院利用包括檀君贸易公司在内的一些下属组织从国外获取技术、设备和信息，以供朝鲜导弹计划并可能供核武器计划使用。

委员会2009年7月对檀君贸易公司进行了指认，该公司主要负责采购商品和技术以支持朝鲜的防务研究和开发计划，包括但不限于大规模杀伤性武器和运载系统计划，包括采购受有关多边管制制度管制或禁售的材料。

（b）别名：自然科学二院；CHE 2 CHAYON KWAHAKWON；自然科学院；CHAYON KWAHAK-WON；国家防务学院；KUKPAN G KWAHAK-WON；第二自然科学研究院；SANSRI

（c）地点：朝鲜平壤

2. 朝鲜复合设备进口公司

（a）说明：朝鲜永邦总公司是朝鲜复合设备进口公司的母公司。委员会2009年4月对永邦总公司进行了指认，该公司是一个国防集团公司，专门为朝鲜国防工业进行采购，并协助朝鲜进行军火方面的销售。

（b）地点：Rakwon-dong，Pothonggang District，朝鲜平壤

附件三

物项、材料、设备、货物和技术

核物项

1. 全氟润滑剂可用于真空泵和压缩机轴承的润滑。蒸汽压很低，耐气体离心过程中使用的气体铀化合物六氟化铀（UF6），用于抽取氟。

2. 耐六氟化铀腐蚀的波纹管密封阀门用于铀浓缩设施（例如气体离心机和气体扩散厂）、生产气体离心过程中使用的气体铀化合物六氟化铀（UF6）的设施、燃料生产设施和氚处理设施。

导弹物项

1. 耐腐蚀特种钢——限于耐抑制红烟硝酸（IRFNA）或硝酸的钢，例如氮稳定双相不锈钢（N-DSS）。

2. 以下形状的任何固态（块、圆柱、管或锭）超高温陶瓷复合材料：

（a）直径120毫米或更大的长度50毫米或更大的圆柱；

（b）内径65毫米或更大、壁厚25毫米或更大和长度50毫米或更大的管；或

（c）体积120毫米×120毫米×50毫米或更大的块。

3. 火工控阀。

4. 可用于风洞的测量和控制设备（平衡、热流测量、流控制）。

5. 高氯酸钠。

化学武器清单

1. 制造商标明（在标准温度和压力下）最大流量超过每小时1立方的真空泵，为这类真空泵设计的套管（泵身）、预制套管内衬、叶轮、转子和射流泵喷嘴，这种真空泵的所有直接接触接受处理的化学物的平面是用受管制材料制作的。

附件四

奢侈品

1. 首饰：

（a）镶有珍珠的首饰；

（b）珠宝；

（c）宝石和半宝石（包括钻石、蓝宝石、红宝石和绿宝石）；

（d）用贵金属制作的或用贵金属包的首饰。

2. 以下交通工具物项：

（a）游艇；

（b）奢侈汽车（和机动车）：（公共交通工具以外的）运送人的汽车和其他机动车，包括箱型车；

（c）赛车。

六、联合国第2270（2016）号对朝制裁决议案①

安全理事会，

回顾其以往相关决议，包括第825（1993）、第1540（2004）、第1695（2006）、第1718（2006）、第1874（2009）、第1887（2009）、第2087（2013）和第2094（2013）号决议，以及2006年10月6日（S/PRST/2006/41）、2009年4月13日（S/PRST/2009/7）和2012年4月16日（S/PRST/2012/13）的主席声明，

重申核武器、化学武器和生物武器及其运载工具的扩散对国际和平与安全构成威胁，

表示极为关切朝鲜民主主义人民共和国（朝鲜）于2016年1月6日违反第1718（2006）、第1874（2009）、第2087（2013）和第2094（2013）号决议进行的核试验以及这一试验对《不扩散核武器条约》（《不扩散条约》）和旨在加强全球防止核武器扩散机制的国际努力构成的挑战以及它对该区域内外的和平与稳定带来的危险，

再次着重指出朝鲜回应国际社会其他安全和人道主义关切的重要性，

① 联合国网站，http：//www. un. org/。

还着重指出本决议制定的措施无意对朝鲜平民造成不利的人道主义影响，

感到遗憾的是，朝鲜将金融、技术和工业资源转用于发展其核武器和弹道导弹计划，谴责它宣布的发展核武器的意图，

表示深为关切朝鲜人民遭受的严重困难，

表示极为关切朝鲜进行军火销售产生的收入转用于发展核武器和弹道导弹，而朝鲜公民有大量需求未得到满足，

表示严重关切朝鲜继续违反安全理事会相关决议，于2014年和2015年一再发射弹道导弹，并于2015年进行潜射弹道导弹试射，指出所有这些弹道导弹活动有助于朝鲜发展核武器运载系统，增加了该区域内外的紧张局势，

表示继续关切朝鲜滥用《维也纳外交关系公约》赋予的特权和豁免权，

表示极为关切朝鲜正在进行的核相关和弹道导弹相关活动进一步加剧该区域内外的紧张局势，认定继续存在对国际和平与安全的明显威胁，

根据《联合国宪章》第七章采取行动，并根据《宪章》第四十一条采取措施：

1. 最强烈地谴责朝鲜违反并公然无视安理会的相关决议，于2016年1月6日进行的核试验，并谴责朝鲜2016年2月7日的发射使用弹道导弹技术，严重违反了第1718（2006）、第1874（2009），第2087（2013）和第2094（2013）号决议；

2. 重申其决定，即朝鲜不应再进行使用弹道导弹技术的发射、再进行核试验或其他任何挑衅，并应暂停所有与其弹道导弹计划有关的活动，就此重新做出其原先关于暂停导弹发射的承诺，并要求朝鲜立即全面遵守这些义务；

3. 重申其决定，即朝鲜应以完全、可核查和不可逆转的方式，放弃所有核武器和现有核计划，立即停止所有相关活动；

4. 重申其决定，即朝鲜应以完全、可核查和不可逆转的方式放弃现有的其他所有大规模杀伤性武器和弹道导弹计划；

5. 重申，根据第1718（2006）号决议第8（c）段，所有会员国应防止本国国民或从本国领土向朝鲜转让，或由朝鲜国民从朝鲜转让或从朝鲜领土转让，任何涉及提供、制造、维护或使用与核、弹道导弹或其他大规模杀伤性武器相关的物项、材料、设备、物品和技术的技术培训、咨询、服务或援助，并强调指出这一规定禁止朝鲜与其他会员国进行任何形式的用弹道导弹技术进行发射，哪怕是用于发射卫星或空间运载工具的技术合作；

6. 决定第1718（2006）号决议第8（a）段中的措施也应适用于所有武器及其相关材料，包括小武器和轻武器及其相关材料，以及与供应、制造、维护或使用这些武器和相关材料有关的金融交易、技术培训、咨询、服务或援助；

7. 申明第1718（2006）号决议第8（a）、8（b）和8（c）段规定的并经第1874（2009）号决议第9和10段延长的义务，适用于把物项运入或运出朝鲜以进行修理、维修、翻新、试验、逆向工程和营销，不论物项的所有权或控制权是否转让，特别指出第1718（2006）号决议第8（e）段规定的措施也应适用于为开展本段所述活动进行的任何个人旅行；

8. 决定，第1718（2006）号决议第8（a）和8（b）段规定的措施也应适用于有关国家认定的、食物或药品以外的可直接有助于发展朝鲜武装部队的作战能力的任何物项，或适用于那些支持或加强朝鲜以外的另一会员国武装部队的作战能力的出口，还决定，这一规定不再适用于供应、销售或转让某一物项，或采购这一物项，如果：

（a）有关国家认定，这一活动完全是出于人道主义目的或完全是为了民生目的且不会被朝鲜的个人或实体用来创造收入，且与第1718（2006）、第1874（2009）、第2087（2013）和第2094（2013）号决议或本决议禁止的活动无关，但条件是，有关国家在做出这一认定前通知委员会，并向委员会通报为防止有关物项用于其他用途采取的措施，或

（b）委员会已逐案认定，某项供应、销售或转让不会违反第1718（2006）、第1874（2009）、第2087（2013）、第2094（2013）号决议或

本决议的各项目标；

9. 回顾第1874（2009）号决议第9段要求各国禁止从朝鲜采购与提供、制造、维护或使用武器及其相关材料有关的技术培训、咨询、服务或援助，并阐明，本段禁止各国为军事、准军事或警察训练目的接待培训员、顾问或其他官员；

10. 决定，第1718（2006）号决议第8（d）段规定的措施也应适用于本决议附件一和附件二所列的个人和实体和任何代表他们或按他们指示行事的个人或实体，以及由他们拥有或控制的、包括通过非法手段拥有或控制的实体；

11. 决定第1718（2006）号决议第8（e）段规定的措施也适用于本决议附件一开列的个人和代表他们或按他们指示行事的个人；

12. 申明第1718（2006）号决议第8（d）段所述“经济资源”，包括有可能被用来获取资金、物品或服务的各类资产，例如船只（包括海船），不论它们是有形资产还是无形资产、动产或不动产、实际资产或潜在资产；

13. 决定，如果会员国认定朝鲜的外交官、政府代表或以政府身份行事的其他朝鲜国民代表被指认个人或实体，或代表协助规避第1718（2006）、第1874（2009）、第2087（2013）、第2094（2013）号决议或本决议的制裁或违反这些决议的规定的个人或实体，或按其指示行事，则它们应依照适用的国家法律和国际法，将其驱逐出境，以遣返回朝鲜，但本段的规定绝不妨碍朝鲜政府代表过境前往联合国总部或其他联合国机构处理联合国事务，并决定，本段的规定不适用某一人，如果：（a）履行司法程序需要此人在场；（b）此人在场完全是为了医疗、安全或其他人道主义目的，或（c）委员会逐案认定，驱逐此人将违反第1718（2006）、第1874（2009）、第2087（2013）、第2094（2013）号决议或本决议的各项目标；

14. 决定，如果会员国认定不是本国国民的人在代表被指认的个人或实体或按其指示行事，或在协助规避第1718（2006）、第1874（2009）、第2087（2013）、第2094（2013）号决议或本决议的制裁或违反这些决议的规定，则它们应依照适用的国家法律和国际法，将其驱逐出境，以遣返回朝鲜，除非履行司法程序需要此人在场，或此人在场完全是为了医疗、安全或其他人道主义目的，或委员会逐案认定，驱逐此人将违反第 1718（2006）、第 1874（2009）、第 2087（2013）、第 2094（2013）号决议或本决议的各项目标，但本段的规定绝不妨碍朝鲜政府代表过境前往联合国总部或其他联合国机构处理联合国事务；

15. 特别指出，由于要履行第 1718（2006）号决议第 8（d）段和第 2094（2013）号决议第 8 和 11 段规定的义务，所有会员国都应关闭被指认实体的代表处，禁止这些实体以及那些直接或间接为它们或代表它们行事的个人或实体，参加合资企业或任何其他商业安排，并特别指出，如这一代表处的代表是朝鲜国民，则各国要根据和依循第 2094（2013）号决议第 10 段，依照适用的国家法律和国际法，将其驱逐出境，以遣返回朝鲜；

16. 注意到朝鲜经常使用幌子公司、空壳公司、合资企业以及复杂和不透明的所有制结构来违反安全理事会有关决议规定的措施，为此指示委员会在小组的支持下，查出这样做的个人和实体，并在适当情况下，指认它们接受第 1718（2006）、第 1874（2009）、第 2087（2013）、第 2094（2013）号决议和本决议规定措施的约束；

17. 决定所有会员国应防止在本国境内或由本国国民对朝鲜国民进行有助于朝鲜的扩散敏感核活动或核武器运载系统发展的学科的专门教学或培训，包括高级物理学、高级计算机模拟和相关计算机科学、地理空间导航、核工程、航空航天工程、航天工程及相关学科的教学或培训；

18. 决定，所有国家应检查，包括在机场、港口、自由贸易区，检查本国境内或通过本国过境的、自朝鲜发运或运往朝鲜的货物，或由朝鲜或朝鲜国民、代表其或按其指示行事的个人或实体，或由其拥有或控制的实体或由被指认个人或实体担任中介或给予协助的货物，或由悬挂朝鲜国旗的飞机或船只运载的货物，以确保不违反第 1718（2006）、第 1874（2009）、第 2087（2013）、第 2094（2013）号决议和本决议转让任何物品，促请各国在进行此类检查时，尽可能减少对该国认定的出于人道主义目的而转运的货物的影响；

19. 决定，会员国应禁止本国国民和本国境内的人将悬挂其国旗的船只或飞机租赁或包租给朝鲜，或向朝鲜提供机组人员或船员服务，决定此禁令也适用于任何列入制裁名单的个人或实体、任何其他朝鲜实体、任何被相关国家认定曾协助规避制裁或协助违反第1718（2006）、第1874（2009）、第2087（2013）、第2094（2013）号决议或本决议规定的其他个人或实体、任何代表任何上述方或按其指示行事的个人或实体以及任何由上述方拥有或控制的实体，促请会员国取消对朝鲜拥有、运营或由朝鲜提供船员的船只的登记，还促请会员国不登记另一会员国根据本段取消登记的此类船只，决定，如事先逐案向委员会通报此类租赁、包租或提供机组或船员服务并附有信息说明：（a）这些活动完全是为了民生目的且不会被朝鲜的个人或实体用于创造收入，（b）已采取哪些措施防止此类活动助长违反上述各项决议，则本项规定不适用；

20. 决定，所有国家均应禁止本国国民、接受本国管辖的个人、在本国境内组建或接受本国管辖的实体在朝鲜登记船只，获得船只使用朝鲜船旗的授权，以及拥有、租赁、运营悬挂朝鲜船旗的任何船只，为此类船只提供任何船级证书、认证或相关服务，或为其提供保险，决定本项措施不适用于事先向委员会提供详细信息后逐案向委员会通报的活动，信息内容包括参与活动的人员姓名和实体名称，表明这些活动完全是为了民生目的且不会被朝鲜的个人或实体用于创造收入，并说明已采取哪些措施防止此类活动助长违反第1718（2006）、第1874（2009）、第2087（2013）、第2094（2013）号决议或本决议；

21. 决定，如果它们有情报提供合理理由认为任何飞机载有第1718（2006）、第1874（2009）、第2087（2013）、第2094（2013）号决议或本决议禁止供应、销售、转让或出口的物品，所有国家都不得允许这些飞机在其境内起飞、降落或飞越，但不包括为接受检查而降落，也不包括迫降，促请所有国家在考虑是否允许飞机飞越时，评估已知风险因素；

22. 决定，如果它们有情报提供合理理由认为任何船只由列入制裁名单的个人或实体直接或间接拥有或控制，或载有第1718（2006）、第

1874（2009）、第2087（2013）、第2094（2013）号决议或本决议禁止供应、销售、转让或出口的货物，所有国家都不得允许这些船只进入其港口，但不包括因紧急状况而进港、返回出发港或进港接受检查，也不包括委员会事先认定的出于人道主义目的的进港，或符合本决议目标的其他任何目的的进港；

23. 回顾委员会已将朝鲜的远洋海运管理有限公司列入制裁名单，注意到本决议附件三所列船只是远洋海运管理有限公司控制或运营的经济资源，因此应接受第1718（2006）号决议第8（d）段规定的资产冻结，强调会员国必须执行该决议的有关规定；

24. 决定，朝鲜应放弃一切化学和生物武器和武器相关计划，并应严格按照它作为《关于禁止发展、生产和储存细菌（生物）及毒素武器和销毁此种武器的公约》缔约国承担的义务行事，促请朝鲜加入《关于禁止发展、生产、储存和使用化学武器及销毁此种武器的公约》，并随后立即遵守其规定；

25. 决定通过增加对物品的指认来调整第1718（2006）号决议第8段和本决议规定的措施，指示委员会为此开展工作，在本决议通过15天内向安全理事会提交报告，还决定，如果委员会未采取行动，安全理事会将在收到该报告7天内完成调整有关措施的行动；

26. 指示委员会至迟在本决议通过后60天并在其后每年审查和修订S/2006/853/CORR. 1号文件所列物项；

27. 决定，如果相关国家认定任何物项可能有助于朝鲜的核计划或弹道导弹计划或其他大规模杀伤性武器计划，有助于第1718（2006）、第1874（2009）、第2087（2013）、第2094（2013）号决议或本决议禁止的活动，或有助于规避第1718（2006）、第1874（2009）、第2087（2013）、第2094（2013）号决议或本决议规定的措施，则第1718（2006）号决议第8（a）和8（b）段规定的措施也适用于这些物项；

28. 重申第1874（2009）号决议第14至16段和第2087（2013）号决议第8段，决定这些段落也适用于根据本决议第19段进行检查时发现的、第1718（2006）、第1874（2009）、第2087（2013）、第2094

（2013）号决议或本决议禁止供应、销售或转让的任何物项；

29. 决定，朝鲜不得从其领土，或由其国民，或使用悬挂其国旗的船只或飞机直接或间接供应、销售或转让煤、铁、铁矿石，所有国家均应禁止本国国民或使用悬挂其船旗的船只或飞机从朝鲜购买这些材料，不论它们是否源于朝鲜领土，决定本规定不适用于：

（a）购买国根据可信情报证实不是朝鲜原产的，而是经由朝鲜运送的完全是用于从罗先港（Rason）出口的煤，但有关国家须事先通知委员会，且此类交易不涉及为朝鲜的核或弹道导弹计划或第1718（2006）、第1874（2009）、第2087（2013）、第2094（2013）号决议或本决议禁止的活动创收；和

（b）被认定完全是为了民生目的、不涉及为朝鲜核计划或弹道导弹计划或第1718（2006）、第1874（2009）、第2087（2013）、第2094（2013）号决议或本决议禁止的其他活动创收的交易；

30. 决定，朝鲜不得从其领土，或由其国民，或使用悬挂其国旗的船只或飞机直接或间接供应、销售或转让黄金、钛矿石、钒矿石、稀土矿产，所有国家均应禁止本国国民或使用悬挂本国国旗的船只或飞机从朝鲜购买这些材料，不论它们是否源于朝鲜领土；

31. 决定，所有国家均应防止本国国民，或从本国国土，或使用悬挂本国国旗的船只或飞机向朝鲜领土出售或供应航空燃料，包括航空汽油、石脑油类航空燃油、煤油类航空燃油、煤油类火箭燃料，不论这些燃料是否源于本国领土，除非委员会事先已逐案特别批准向朝鲜转让已核实将用于满足基本人道主义需求的此类产品，但须做出特别安排以有效监测运送和使用情况，还决定本项规定不适用于向朝鲜境外的民用客机销售或供应仅供在往返朝鲜飞行期间使用的航空燃油；

32. 决定，第1718（2006）号决议第8（d）段规定的资产冻结措施适用于有关国家认定的与朝鲜核计划、弹道导弹计划，或第1718（2006）、第1874（2009）、第2087（2013）、第2094（2013）号决议，或本决议禁止的其他活动有关的、由朝鲜政府或朝鲜劳动党的实体直接或间接拥有或控制的，或由代表其或按其指示行事的个人或实体直接或

间接拥有或控制的，或由其拥有或控制的实体直接或间接拥有或控制的朝鲜境外的所有资金、其他金融资产和经济资源，还决定，朝鲜以外的所有国家均应确保，本国国民或本国境内任何个人或实体不向这些个人或实体，或代表其或按其指示行事的个人或实体，或由其拥有或控制的实体，提供或为其利益而提供任何资金、金融资产或经济资源，决定这些措施不适用于朝鲜驻联合国及其专门机构和有关组织的代表团或朝鲜其他外交和领事使团开展活动所需的资金、其他金融资产和经济资源，也不适用于委员会事先逐案认定为交付人道主义援助、实现无核化或实现任何符合本决议目标的其他目的所需要的资金、其他金融资产和经济资源；

33. 决定各国应禁止在本国领土内设立和运营朝鲜各银行的新分支机构、附属机构或代表处，还决定各国应禁止本国境内或受本国司法管辖的金融机构与朝鲜各银行建立新的合营关系、获取其股权，或与其建立或保持代理关系，但不包括事先已获委员会批准的此类交易，决定所有国家均应在通过本决议后90天内采取必要措施，关闭现有的这些分支机构、附属机构或代表处，并与朝鲜各银行终止此类合营关系、股权、代理行关系；

34. 决定各国应禁止本国境内或接受本国管辖的金融机构在朝鲜开设新代表处、附属机构、分支机构或银行账户；

35. 决定，各国应采取必要措施，在90天内关闭现有的设在朝鲜的代表处、附属机构或银行账户，如果有关国家有可信情报提供合理理由认为此类金融活动可能有助于朝鲜的核计划或弹道导弹计划，或有助于第1718（2006）、第1874（2009）、第2087（2013）、第2094（2013）号决议或本决议禁止的其他活动，还决定，如果委员会逐案认定这些代表处、附属机构或银行账户是交付人道主义援助或者外交使团依照《维也纳外交关系公约》在朝鲜开展活动，或者联合国或其专门机构或有关组织开展活动，或者为了与第1718（2006）、第1874（2009）、第2087（2013）、第2094（2013）号决议或本决议相符的任何其他目的所需要的，则本项规定不适用；

36. 决定所有国家都应禁止从本国领土或由受其管辖的个人或实体提供公共和私人金融支持，以用于与朝鲜的贸易（包括向涉足此类贸易的国民或实体提供出口信贷、担保或保险），如果此类金融支持可能有助于朝鲜的核计划或弹道导弹计划，或有助于第 1718（2006）、第 1874（2009）、第 2087（2013）、第 2094（2013）号决议或本决议、包括第 8 段禁止的其他活动；

37. 表示关切向朝鲜移送黄金可能被用于规避第 1718（2006）、第 1874（2009）、第 2087（2013）、第 2094（2013）号决议或本决议规定的措施，阐明所有国家都应该对黄金的移送，包括通过在朝鲜过境和从朝鲜出发的运送黄金公司进行的移送，适用第 2094（2013）号决议第 11 段所述措施，以确保此类黄金不会有助于朝鲜的核计划或弹道导弹计划，或有助于第 1718（2006）、第 1874（2009）、第 2087（2013）、第 2094（2013）号决议或本决议禁止的其他活动，或有助于规避第 1718（2006）、第 1874（2009）、第 2087（2013）、第 2094（2013）号决议或本决议规定的措施；

38. 回顾金融行动特别工作组已促请各国加强尽职调查和采取有效对策，不让朝鲜在本国管辖区内进行非法金融活动，促请会员国采用金融行动特别工作组第 7 项建议及其解释性说明和有关准则，对扩散进行有效的定向金融制裁；

39. 重申第 1718（2006）号决议第 8（a）（三）段有关奢侈品的措施，阐明“奢侈品”一词包括但不限于本决议附件五所述物项；

40. 促请所有国家在本决议通过后 90 天内，并在其后应委员会要求，向安全理事会报告本国为有效执行本决议各项规定而采取的具体措施，请第 1874（2009）号决议所设专家小组与联合国其他制裁监测组合作，继续努力协助各国及时编写和提交此类报告，并指示委员会优先接洽那些从未按照安全理事会要求提交执行情况报告的国家；

41. 促请所有国家提供它们掌握的不遵守第 1718（2006）、第 1874（2009）、第 2087（2013）、第 2094（2013）号决议或本决议规定措施的信息；

42. 鼓励所有国家审查此前上报的违反制裁的情况，尤其是根据相关决议查扣的物项或阻止的活动，以协助确保这些决议，特别是本决议第27段得到全面适当执行，为此注意到专家小组的报告和委员会公布的违反制裁行为的信息；

43. 指示委员会有效处理违反第1718（2006）、第1874（2009）、第2087（2013）、第2094（2013）号决议和本决议规定措施的行为，为此指示委员会指认更多应受第1718（2006）、第1874（2009）、第2087（2013）、第2094（2013）号决议和本决议规定措施制约的个人和实体；

44. 指示委员会继续努力协助会员国执行对朝鲜采取的措施，为此请委员会起草和分发一份关于第1718（2006）、第1874（2009）、第2087（2013）、第2094（2013）号决议和本决议规定的所有措施的全面汇编，为会员国执行提供便利；

45. 指示委员会更新委员会的个人和实体名单中的信息，包括新的别名和幌子公司，指示委员会在本决议通过后45天内，并在其后每隔12个月，开展这一工作；

46. 决定，第1718（2006）号决议第12段阐述的委员会任务应适用于第1874（2009）、第2094（2013）号决议和本决议规定的措施；

47. 强调所有国家，包括朝鲜，都必须采取必要措施，确保不会应朝鲜、朝鲜境内的任何人或实体、为第1718（2006）、第1874（2009）、第2087（2013）、第2094（2013）号决议和本决议所述措施指认的人或实体，或任何通过这些人或实体索赔或为这些人或实体索赔的人的要求，对因本决议或以往决议规定措施而无法执行的合同或其他交易提出索赔；

48. 着重指出第1718（2006）、第1874（2009）、第2087（2013）、第2094（2013）号决议和本决议规定的措施无意对朝鲜平民造成不利的人道主义后果，或对第1718（2006）、第1874（2009）、第2087（2013）、第2094（2013）号决议或本决议没有禁止的活动，包括经济活动与合作，以及在朝鲜为朝鲜平民开展援助和救济活动的国际组织和非政府组织的工作，产生不利影响；

49. 重申维护朝鲜半岛和整个东北亚的和平与稳定至关重要，并表示安理会承诺以和平、外交和政治方式解决这一局势，欢迎安理会成员及其他国家为通过对话实现和平及全面解决提供便利，不采取任何可能加剧紧张的行动；

50. 重申对六方会谈的支持，呼吁恢复六方会谈，重申支持中国、朝鲜、日本、大韩民国、俄罗斯联邦和美国在 2005 年 9 月 19 日发表的《共同声明》中阐述的承诺，包括六方会谈的目标是以和平方式实现可核查的朝鲜半岛无核化，美国和朝鲜承诺彼此尊重主权并和平共处，六方承诺促进经济合作，以及所有其他相关承诺；

51. 申明安理会将继续审议朝鲜的行动，并准备根据朝鲜遵守规定的情况，视需要加强、修改、暂停或解除这些措施，并就此表示决心在朝鲜再度进行核试验或发射时，进一步采取重大措施；

52. 决定继续处理此案。

附件一

旅行禁令/资产冻结（个人）

1. CHOE CHUN-SIK

a. 说明：Choe Chun-sik 是朝鲜第二自然科学院院长、朝鲜远程导弹计划负责人

b. 别名：Choe Chun Sik；Ch'oe Ch'un Sik

c. 识别信息：出生日期：1954 年 10 月 12 日；国籍：朝鲜

2. CHOE SONG IL

a. 说明：端川商业银行驻越南代表

b. 别名：无

c. 识别信息：护照号：472320665，护照失效日期：2017 年 9 月 26 日；护照号：563120356；国籍：朝鲜

3. HYON KWANG Il

a. 说明：Hyon Kwang Il 是国家宇宙开发总局科学发展司司长

b. 别名：Hyon Gwang Il

c. 识别信息：出生日期：1961 年 5 月 27 日；国籍：朝鲜

4. JANG BOM SU

a. 说明：端川商业银行驻叙利亚代表

b. 别名：Jang Pom Su

c. 识别信息：出生日期：1957 年 4 月 15 日；国籍：朝鲜

5. JANG YONG SON

a. 说明：朝鲜矿业发展贸易公司驻伊朗代表（KOMID）

b. 别名：无

c. 识别信息：出生日期：1957 年 2 月 20 日；国籍：朝鲜

6. JON MYONG GUK

a. 说明：端川商业银行驻叙利亚代表

b. 别名：Cho'n Myo'ng-kuk

c. 识别信息：护照号：4721202031，护照失效日期：2017 年 2 月 21 日；国籍：朝鲜；出生日期：1976 年 10 月 18 日

7. KANG MUN KIL

a. 说明：Kang Mun Kil 曾作为南川冈（又称南兴）公司的代表从事核采购活动

b. 别名：Jiang Wen-ji

c. 识别信息：护照号：472330208，护照失效日期：2017 年 7 月 4 日；国籍：朝鲜

8. KANG RYONG

a. 说明：朝鲜矿业发展贸易公司驻叙利亚代表（KOMID）

b. 别名：无

c. 识别信息：出生日期：1969 年 8 月 21 日；国籍：朝鲜

9. KIM JUNG JONG

a. 说明：端川商业银行驻越南代表

b. 别名：Kim Chung Chong

c. 识别信息：护照号：199421147，护照失效日期：2014 年 12 月 29 日；护照号：381110042，护照失效日期：2016 年 1 月 25 日；护照号：563210184，护照失效日期：2018 年 6 月 18 日；出生日期：1966 年

11月7日；国籍：朝鲜

10. KIM KYU

a. 说明：朝鲜矿业发展贸易公司对外关系官员（KOMID）

b. 别名：无

c. 识别信息：出生日期：1968年7月30日；国籍：朝鲜

11. KIM TONG MY'ONG

a. 说明：Kim Tong My'ong是端川商业银行主席，至少从2002年起在端川商业银行担任不同职位。他还在管理岩芦江事务中发挥了作用

b. 别名：Kim Chin-So'k；Kim Tong-Myong；Kim Jin-Sok；Kim，Hyok-Chol

c. 识别信息：出生日期：1964；国籍：朝鲜

12. KIM YONG CHOL

a. 说明：朝鲜矿业发展贸易公司驻伊朗代表

b. 别名：无

c. 识别信息：出生日期：1962年2月18日；国籍：朝鲜

13. KO TAE HUN

a. 说明：端川商业银行代表

b. 别名：Kim Myong Gi

c. 识别信息：护照号：563120630，护照失效日期：2018年3月20日；出生日期：1972年5月25日；国籍：朝鲜

14. RI MAN GON

a. 说明：Ri Man Gon是军需工业部部长

b. 别名：无

c. 识别信息：出生日期：1945年10月29日；护照号：PO381230469，护照失效日期：2016年4月6日；国籍：朝鲜

15. RYU JIN

a. 说明：朝鲜矿业发展贸易公司驻叙利亚代表

b. 别名：无

c. 识别信息：出生日期：1965年8月7日；护照号：563410081；

国籍：朝鲜

16. YU CHOL U

a. 说明：Yu Chol U 是国家宇宙开发总局局长

b. 别名：无

c. 识别信息：国籍：朝鲜

别名更新：Ra，Kyong-Su（KPi. 008）——新别名：Chang，Myong Ho

附件二

资产冻结（实体）

1. 国家防务科学院（ACADEMY OF NATIONAL DEFENSE SCIENCE）

a. 简介：国家防务科学院参与了朝鲜弹道导弹和核武器计划的发展推进工作

b. 又称：不详

c. 所在地：朝鲜平壤

2. 清川江航运公司（CHONGCHONGANG SHIPPING COMPANY）

a. 简介：清川江航运公司 2013 年 7 月试图通过其船只“清川江”号，直接把非法运输的常规武器进口到朝鲜

b. 又称：清川江航运有限公司（Chong Chon Gang Shipping Co. Ltd.）

c. 所在地：地址：817 Haeun，Donghung-dong，Central District，朝鲜平壤；其他地址：817，Haeum Tonghun-dong，Chung-gu，朝鲜平壤；海事组织编号：5342883

3. 大同信贷银行（DAEDONG CREDIT BANK）（DCB）

a. 简介：大同信贷银行向朝鲜矿业发展贸易公司（Korea Mining Development Trading Corporation，KOMID）和端川商业银行（Tanchon Commercial Bank）提供金融服务。至少自 2007 年起，大同信贷银行代表朝鲜矿业发展贸易公司和端川商业银行促成了数百次金融交易，价值以百万美元计。大同信贷银行屡次在知情的情况下利用欺骗性金融行为促成交易

b. 又称：DCB；Taedong Credit Bank

c. 所在地：地址：Suite 401，Potonggang Hotel，Ansan-Dong，Pyongchon District，朝鲜平壤；其他地址：Ansan-dong，Botonggang Hotel，Pongchon，朝鲜平壤；SWIFT 号码：DCBK KKPY

4. 彗星贸易公司（HESONG TRADING COMPANY）

a. 简介：朝鲜矿业发展公司（Korea Mining Development Trading Corporation，KOMID）是彗星贸易公司的母公司

b. 所在地：朝鲜平壤

5. 朝鲜光鲜金融会社（KOREA KWANGSON BANKING CORPORATION，KKBC）

a. 简介：朝鲜光鲜金融会社提供金融服务来支持端川商业银行和朝鲜永邦总公司（Korea Ryongbong General Corporation）的一个下属公司朝鲜革新贸易公司（Korea Hyoksin Trading Corporation）。端川商业银行利用朝鲜光鲜金融会社进行数额可能达数百万美元的资金转账，包括涉及朝鲜矿业发展公司有关资金的转账

b. 又称：KKBC

c. 地址：Jungson-dong，Sungri Street，Central District，朝鲜平壤

6. 朝鲜光星貿易会社（KOREA KWANGSONG TRADING CORPORATION）

a. 简介：朝鲜永邦总公司是朝鲜光星貿易会社的母公司

b. 地址：Rakwon-dong，Pothonggang District，朝鲜平壤

7. 原子能工业省（MINISTRY OF ATOMIC ENERGY INDUSTRY）

a. 简介：原子能工业省于 2013 年成立，目的是使朝鲜原子能工业现代化，以增加核材料产量，提高质量，进而建立一个独立的朝鲜核工业。因此，据了解，原子能工业省（MAEI）在朝鲜核武器发展过程中扮演了一个关键角色，负责该国核武器计划的日常运作，下面有其他与核有关的组织。该省下面有若干核相关组织和研究中心以及两个委员会：一个同位素应用委员会和一个核能委员会。原子能工业省还指导一个设在宁边（Yongbyun）的核研究中心，即已知的朝鲜钚设施所在地。此

外，专家小组2015年的报告指出，因参与或支持与核有关的计划而于2009年被第1718（2006）号决议所设委员会列名的朝鲜原子能总局前主任李继善（Ri Je-son）于2014年4月9日被任命为原子能工业省负责人

b. 又称：MAEI

c. 地址：Haeun-2-dong，Pyongchon District，朝鲜平壤

8. 军需工业部（MUNITIONS INDUSTRY DEPARTMENT）

a. 简介：军需工业部参与朝鲜导弹计划的关键方面。军需工业部（MID）负责监督朝鲜弹道导弹、包括“大浦洞2号”（Taepo Dong-2）的发展。军需工业部监督朝鲜的武器生产和研发计划，包括朝鲜弹道导弹计划。而于2010年8月也被列名的第二经济委员会和第二自然科学院隶属军需工业部。军需工业部近几年来一直致力于发展KN08公路机动洲际弹道导弹

b. 又称：军用品工业部（Military Supplies Industry Department）

c. 所在地：朝鲜平壤

9. 国家宇宙开发总局（NATIONAL AEROSPACE DEVELOPMENT ADMINISTRATION）

a. 简介：NADA（国家宇宙开发总局）参与朝鲜的空间科学和技术，包括卫星发射和运载火箭的发展

b. 又称：NADA

c. 所在地：朝鲜

10. 39号室（OFFICE 39）

a. 简介：朝鲜政府实体

b. 又称：Office # 39（39号室）；又称：Office No. 39（第39号室）；又称：Bureau 39（39局）；又称：Central Committee Bureau 39（中央委员会39局）；又称：Third Floor（三楼）；又称：Division 39（39司）

c. 所在地：朝鲜

11. 侦察总局（RECONNAISSANCE GENERAL BUREAU）

a. 简介：侦察总局是朝鲜的首要情报组织，成立于2009年初，由

朝鲜劳动党行动部和35室以及朝鲜人民军侦察局等现有情报组织合并而成。侦察总局进行常规武器贸易并控制朝鲜常规武器公司——朝鲜青松联合会社（Green Pine Associated Corporation）。

b. 又称：Chongch'al Ch'ongguk（侦察总局）；KPA Unit 586（朝人民军第586部队）；RGB

c. 所在地：地址：Hyongjesan-Guyok，朝鲜平壤；其他地址：Nungrado，朝鲜平壤

12. 第二经济委员会（SECOND ECONOMIC COMMITTEE）

a. 简介：第二经济委员会参与朝鲜导弹计划的关键方面。第二经济委员会负责监督朝鲜弹道导弹生产，并指导KOMID的活动

b. 又称：不详

c. 所在地：Kangdong，朝鲜

名单别名的更新：南川冈贸易公司（NAMCHONGANG TRADING CORPORATION）（KPe. 004）——新别名：Namhung Trading Corporation

附件三

OMM（朝鲜远洋海运管理有限公司）的船只

船名

海事组织编号

1. CHOL RYONG（RYONG GUN BONG）

8606173

2. CHONG BONG （GREENLIGHT）（BLUE NOUVELLE）

8909575

3. CHONG RIM 2

8916293

4. DAWNLIGHT

9110236

5. EVER BRIGHT 88（J STAR）

8914934

6. GOLD STAR 3 （BENEVOLENCE 2）

8405402

7. HOE RYONG

9041552

8. HU CHANG（O UN CHONG NYON）

8330815

9. HUI CHON（HWANG GUM SAN 2）

8405270

10. JH 86

8602531

11. JI HYE SAN（HYOK SIN 2）

8018900

12. JIN Tal

9163154

13. JIN TENG

9163166

14. KANG GYE（PI RYU GANG）

8829593

15. MI RIM

8713471

16. MI RIM 2

9361407

17. O RANG（PO THONG GANG）

8829555

18. ORION STAR （RICHOCEAN）

9333589

19. RANAM 2

8625545

20. RANAM 3

9314650

21. RYO MYONG

8987333

22. RYONG RIM（JON JIN 2）

8018912

23. SE PHO（RAK WON 2）

8819017

24. SONGJIN（JANG JA SANCHONG NYON HO）

8133530

25. SOUTH HILL 2

8412467

26. SOUTH HILL 5

9138680

27. TAN CHON（RYONG GANG 2）

7640378

28. THAE PYONG SAN （PETREL 1）

9009085

29. TONGHUNG SAN（CHONG CHON GANG）

7937317

30. GRAND KARO

8511823

31. TONGHUNG 1

8661575

附件四

奢侈品

（a）豪华手表（腕表、怀表和其他带有贵金属或镶嵌贵金属的金属表盘的手表）

（b）下列交通物项：

（1）水上休闲性交通工具（如私人游艇）

（2）雪地摩托（价值超过2000美元）

（c）铅水晶物项

（d）休闲体育运动设备

参考文献

一、中文参考文献

1. 李效东：《国际军事学概论》，军事科学出版社 2004 年版。
2. 苏浩：《亚太合作安全研究》，世界知识出版社 2003 年版。
3. 朴键一主编：《中国对朝鲜半岛的研究》，民族出版社 2006 年版。
4. 孟庆义、赵文静、刘会清：《朝鲜半岛：问题与出路》，人民出版社 2006 年版。
5. 王传剑：《双重规制：冷战后美国的朝鲜半岛政策》，世界知识出版社 2003 年版。
6. 当代中国丛书：《抗美援朝战争》，中国社会科学出版社 1990 年版。
7. 柴成文、赵勇田：《抗美援朝纪实》，中共党史资料出版社 1987 年版。
8. 《战后世界历史长编》编委会：《战后世界历史长编》，上海人民出版社 1978 年版。
9. 彭德怀：《彭德怀自述》，人民出版社 1981 年版。
10. 董宝训、张立华：《从停战到和平？——危机笼罩下的“板门店”报告》，山东人民出版社 2003 年版。
11. 王树增：《远东朝鲜战争》，解放军文艺出版社 2005 年版。
12. 岳惠来：《吉林战争史》，华艺出版社 2005 年版。
13. 沈定昌：《韩国对外关系》，香港社会科学出版社 2003 年版。
14. 赵子聿、贤峰礼：《国家安全危机决策》，时事出版社 2006 年版。

15. 中国现代国际关系研究所危机管理与对策研究中心：《国际危机管理概论》，时事出版社 2003 年版。
16. 张沱生、［美］史文：《中美安全危机管理案例分析》，世界知识出版社 2007 年版。
17. 胡平：《国际冲突与危机管理研究》，军事谊文出版社 1993 年版。
18. 许文惠、张成福主编：《危机状态下的政府管理》，中国人民大学出版社 1995 年版。
19. 徐文吉：《朝鲜半岛时局与对策研究》，山东大学出版社 2007 年版。
20. 陈龙山主编：《朝鲜半岛问题研究文集（一）》，吉林省朝鲜·韩国研究学会 1997 年版。
21. 陈龙山主编：《朝鲜半岛问题研究文集（二）》，吉林省朝鲜·韩国研究学会 1998 年版。
22. 陈龙山主编：《朝鲜半岛问题研究文集（三）》，吉林省朝鲜·韩国研究学会 1999 年版。
23. 洪停杓、张植荣：《当代中国外交新论》，励志出版社 2004 年版。
24. 朱锋：《弹道导弹防御计划与国际安全》，上海人民出版社 2001 年版。
25. 崔立如主编：《东北亚地区安全政策及安全合作构想》，时事出版社 2006 年版。
26. 朱阳明主编：《亚太安全战略论》，军事科学出版社 2000 年版。
27. 阎学通、金德湘主编：《东亚和平与安全》，时事出版社 2005 年版。
28. 喻常森、黄云静、张祖兴、王学东编著：《当代亚太国际关系与地区合作》，中山大学出版社 2008 年版。
29. 王缉思主编：《中国国际战略评论》，世界知识出版社 2008 年版。
30. 方连庆、刘金质、王柄元主编：《战后国际关系史》，北京大学出版社 1999 年版。
31. 方连庆、刘金质、王柄元主编：《国际关系史》，北京大学出版社 2001 年版。
32. 曹中屏：《朝鲜近代史（1863—1919）》，东方出版社 1993 年版。
33. 唐贤兴主编：《近现代国际关系史》，复旦大学出版社 2008 年版。

34. 王如绘：《甲午战争与朝鲜》，天津古籍出版社 2004 年版。
35. 李际均：《军事战略思维》，军事科学出版社 2002 年版。
36. 李际均：《论战略》，军事科学出版社 2002 年版。
37. 许嘉：《美国战略思维研究》，军事科学出版社 2003 年版。
38. 军事科学院战略部：《战略学》，军事科学出版社 2002 年版。
39. 吴春秋：《广义大战略》，军事科学出版社 1998 年版。
40. 吴春秋：《论大战略与世界战争史》，解放军出版社 2002 年版。
41. 门洪华：《中国大战略的框架》，北京大学出版社 2005 年版。
42. 钮先钟：《现代战略思潮研究》，黎明文化事业股份有限公司 1979 年版。
43. 钮先钟：《战略研究》，广西师范大学出版社 2003 年版。
44. 高金钿主编：《国际战略学概论》，国防大学出版社 1995 年版。
45. 唐绍邦、宫力等：《国际战略新论》，解放军出版社 2006 年版。
46. 金应忠、倪世雄：《国际关系理论比较研究》，中国社会科学出版社 1992 年版。
47. 刘金质：《美国国家战略》，辽宁人民出版社 1997 年版。
48. 刘靖华：《霸权的兴衰》，中国经济出版社 1997 年版。
49. 倪世雄、金应忠：《当代美国国际关系理论流派文选》，学林出版社 1987 年版。
50. 倪世雄：《当代西方国际关系理论》，复旦大学出版社 2007 年版。
51. 秦亚青：《霸权体系与国际冲突——美国在国际武装冲突中的支持行为（1945—1988）》，上海人民出版社 1999 年版。
52. 周琪主编：《意识形态与美国外交》，上海人民出版社 2006 年版。
53. 王晓德：《美国文化与外交》，世界知识出版社 2000 年版。
54. 俞正梁主编：《大国战略研究》，中央文献出版社 1998 年版。
55. 张季良主编：《国际关系学概论》，世界知识出版社 1989 年版。
56. 赵来文：《西方霸主梦——步履维艰的美利坚》，吉林人民出版社 1998 年版。
57. ［德］克劳塞维茨：《战争论》，商务印书馆 1994 版。
58. ［英］利德尔·哈特：《战略论》，战士出版社 1979 年版。

59. ［美］约翰·柯林斯：《大战略》，战士出版社1978年版。
60. ［美］汉斯·摩根索，汤普森修订：《国家间政治——寻求权力与和平的斗争》，中国人民公安大学出版社1990年版。
61. ［美］汉斯·摩根索，卢明华、时殷弘、林勇译：《国际纵横策论——争强权，求和平》，上海人民出版社1995年版。
62. ［美］汉斯·摩根索：《政治学的困境》，中国人民公安大学出版社1989年版。
63. ［美］罗伯特·基欧汉、约瑟夫·奈，林茂辉、段胜武等译：《权力与相互依赖：转变中的世界政治》，中国人民公安大学出版社1992年版。
64. ［美］罗伯特·基欧汉，苏长和等译：《霸权之后：世界政治经济中的合作与纷争》，上海人民出版社2001年版。
65. ［美］约瑟夫·奈，郑志国等译：《美国霸权的困惑：为什么美国不能独断专行》，世界知识出版社2002年版。
66. ［美］兹比格纽·布热津斯基，中国国际问题研究所译：《大棋局：美国的首要地位及其地缘战略》，上海人民出版社1998年版。
67. ［美］兹比格纽·布热津斯基：《大抉择》，新华出版社2005年版。
68. ［美］兹比格纽·布热津斯基，刘晓明译：《竞赛方案：进行美苏竞争的地缘战略纲领》，中国对外翻译出版公司1998年版。
69. ［美］亨利·基辛格，顾淑馨、林添贵译：《大外交》，海南出版社1998年版。
70. ［美］保罗·肯尼迪，陈景彪等译：《大国的兴衰》，国际文化出版公司2006年版。
71. ［美］马修·邦克·李奇微，军事科学院译：《朝鲜战争》，军事科学出版社1983年版。
72. ［美］理查德·尼克松，王绍仁译：《不再有越战》，世界知识出版社1999年版。
73. ［美］小克莱·布莱尔，翟志海、张明学、滕学振译：《麦克阿瑟》，解放军出版社1983版。

74. ［美］哈里·杜鲁门：《杜鲁门回忆录》第2卷，世界知识出版社1965年版。
75. ［美］理查德·哈斯，陈遥遥、荣凌译：《“规制主义”：冷战后美国全球新战略》，新华出版社1999年版。
76. ［美］艾什顿·卡特、威廉姆·佩里著，胡利平、杨韵琴译：《预防性防御：一项美国新安全战略》，上海人民出版社2000年版。
77. ［美］塞缪尔·亨廷顿，周琪、刘绯等译：《文明的冲突与世界秩序的重建》，新华出版社2002年版。
78. ［美］詹姆斯·多尔蒂、小罗伯特·普法尔茨格拉夫，阎学通、陈寒溪等译：《争论中的国际关系理论》第5版，世界知识出版社2003年版。
79. ［加］卡列维·霍尔斯蒂，王浦劬译：《和平与战争：1648—1989年的武装冲突与国际秩序》，北京大学出版社2005年版。
80. ［英］爱德华·卡尔：《20年危机（1919—1939）国家关系研究导论》，世界知识出版社2005年版。
81. ［德］杜浩著，陈来胜译：《冷战后中日安全关系》，世界知识出版社2004年版。
82. ［日］服部卓四郎：《大东亚战争全史》，商务印书馆1994年版。
83. ［韩］李元烨：《中美两国的朝鲜半岛政策演进历程研究：从对抗走向协调（1945—2000）》，香港社会科学出版社2003年版。
84. ［韩］姜万吉著，陈文寿、金英姬等译：《韩国现代史》，社会科学文献出版社1997年版。
85. ［韩］朴宣泠：《东北抗日义勇军》，中国友谊出版公司1998年版。
86. ［韩］《韩国手册》，韩国海外公报馆1992年版。

二、英文参考文献

1. William Bowles.（2006）. *Crisis Management.*
2. Thomas C. Schelling.（1963）. *The Strategy of Conflict.* New York：Oxford

University Press.

3. Martin Patchen. （1963）. *Decision Theory in the Study of National Action*. Journal of Conflict Resolution, LVII.

4. William R. Kintner and David C. Schwarz. （1965）. *A Study on Crisis Management*. Philadelphia: University of Pennsylvania Foreign Policy Research Institute.

5. Oran R. Young. （1968）. *The Politics of Force: Bargaining during Superpower Crisis*. Princeton: University Press.

6. Coral Bell. （1971）. *The Conventions of Crisis: A Study in Diplomatic Management*. London: Oxford University of International Affairs.

7. Phil Williams. （1976）. *Crisis Management: Confrontation and Diplomacy in the Nuclear Age*. London: Martin Robertson & CO. Ltd..

8. Glenn H. Snyder and Paul Diesing. （1977）. *Conflict among Nations: Bargaining, Decision Making, and System Structure in International Crises*. Princeton, N. J: Princeton University Press.

9. Daniel Frei, ed. （1978）. *International Crises and Crisis Management*. England: Saxon House.

10. G. Head et al. （1978）. *Crisis Resolution: Presidential Decision Making in the Mayaguez and Korean Confrontations*. Boulder, Colorado: Westview Press.

11. Gregory Treverton. （1981）. *Crisis Management and the Superpowers in the Middle East*. New Jersey.

12. Michael Brecher and Jonathan Wilkenfeld. （1982）. *Crisis in World Politic*. World Politics.

13. Michael Brecher and Jonathan Wilkenfeld. （2000）. *A Study of Crisis*. Ann Arbor, Michigan: The University of Michigan Press.

14. Gilbert R. Winham, ed. （1988）. *New Issues in International crisis Management*. Boulder, CO, and London: Westview Press.

15. Uriel Rosenthal, etc. ed. （2001）. *Managing Crises: Threat, Dilem-*

mas, *Opportunities*. Springfield, Illinois: Charles C. Thomas Publisher Ltd.

16. Henry Kissinger. (2003). *Crisis: The Anatomy of Two Major Foreign Policy Crises*. Based on the Record of Henry Kissingerv's Hitherto Secret Telephone Conversations.
17. Bradley H. Patterson, Jr. (1988). *The Ring of Power: The White House Staff and Its Expanding Role in Government*. NY: Basic Books.
18. Ashton B. Carter and William J. Perry. (1998). *Preventive Defense-A New Security Strategy for America*.
19. Alexander L. George and William E. Simons, eds. (1994). *The Limits of Coercive Diplomacy*. Boulder · San Francisco · Oxford: Westview Press.
20. the National Security Act of 1947.
21. the National Security Act Amendments of 1949.
22. Gilbert R. Winham, ed. (1988). *New Issues in International crisis Management*. Boulder, CO, and London: Westview Press.
23. Torchia, Christopher. (2001). *US: N. Korea Should Join Terror War*. Associated Press Online.
24. Snyder, Scott. (1999). *Negotiating on the Edge: North Korean Negotiating Behavior*. Washington D. C.: United States Institute of Peace Press.
25. O'Hanlon, Michael and Mike Mochizuki. (2003). Crisis*on the Korean Peninsula: How to Deal with a Nuclear North Korea*. New York: McGraw Hill.
26. Oberdorfer, Don. (2001). *The Two Koreas: A Contemporary History*. New York: BasicBooks.
27. Cha, Victor and David C. Kang. (2003). *Nuclear North Korea: A Debate on Engagement Strategies*. New York: Columbia University Press.
28. Cortright, David. (1997). *Incentives and Cooperation in International Affairs*. In*The Price of Peace: Incentives and International Conflict Prevention*, ed. David Cortright. Boulder: Rowman & Littlefield.

29. Roy Richard Grinker. （1998）. *Korea and Its Futures：Unification and the Unfinished War*. Longdon：Macmillan Press.

30. John A. Wickham. （2000）. *Korea on the brink：A Memoir of Political intrigue and military crisis*. Washington：Brassey's.

31. Kae H. Chung（Korea）.（1997）. *Korean Management：Global Strategy and Cultural Transformation*. New York：Wllter de Gruyter & Co.

32. Cerrit W. Gong，Seizaburo Sato.（1993）. *Korean Penisula Developments and U. S. -Japan-South Korea Relations. Volume* 1. Washington：The Center for Strategic and International Studies.

33. Jordan，Amos A.（1993）. *Korean unification：implications for northeast Asia*. Washington：The Center for Strategic and International Studies.

34. Kyung-Ae Park（Korea）.（2001）. *Korean security dynamics in transition*. New York：PLAGRAVE.

35. Cumings，Bruce.（2004）. *North Korea：Another Country*. New York：New Press.

36. Eberstadt，Nicholas.（1997）. *Hastening Korean Unification*. In*Foreign Affairs*76（March-April）.

37. Eberstadt，Nicholas.（1999）. *The End of North Korea*. Washington DC：AEI Press.

38. Harrison，Selig S.（2002）. *Korean Endgame：A Strategy for Reunification and US Disengagement*. Princeton：Princeton University Press.

39. Victor D. Cha.（1999）. *Alignment Despite Antagonism：The United States-Korea-Japan Security Triangle*. Stanford University Press.

40. Paul M. Edwards.（2003）. *The Korean War：A Historical Dictionary*. Lanham，Maryland and Oxford：The Scarecrow Press.

41. Marion Creekmore，Jr.（2006）. With an introduction by Jimmy Carter. *A Moment of Crisis：Jimmy Carter，the Power of a Peacemaker，and North Korea's Nuclear Ambitions*. New York：Public Affairs.

42. David I. Steinberg. Armonk，N. Y. ed.（2005）. *Korean Attitudes toward*

the United States: *Changing Dynamics*. M. E. Sharpe, Inc.

43. Son Key-young. (2006). *South Korean Engagement Policies and North Korea*: *Identities*, *Norms and the Sunshine Policy*. London: Routledge.

44. Scott Snyder. (1999). *Negotiating on the Edge*: *North Korean Negotiating Behavior*. Washington: United States Institute of Peace Press.

45. Martin Hart-Landsberg. (1998). *Korea*: *Division*, *Reunification*, & *U. S. Foreign Policy*. New York: Monthly Review Press.

46. Jack Pritchard. (2007). *Failed Diplomacy*: *The Tragic Story of How North Korea Got the Bomb*. Brookings Institution Press.

47. Eric Yong-Sun Lee. (2005). *Failure of the Agreed Framework*: *An Institutionalist Perspective on the North Korean Nuclear Crisis*, *1994 - 2002*. University of Cincinnati.

48. The korea research institute for strategy. (2001). *The Strategic Balance in Northeast Asia*. Printed in Korea by the Dongjin Publishing Co., Seoul.

49. Michael J. Mazarr. (2007). *The Long Road to Pyongyang*: *A Case Study in Policymaking Without Direction*. In*Foreign Affairs*75 (September-October).

50. Nicholas Eberstadt. (2002). *Our Other Korea Problem*. The National Interest.

51. U. S. PresidentGeorge W. Bush. (2002). *The Assurance of Freedom*. New York Time.

52. The White House. (2002). *The National Security Strategy of the United States*. http://www. whitehouse. gov/nsc/.

53. Russell F. Weigley. (1973). *The American Way of War*: *A History of United States Military Strategy and Policy*. Bloomington: Indiana University Press.

54. Ken Booth & Moorhead Wright. (1978). *American Thinking About Peace and War*. NY: The Harvester Press.

55. Elizabeth Kier. (1997). *Imagining War*: *French and British Military*

Doctrine Between the Wars. Princeton. NJ: Princeton University Press.

56. Nicholas J. Spykman. (1944) . *The Geography of the Peace*. New York: Harcourt Brace.

57. Bernard Brodie. (1973) . *War and Politics*. New York Press.

58. Charles Kupchan. (1994) . *The Vulnerability of Empire*. NY: Ithaca.

59. Thomas Shelling. (1980) . *The Strategy of Conflict* (*2nd ed.*) . Cambridge Mass: Harvard University Press.

60. Carr, Edward H. (1951) . *The Twenty Years' Crisis*: 1919 – 1939. London: Macmillan.

61. Campell, David. (1992) . *Writing Security*: *United States Foreign Policy and Politics of Identity*. Connecticut: Manchester University Press.

62. W. David Clinton. (1994) . *The Two Faces of National Interests*. Louisiana State University Press.

63. Dougherty, James E. & Pfaltzgraff, Jr. , Robert L. (1986) . *American Foreign Policy*: *FDR to Reagan*, Harper & Row, Publishers, Inc.

64. Goldstein, Judith & Keohane, Robert O. (ed.) (1993) . *Ideas and Foreign Policy*: *Belief*, *Institutions*, *and Political Change*. Ithaca and London: Cornell University Press.

65. Morgenthau, Hans J. (1973) . *Politics Among Nations*: *The Struggle for Power and Peace*. 5rd. New York: Alfred. A. Knopf.

66. Miller, Lynn. (1994) . *Global Order*: *Values and Power in International Politics*. New York: Westview Press.

67. Nye, Joseph S. Jr. (1990) . *Bound to Lead*: *The Changing Nature of American Power*. New York: Basic Books.

68. Nye, Joseph S. Jr. (1999) . *The New National Interest*. Foreign Affairs, July/August 1999.

69. Nixon , Richard. (1992) . *Seize the Moment*: *America's Challage in a One-Superpower World*. Simon & Schuster.

70. Payne, Richard J. (1995) . *The Clash with Distant Cultures*: *Values*,

Interests, and Force in American Foreign Policy, New York: State University of New York Press.

71. Singer, Eric and Hudson, Valerie. (1992). *Political Psychology and Foreign Policy*, Westview Press, Inc.

72. Snyder, Craig A. (1999). *Contemporary Security and Strategy*. London: MacMillan Press Ltd.

73. Walker, R. B. J. (1993). *Inside/Outside: International Relations as Political Theory*. Cambridge: Cambridge University Press.

74. Russett, Bruce. (1993). *Grasping the Democratic Peace: Principles for a Post-Cold War World*. Princeton: Princeton University Press.

75. Russett, Bruce and Starr, Harvey. (1992). *World Politics: The Menu for Choice*, New York: W. H. Freeman and Company.

76. Fareed Zakaria. (1992). Realism and Domestic Politics, *International Security*.

77. Kennedy, Paul. (1987). *The Rise and Fall of the Great Powers*. New York: Wiley.

78. Keohane, Robert O. (1984). *After Hegemony: Cooperation and Discord in World Political Economy*. Princeton, N. J: Princeton University Press.

79. Keohane, Robert O. (1989). *International Institutions and State Power*. Boulder: Westview.

80. Keohane, Robert O. & Nye, Joseph S. Jr. (1977). *Power and Interdependce: World Politics in Transition*. Boston: Little Brown.

81. Krasner, Stephen. (1995). *International Regimes*, 8th ed. Ithaca and London: Cornell University Press.

82. Krause, Jill & Renwick, Neil. (ed.) (1996). *Identities in International Relations*. London: Macmillan Press Ltd.

83. Lapid, Yosef & Kratochwil, Friedrich. (1996). *The Return of Culture and Identity in IR Theory*. Boulder London: Rienner Lynne Publishers, Inc.

84. Mansbach, Richard W. (1994). *The Global Puzzle: Issue and Actor in World Politics*. Boston Toronto: Houghton Miffin Company.

85. Morgenthau, Hans J. (1973). *Politics Among Nations: The Struggle for Power and Peace*. 5rd. New York: Alfred. A. Knopf.

86. Miller, Lynn. (1994). *Global Order: Values and Power in International Politics*. New York: Westview Press.

87. Neumann B. Iver and Wever, Ole. (1997). *The Future of International Relations: Mater in Making*? London and New York.

88. Nye, Joseph S. Jr. (1990). *Bound to Lead: The Changing Nature of American Power*. New York: Basic Books.

89. Nixon , Richard. (1992). *Seize the Moment: America's Challage in a One-Superpower World*. Simon & Schuster.

90. Olson, William Clinton. (1994). *The Theory and Practice of International Relations*. Englwood Cliffs. New Jersey: Prentice-Hall. Inc. A Simon & Schusster Company.

91. Payne, Richard J. (1995). *The Clash with Distant Cultures: Values, Interests, and Force in American Foreign Policy*. New York: State University of New York Press.

92. Ray, James Lee. (1995). *Global Politics*. Boston Toronto: Houghton Miffin Company.

93. Robinson, Thomas and Shambaugh, David. (1994). *Chinese Foreign Policy : Theory and Practice*. Clarendon Paperbacks.

94. Rosecrance, Richard & SteinArthur. (1993). *The Domestic Bases of Grand Strategy*. Ithaca and London: Cornell University Press.

95. Rourke, John T. (1990). *Making Foreign Policy: United States, Soviet Union, China*. New York: Brooks/Cole.

96. Rourke, John T. (1995). *International Politics on the World Stage*. Dushkin Publishing Group/Brown & Benchmark Publishers.

97. Rourke, John T. (1995). *Taking Sides: Clashing Views on Controversial*

Issues in World Politics. 6th ed. Guilford, Connecticut: The Dushkin Publishing Group, Inc.

98. Rourke, John T., Carter, Ralph G., & Boyer, Mark A. (1994). *Making American Foreign Policy*. Guilford, Connecticut: The Dushkin Publishing Group, Inc.

99. Russett, Bruce. (1993). *Grasping the Democratic Peace: Principles for a Post-Cold War World*. Princeton: Princeton University Press.

100. Russett, Bruce and Starr, Harvey. (1992). *World Politics: The Menu for Choice*, New York: W. H. Freeman and Company.

101. Singer, Eric and Hudson, Valerie. (1992). *Political Psychology and Foreign Policy*, Westview Press, Inc.

102. Snyder, Craig A. (1999). *Contemporary Security and Strategy*. London: MacMillan Press Ltd.

103. Volker Ritterger. (1993). *Regime Theory and International Relations*. New York: Oxford University Press, Inc.

104. Walker, R. B. J. (1993). *Inside/Outside: International Relations as Political Theory*. Cambridge: Cambridge University Press.

105. Waltz, Kenneth N. (1959). *Man, the State and War: A Theoretical Analysis*. New York: Columbia University Press.

106. Waltz, Kenneth N. (1979). *Theory of International Politics*. Reading, Mass: Addison-Wesley.

107. Waltz, Kenneth N. (1986). *Reductionist and Systemic Theories*. In*Neorealism and its Critics*, ed. Robert O. Keohane. New York: Columbia University Press.

108. Waltz, Kenneth N. (1986). *Political Structures*. In*Neorealism and its Critics*, ed. Robert O. Keohane. New York: Columbia University Press.

109. Waltz, Kenneth N. (1986). *Anarchic Orders and Balances of Power*. In*Neorealism and its Critics*, ed. Robert O. Keohane. New York: Columbia University Press.

110. Waltz, Kenneth N. (1999) . *Nuclear Myths and Political Realities*. In*The Use of Force*: *Military Power and International Politics*, eds. Robert J. Art and Kenneth J. Waltz. Boulder: Rowman & Littlefield.

111. Marc A. Genest. (2003) . *Conflict and Cooperation*: *Evolving Theories of International Relations*. Peking University Press.

后　记

从一开始工作，我就与朝鲜半岛这个方向结下了不解之缘，并在研究过程中体会到了许多乐趣和艰辛。朝鲜半岛与中国唇齿相依，对中国具有重要的战略价值。朝鲜如何行动似乎是个谜，美国对朝政策也是在不断调整之中。如何从案例中认识和发现规律，从过去看向未来，一直是我研究思考的问题。这本拙作是我的阶段性研究成果。

谨向我的博士导师李效东将军和我的博士后导师贾庆国院长致以衷心的感谢和崇高的敬意！本书初稿的研究和撰写工作是在李效东老师的悉心指导下完成的，修改和完善工作是在贾庆国老师的悉心指导下完成的。两位老师渊博的知识、严谨的治学态度、精益求精的工作作风和对学术的献身精神给我留下了深刻印象，使我受益匪浅。两位老师不但教我如何做学问，也教我如何做人，这些将成为我一生的动力。

感谢我的战友武建伟上校，他阅读了我的研究文稿，提出了许多中肯意见。

感谢我的先生和女儿。我先生工作上的事比较多，但一直支持我的学习和研究。舒婷说过，最美最好的爱情，不是做攀援的凌霄花，不是做痴情的鸟儿，也不止像阳光和雨露，这些都还不够，而是作为树的形象站在一起。他就是我想要的爱情。我的女儿王彩熙带给我的快乐是我无法用言语表达的，她是我做一切事情的源泉与动力。

感谢我的父母。我父母都是军人，他们教导我要有一个有意义的人生，有自己的追求。他们默默地支持我，给予我的是我难以用语言表达的。他们的期盼给了我无穷的动力，使我能以更大的热情投入到研究工作中去。

2016 年 7 月于北京

图书在版编目（CIP）数据

美国对朝鲜半岛的危机管理/李锐著．—北京：时事出版社，2016.7

ISBN 978-7-80232-998-0

Ⅰ.①美…　Ⅱ.①李…　Ⅲ.①国际关系—研究—美国、朝鲜半岛　Ⅳ.①D871.22②D831.22

中国版本图书馆 CIP 数据核字（2016）第 104239 号

出 版 发 行：时事出版社
地　　　址：北京市海淀区万寿寺甲 2 号
邮　　　编：100081
发 行 热 线：（010）88547590　88547591
读者服务部：（010）88547595
传　　　真：（010）88547592
电 子 邮 箱：shishichubanshe@ sina. com
网　　　址：www. shishishe. com
印　　　刷：北京建宏印刷有限公司

开本：787×1092　1/16　印张：16.25　字数：240 千字
2016 年 7 月第 1 版　2016 年 7 月第 1 次印刷
定价：88.00 元